Z-KAI

正読現代文

入試突破編

Z会編集部 編

〈はしがき〉

入試現代文で問われているのは、〈精読力〉です。小論文の場合は、課題文を批判的に考察したり、自分の立場（思想）から問題をとらえ直したりする力も要求されますが、現代文の場合は、書き手の視点に立ち、《文章のしくみ（文脈）》に即して内容を把握する力が問われているのです。

本書は、その〈精読〉の方法を、入試問題を通して身につける場となっています。文章を精読（＝細かいところまで丁寧に読むこと）すること・文章の内容や構造を正しく理解して設問に取り組むことを目標とするため、『正読現代文』と名づけ、入試の個別試験を見据えたレベルであることから「入試突破編」としました。《文章のしくみ》を見抜きながら、正しく内容を把握する力とともに、客観式・記述式いずれの設問にも対応できる力を養う書籍です。

現代文の学習においては、述べられている内容そのものへの理解がおぼつかないようでは、〈正しく丁寧に本文を読む〉ということはできません。そこで本書は、内容理解を深めていくという点にも配慮した解説にしています。入試本番では、初めて出会う文章を限られた時間で読まなければなりませんが、重要なさまざまのテーマについて知識を蓄えておくと、本番で困ることはないはずです。

また、読書経験の不足が問われて久しいですが、本書の解説と「コラム」はひとつの読書経験の場にもなっていて、読書経験の必要性を促す役割をもっています。〈読んで考える〉という経験を重ねてこそ、相応の速さで〈正読する力〉を身につけることができ、本番でも力を発揮できるでしょう。

最後に、本書の編集にあたって、甚大なご協力を賜りました先生がたに深く御礼を申し上げます。

二〇二一年　三月　Z会編集部

〈目次〉

〈コラム〉

〈本書の構成と利用法〉

●二分冊の構成

【問題編（別冊）】…実践的な精読力の養成を目的として、入試問題を掲載しています。漢字の設問は省略し、《内容読解》の設問を中心に扱っています。問題は全部で17題です。

【解説編（本冊）】…**本文解説**では、《文章のしくみ（文脈）》や《解答の道筋》などを視覚的に理解できるように、論理展開を図式化しました。

設問解説では、設問に取り組む際の姿勢や、正解を導くための着眼点を示しました。また、設問の〈解き方〉の説明だけでなく、文章の内容理解が深まるような説明も加えています。

問題意識を養い、各テーマに対する知識を身につけるのに役立つ「コラム」も掲載しました。

●各章の構成

【第１章　設問別対策編】…「評論文の部分理解」「評論文の全体理解」「小説の理解」に分かれています。各種の設問に対処していく上での注意点を、**＊必修ポイント＊**としてまとめています。

【第２章　テーマ別攻略編】…**第１章**で身につけた設問への対処法を応用して、入試頻出のテーマを扱った問題を解きます。**＊必修ポイント＊**以外の注意点は、**＊ここに注意！＊**としています。

●本書の利用法

1　《文章のしくみ（文脈）》に即して、文章の内容を把握していく〈精読力〉を重視しています。この精読力を身につけるために注意すべき点は、接続の言葉や指示語・段落（場面）相互の関係です。段落の冒頭にある接続の言葉や指示語は、文章全体の展開を理解するための重要なカギになります。また、人間の認識（思考）は、〈生と死〉〈光と闇〉のように、物事を対比的に関係づけることによって展開されますので、対比関係に着眼して読んでいくことも大切です。そして、文章とは、部分と部分・部分と全体とが密接に関係して成り立っていますので、言い換え箇所や相互に関連し合う箇所への着眼も必要になります。

2　1の点を意識して、問題に取り組みます。**第1章**の問題は、じっくり時間をかけて取り組んでみてください。**第2章**の問題は解答の目安時間を設けていますが、現代文がやや苦手な人は、時間をかけて読み解いてみましょう。

3　問題を解き終えたら解説を読み、自分の読み方や解き方を点検しましょう。**本文解説**に示した論理の流れに沿って内容を理解できていれば、正確に文章を読解できたということです。

※本書は、『〔必修編〕現代文のトレーニング』の内容を一部用いています。

第1章

設問別対策編

第1回

第1章　設問別対策編

評論文の部分理解 1

滝浦静雄（たきうらしずお）『「自分」と「他人」をどうみるか』

＊必修ポイント＊
①文脈点検上の注意
②選択肢点検上の注意
③「抜き出し問題」の心得
④選択肢識別の際の注意
⑤設問の問われ方への注意

出典 滝浦静雄『「自分」と「他人」をどうみるか――新しい哲学入門』
（出題：立命館大学　文学部）

滝浦静雄　一九二七〜二〇一一。哲学者。主な著書に『時間　その哲学的考察』『言語と身体』などがある。

本文解説

何が、どのように語られているかに注意します。ここは、「快」との比較で「苦痛」の話が語られています。

第1・2段落

苦痛――※必ずどこか（＝身体の特定部位）の痛さ、苦しみであるほかない
×（反対ではない）
快――漠然としている（身体の特定部位に定位させることが困難）

（3〜11行目）―さまざまな感覚を楽しむこと→そして「欠如→欲求→快→充足」
↑
一方
（12〜14行目）―苦痛＝先行するものがなく、突然にやってくる
↑
※A苦痛は、対象言語のレベルに属している
→そのうえ 苦痛の反対（否定）＝苦痛の ア ＝平常の状態

第2段落の冒頭に「一方」とあり、そのあとに「苦痛」の説明が続いている点から、第1段落の3行目「事実」以下の文脈が「快」の説明であったという点に気づくことが必要です。すなわち、**〈苦痛と快の違い（反対ではない）〉を簡潔に説明し、そのあと、「快」および「苦痛」について詳しく説明する**、という論理展開になっていたのです。したがって、傍線部Aは2・3行目の「苦痛」の説明（※印）と関わっていることになります。むろん、Aの直前も「苦痛」についての記述ですが、「先行するものがなく、突然にやってくる」では「対象言語」の「対象（目標とするもの・客体・もの・事柄）」との関わりがはっきりしません。実は、ここは〈苦痛は、突然に身体の特定部位にやってくる〉のように補って読み取るべきところであったのですが、そのためには、次の第3段落の冒頭部分「このように見れば、……苦のほうがより実体を備えている」に着眼することが必要です。すなわち、ここで「対象」と「実体」との密接な結びつきが理解できれば、2・3行目の※印の記述との対応関係も、よりはっきりと見えてくるのです。

なお、「快」は「欲求」のあとにやってくるものであり、そして「充足」へと向かっています。しかし、「充足」したら、「快」は終息してしまいます。だから人間は「充足」に至るまでの「快」を少しでも長く保とうとすることもあるわけです。読みたかった本を何日もかけて読むとか、大好きな料理をじっくり味わって食べるとか。

第３段落

このように　見れば、　※　苦のほうがより実体を備えている

←

★他人の苦痛に感情移入→手当てなどで間接的に対処

→常に他人の幸福の促進になるとは限らない

B　その　意味では→★痛みの分かち合いによる他人との共生＝倫理の開始点

先に述べたように、「このように」とありますので、「対象言語のレベルに属している」苦痛と「より実体を備えている」苦痛は密接に結びついていると読み取れます。したがって、ここは、「対象言語」の意味を知らなくとも、「論理のしくみ」に即して「対象」と「実体」との密接な結びつきに気がつけば、正解の候補は見えるようになっています（「対象言語」については 設問解説 で説明します）。

第4段落

もし、人間がそれぞれ全くの孤立状態→幸不幸・快不快は各自の自由に任され、それ以上の何事も生じない

←

★

無人島に漂着したロビンソン・クルーソー

←

怪我をした子羊の脚に手当てをする

←

憐れみ（哀れ）を感じたのであれば、彼はそこで［イ］をしていた

←

自分の痛みの［ウ］

↓

C羊の痛みを除去されるべき或る悪とみなしていたに違いないから

（ロビンソンは全くの孤立状態ではなかった）

第4段落が、第3段落における〈他人の苦痛への感情移入・手当て・痛みの分かち合い・倫理〉を、ロビンソン・クルーソーの場合に即して具体的に説明している段落であることに気づけば、空欄**イ**・**ウ**および傍線部**C**は読み解けるはずです。傍線部**C**に「除去されるべき或る悪」とありますが、それは〈善悪の判断〉、すなわち「倫理」と関わる記述となっているのです。文脈の点検は〈前後関係〉の点検になりますが、その〈前後〉の範囲が広い場合もありますので、十分に注意しましょう。

設問解説

問一　空欄アの前後の文脈は次の図のようになっていました。

> 苦痛の反対（否定）
> ＝＝ 苦痛の ア
> つまり ↓ われわれの平常の状態

　一般的に「苦痛が緩和される（やわらげられる）」という表現がありますから、①「緩和」を選んでしまう危険がありますが、「われわれの平常の状態」とは、〈苦痛を感じていない状態〉であって、〈苦痛がやわらげられている状態（まだ苦痛は残っています）〉ではありません。したがって④「中止」が正解です。なお、「痛み」は除去されてなくなるものであるので、身体から「分離〈＝分かれること〉」という⑤の表現は合いません。

　空欄ウの前後の文脈は、第3段落の記述と密接に関わっています。（→本文解説★）つまり、ロビンソン・クルーソーの行為は、〈羊（他者）の苦痛への感情移入による手当てであり、倫理の開始点としての痛みの分かち合い〉になるはずです。ここで注意しなければならないのは、空欄直前の「痛み」が「他者の」ではなく、「自分の」となっている点です。怪我をしているのは、「羊（他者）」であって、「ロビンソン（自分）」ではありませんから、この「自分の痛み」とは、〈自分の身体の特定部位における痛み〉ではなく、〈他者の身体的苦痛を憐れみ、他者の苦痛を自分のものとして感じるところに生じた痛み〉ということになります。「他者の痛みの ウ 」となっていたら、③「分かち合い」が入りますが、「自分の痛みの ウ 」ですから、ここは、「他者（羊）の苦痛への感情移入を可能ならしめるものとしての自分の痛み」ということになります。②「移入」が正解です。

> 「心の痛みの分かち合い」ということについては言及されていませんが、その理由が「特定」しうる時には、「心の痛みを分かち合う」ことは可能であるといえるでしょう。また、「心と身体は不可分なもの」という観点から、「痛み」について考えることもできます。「コラム1」参照。

＊必修ポイント①＊　文脈点検上の注意

空欄問題であれ、傍線部問題であれ、次の点に常に注意すること。

●まず、「前後関係」の中でしっかり考えること。また、「前後」の範囲が広い場合もあるので、

●文章全体の論理展開にも注意しながら取り組むこと。

＊必修ポイント②＊　選択肢点検上の注意

選択肢の中には、いわゆる「ひっかけ」の選択肢が混ざりこんでいる場合が多いので、注意深く点検していく姿勢を身につけること。

問二　空欄イは、ロビンソンが怪我をした羊に憐れみ（哀れ）を感じて手当てをした、という文脈の中に置かれています。しかし「手当て」から単純に③「医療行為」を選んでは、不正解です。ロビンソンの行為は、第3段落では、〈他人の苦痛に感情移入→手当てなどで間接的に対処＝倫理の開始点としての痛みの分かち合い〉と言っていました。また、傍線部ウを見ると、この行為には、〈痛みという悪は除去されるべきだという判断〉、すなわち〈善悪の判断〉が働いていると理解できます。したがって、ここは、単なる③「医療行為」ではなく、②「倫理行為」ということになります。

問三　傍線部Aは、**本文解説**で見たように、「対象（目標となるもの・客体・もの・事柄）」ということばに注意しつつ、「論理のしくみ」を見抜いていきます。本文は、「快」の説明を受けて「一方、苦痛には……」という「論理のしくみ」になっていますから、「快」とは異なる「苦痛」の特徴を探し出していけば、2・3行目および15行目の記述（※印）に着眼できます。では、2・3行目と15行目、どちらの部分を抜き出したらよいのでしょうか。

＊必修ポイント③＊　「抜き出し問題」における心得

★注意★正解の候補は何箇所かある場合が多い……候補は一つとは限らない！

↓

「問われている部分の意味や文脈」、「問い方」、「字数制限」など（判断材料）に即して、「最も適当な箇所」を決めること。

「対象」という言葉は「実体」とつながっているので、15行目の「より実体を備えている」とは、2・3行目の「苦痛は必ずどこかの痛さ、苦しみである」と、言い換えることができます。「どこかの」とは「身体の特定部位」のことですから、こちらの方が具体的な「対象」を示しており、「苦痛」の特徴をより明確に語っているといえるでしょう。

対象言語……〈対象（ものや事柄）をじかに示す言語〉の意であり、ここでは、「腹痛」や「歯痛」などが該当します。また、「対象言語」について考えたり論じたりする言語を「メタ言語」と言います（「メタ」とは〈超・高次の〉という意）。入試においては、「メタフィジック（形而上的）＝目に見えない、形を超えたもの・精神的」という言葉が問われていますので、反対概念の「フィジック（形而下的）＝形あるもの・物質的」とともに覚えておきましょう。

問四　**本文解説**　「第3段落」の箇所を見直してください。ここは、「その意味では……と言うべきであろう」という文脈ですから、「その」が指示する箇所は、「……」にあたる〈痛みの分かち合いによる他人との共生〉という内容と密接に結びつく箇所になるはずです。その点を踏まえて文脈を点検すると、「その」が指示する箇所は、直前の一文ではなく、もう一つ前の文中にある〈他人の苦痛に感情移入↓手当てなどで間接的に対処（★印）〉の箇所となるはずです。

「指示語」が示すものを明らかにするためには、そのあとに続く内容と密接に対応する箇所を「指示語」の前の文脈中に探し求めればよいわけです（「指示語」については43・44ページも参照）。

なお、ここでの「間接的」とは、他人の身体の痛みを「直接的」に感じることはできないという意味です。そして、〈その間接的な対処〉が〈常に他人の幸福の促進になるとは限らない〉のは、応急手当てはしたものの手当てが奏功せずそのあと傷が悪化したり、傷が癒えたとしても「彼」がさほどの幸福感情を味わうことはなかったり、という場合があるからでしょう。ただ、ここでは、その説明は補足的なものです。「幸福の促進」にならなくとも、「痛みの分かち合い」が「他人との共生」の道だ、という文脈です。

以上の点を踏まえて選択肢を吟味すると、①を選び取ることができるでしょう。記述式の設問であれば、

「他人の苦痛に感情移入し、間接的に手当てなどの対

処をするという意味。」と書けばよいところですが、選択式の場合は、文中の表現を言い換えたり、文中にはない言葉を補ったりしているものが正解になる場合もありますので、心得ておきましょう。

＊必修ポイント④＊　内容／理由説明問題の選択肢を識別する際の注意

与えられた選択肢の中から選び取る場合は、次の点に注意しよう。

●「問われた箇所の文脈上の意味に最も適合」しているか。

●「問い方に応じた答え方」になっているか。

文中の表現を言い換えたり、文中にない言葉を補ったりしているものであっても、他の選択肢との比較において「より適当」と見なせる場合は正解となる。

ここでの正解は①ですが、「自分自身の痛みとして」という言い方には多少ひっかかるものがあります。が、しかし、空欄ウで考えたように、ここは「自分の痛みの移入」ですから、「自分自身の痛みとして」という言い方は許容しうると判断します。また、「具体的に対処」という言い方は文中にありませんが、「具体的」でない「手当て」などはないでしょう。本文中の「間接的に対処」とは、〈具体的対象とじかに関わらない〉という意味ではなく、〈手当てする側が痛みを直接的に感じているわけではない〉という意味で使われているのです（文脈の中での言葉の意味を読み取ることが大切です）。

◆選択肢チェック◆

先の説明の通り、これが正解です。

① 他人の苦痛には、自分自身の痛みとして、具体的に対処することができるという意味。

「情けは人のためならず〈＝情けを他人にかけておけば、巡り巡って自分によい知らせが来るということ〉」が、ここでの文脈に合いません。

② 他人の苦痛には、「情けは人のためならず」を実践的に対処することができるという意味。

〈その人の幸福の促進になる場合もあれば、ならない場合もある〉という文脈なので、③・④も誤りです。ともに、〈常に他人の幸福の促進になるとは限らない〉という文脈に反しています。また、③の「積極的に対処するべき」も本文にはない内容です。

③ 他人の苦痛には、その人の幸福を阻害しているので、積極的に対処するべきであるという意味。

④ 他人の苦痛には、その人の幸福を促進するものとして、間接的に対処することができるという意味。

「対等な人間関係」について述べた文脈ではないですし、「直接的に対処」することはできないという文脈なので誤りです。

⑤ 他人の苦痛には、その人との対等な人間関係ができてはじめて、直接的に対処することができるという意味。

問五　問三では「そのまま抜き出し」という指示がありましたが、ここは「本文中のことばを用いて」となっていますので、「文中の言葉の組み合わせ」で答えてもよいということで検討します。

＊必修ポイント⑤＊　設問文の問われ方にも注意

●「（そのまま）抜き出せ」の場合――文中の一続きの部分をそのままの形で抜き出す。

●「本文中のことばを用いて（利用して）」の場合――「抜き出し」で十分な答となる場合もあるが、問われている内容や字数を考慮しつつ、本文中のことばを組み合わせて答えてもよい。

●「本文中のことばで答えよ」の場合――原則としては、「抜き出せ」と同じと考えてよい。

ロビンソンの〈羊の痛み＝除去されるべき或る悪〉という認識は、〈善悪の認識〉、つまり第3段落の「倫理」と関わるものだと理解できます。空欄イに「倫理行為」が入る一つの根拠でもあったわけです。したがって、ロビンソンの行為は、〈憐れみを感じての倫理行為〉ということになります。ただ、ここでは「ロビンソンと羊との関係」が問われています。「痛みの分かち合い」ではどうでしょうか。五字以内という指示があるので字数オーバー。だからといって「分かち合い」だけでは不十分です。そこで、「共生関係（状態）」あるいは「倫理的関係」という答え方が見えてきます。この共生は「倫理行為」と定義されていますので、組み合わせた答え方も考えてみます。すなわち「倫理的共生」。これが最も適当な答といえるでしょう。なお、「本文中のことばを用いて」という問われ方の場合は、「倫理」を「倫理的」としたり、設問文中の「関係」や「状態」という言葉を付加したりすることは許容されると考えてよいでしょう。

◆解答◆

問一　ア＝④　ウ＝②　**問二**　②

問三　苦痛は必ずどこかの痛さ、苦しみであるほかない（から）（22字）

問四　①

問五　倫理的共生（「共生関係（状態）」「倫理的関係」は△とする）

コラム 1

〈痛み〉による連帯

痛みを分かち合うためには、想像力が問われることになります。そして、その想像力は、自らの痛みの経験（体験）が基盤になっているはずですから、人はその経験を通して、「他者との倫理的共生」を可能にするような想像力を養っていく必要があるということになります。哲学者の中村雄二郎は「〈いじめ〉の本質的な原因は、〈痛み〉についての訓練あるいは文化の喪失にある」（『正念場』・明治大で出題）と語っていますが、〈虐待〉や〈殺害〉をなくすためにも、怪我や病気をしっかりと受苦する訓練や、痛みを文化的に価値づけ直すことの必要性が問われているといってよいでしょう。「ちちんぷいぷい（痛イノ痛イノ、飛ンデイケ）」という癒しの呪文が想起されます。手足などを怪我した幼児の痛みを分かち合おうとする親の呪文と手当ては、幼児の人間性を深いところで養うことになるはずです。今日、幼少年期の経験の重要性が改めて問題にされている理由の一つがここにあるわけです。ただ、いじめられた子が〈いじめ〉の側に回ったり、親から虐待を受けた子が親になって自分の子を虐待したりなど、「痛みの分かち合い」の倒錯した形が見られることとは、問題の厄介さを感じさせます。この悪しき連鎖を断ち切るためには、〈いじめ〉や〈虐待〉を加えてくる人間を反面教師として成熟していく努力、そして信頼できる人間との出会いが必要になってくるでしょう。

なお、設問解説で「心の痛み」について少し触れましたが、今日では、精神と身体を分けて考える近代の二元論（物事を対立する二つの原理で捉える立場）から、「精神と身体は不可分なものだ」という考え方へと転換（あるいは根源的あり方への立ち返り）しつつあります。そうした観点に立てば、「失恋」や「挫折」などの痛みは、精神を含んだ「全身体」という場における痛みとして分かち合うことができる、と言ってよいわけです。失恋や挫折などが、今もなお芸術の主要なテーマであるのは、〈痛み〉こそが享受者の全身を深く揺り動かすものであるからでしょう。芸術という場も、共生のための一つの契機となっているのです。

第2回

第1章　設問別対策編

評論文の部分理解 2

桑子敏雄（くわこ としお）『生命と風景の哲学』

＊必修ポイント＊
⑥接続の言葉を空欄補充する際の注意
⑦注意すべき接続の言葉の意味用法
⑧記述式解答をつくる際の注意

出典　桑子敏雄『生命と風景の哲学』（出題：白百合女子大学　文学部）
桑子敏雄　一九五一〜。哲学者。主な著書に『西行の風景』『感性の哲学』『理想と決断―哲学の新しい冒険』『風景のなかの環境哲学』などがある。

本文解説

本文は、「風景との出会い（遭遇（そうぐう））」について論じた文章です。人間は風景と出会うことによって自分が生きていることを実感している存在であり、「風景―とともに―あること」を自覚して自己理解を深めていくべきだと述べています。

第1〜3段落

人は人生のなかで風景と出会う

「出会う」という出来事＝人間存在を理解するのに不可欠な要素
＝**すなわち**
人間存在としての自己を了解するときに、★Aその了解の契機となっている

←

「自己の存在を了解するとは、自己についての概念的理解や推論ではなく、自己の存在がこ

の世界で生きていると実感し、また、そのことを意識すること
＝★自己の存在を了解することが自己の存在の本質的契機
→風景との出会い＝★そのような契機を提供する
（＊契機＝物事を成り立たせる根本的な要因）

人間の存在は「与えられていること（所与）」と「選ぶこと（選択）」と、その間に広がる
↑
「出会うこと（遭遇）」の領域によって構成されている
↑
人間は、◆三次元の空間的存在である身体をもって世界を知覚しており、■身体そのもの
は、さらにより大きな空間のうちにある
↓したがって、身体とは、◆■B二重の意味で空間的存在である
↓空間が身体に対して感覚的に立ち現れるとき、そこに空間の相貌としての風景が出現し
て「出会い」が生まれてくる

もちろん、「出会い」といえば、「人（他者）との出会い」があるのですが、第10段落で「人や物や出来事を含む風景」と述べられているように、ここでの風景とは人や物や出来事を含んだ風景です。そして、その風景との出会いが、人間存在としての自己を了解する契機となっているということです。傍線部A「その了解の契機（★印）」は、後続する文中にある「そのような契機（★印）」と結びついていますので、〈風景との出会い＝人間存在としての自己を了解するための根本的な要因〉であると理解できるでしょう。そして、空間の相貌としての風景は、わたしたちの身体に対して感覚的に立ち現れてくるのですが、身体とは「三次元の空間的存在（◆印）」であるとともに、〈身体を包んでいるより大きな空間のうち（■印）〉にあり

ます。したがって（当然の帰結として）身体は、「二重の意味（◆■印）で空間的存在である（傍線部B）」わけです（第10段落には「自己の身体が身体を包む空間とともにある」という「言い換え」表現がありますが、傍線部Bは、したがっての前の部分を点検すれば読み取ることが可能です）。

第4〜7段落

たしかに、わたしたちは「風景を見に行く行為を選択する」ことはできる。では、沖縄に行き、海岸の風景を見ることができたとき、見えた風景は選択されたのか

←

そのとき、海は、わたしの視覚にその空間の相貌を示したが、「海はその姿を見せた」というのは、行為の表現ではない。海は行為を選択することができないからである

←

それにもかかわらず、海がその姿を見せたから、わたしには海が見えたのである

わたしが海を別の時間に、また別の場所で見たとすれば、わたしには違った風景が立ち現れたであろう

＝このことを、わたしは、「C人間は風景を選択するのではなく、風景と出会う」と表現するのである

←

風景は人間の外的環境と身体との出会いによって出現するが、人の心は、その風景に感じて動かされ、感動するのである

←

わたしたちは、特別な機会に風景と出会っているように思うかもしれない。ア たしかに、わたしたちは毎日沖縄の紺碧の海に出会っているわけではないいし、窓外に雲上の富士山に出会っているわけでもない。しかし、わたしたちは、生まれたときから、その生を終えるまで、毎日、風景と出会っている。人間は、風景とともに始まり、風景とともにあり、風景とともに終わる存在なのである

わたしたちは、旅の計画を立て、見たい風景がある場所を選択することはできますが、たとえば、沖縄の紺碧の海がその姿を見せたという時、その風景は海がわたしたちに見せたい姿を選んで示してくれたものではありません。しかし海はその姿を見せてくれたのであり、だからこそ、わたしの目にその海が見えたのです。わたしが海を別の時間に、また別の場所で見たとすれば、わたしには違った風景が立ち現れてくるでしょう。沖縄の海といっても、場所が異なれば違った風景が出現しますし、朝の海と昼下りの海は違った相貌を見せてくれます。このことは、人間が風景を選択していることを示すものではなく、人間と風景との〈遭遇＝思いがけない出会い〉の中で風景が風景として出現していることを示しているわけです。

わたしたちは風景との感動的な出会いについて語りますが、それは、特別な（非日常的な）機会に風景と出会っているという印象を与えます。わたしたちは毎日（日常的に）沖縄の紺碧の海や窓の外に見える雲上の富士山に出会っているわけではないからです。その意味では、（たしかに）特別な機会に風景と出会っているかのような印象を与えますが、しかし、わたしたちは、生まれた時から死ぬまで、毎日（日常的に）風景と出会っています。**人間は、風景とともに始まり、風景とともにあり、風景とともに終わる存在であるのです。**

第8・9段落

人間の生が死をもって終焉することを恐れた人びとは、宗教的な想像力をもって死後の風景を描きだした

↓地獄図＝苦痛に満ちた風景、極楽図＝平安の風景

↓

しかし、地獄図の作者は、地獄に落ちた人びとが苦痛に苛まれている姿を描いているが、実は、現世で来世の風景を想像する人びとが苦痛を感じることを期待して描いているのである

↓

死後の恐ろしい地獄図は、死後でさえも、人間は風景とともにありたいという願望の表現とも考えられる。Dそれは、人間存在にとって一種の救いである

↓

たしかに死後においては地獄の風景ではなく、極楽の風景とともにあることが人間にとっての救済なのだが、地獄図の思想は、人間存在の終焉が風景の終焉でもあるという、恐ろしい思想をそのうちに秘めている＝言い換えれば、地獄図の存在は、人間存在にとって風景の消滅がもっとも恐るべき事態であるという根源的な認識を示す

↓

阿弥陀信仰を広めた源信は、仏教の初心者に方便（＝便宜的手段）として極楽と地獄を描いたが、※1真の悟りの境地＝完全な無であり、※2風景の存在しない境地こそが涅槃（＝一切の迷いを離れた不生不滅の境地）である。※3この仏教的真理に恐怖する人びとのために極楽・地獄思想を説くが、地獄の風景も極楽の風景も、※4E究極の悟りに至る手段である

生の終焉としての死を恐れた人間は、死後の風景としての地獄図・極楽図を描きだしました。地獄図の作者は、地獄に落ちた人びとが苦痛に苛まれている姿を描いていますが、実は、現世で生きている人びとが来世における地獄の風景に苦痛を感じ、極楽往生したいと思わせるように描いているのです。それなのに、死後の恐ろしい地獄図は、人間存在にとって「一種の救い」でした。人間は、風景とともに自己を生きる存在なので、死後でさえも風景とともにありたいと願っていますが、地獄図は、その願望を表現しており、死後にも風景があることを信じさせてくれたからです。

確かに死後においては、地獄の風景ではなく極楽の風景とともにあることが「救済」です。しかし、人間がもっとも恐れているのは風景の消滅であり、風景が存在しないことよりは、地獄の風景とともにあることの方が安心できるのであり、その意味で「一種の救い」だったのです。源信は仏教の初心者に方便として極楽と地獄を描きましたが、〈真の悟りの境地＝風景の存在しない無の境地としての涅槃（※１・※２印）〉です。それは死によって風景が消滅することを意味しており、「この仏教的真理（※３印）」を恐れる人びとのために地獄図・極楽図が描かれましたが、地獄の風景も極楽の風景も「究極の悟り（※４印・傍線部Ｅ）」に至る手段です。釈迦が説いたのは、「生老病死（しょうろうびょうし）」という四つの苦から解放され、生死を超えた安らかな無の境地に至ることであったのです。

第10〜13段落

人間の存在契機＝自己了解の契機＝風景とともにある自己の発見・自己の感覚

人間とは、「風景―とともに―あるもの」である

←

それにもかかわらず、自己の身体が身体を包む空間とともにある（＝◆■印）ことを意識していないように、自己と風景の存在をつねに意識しているわけではない。イ むしろほとんどの時間、わたしたちはそれを意識していない。風景のなかの人や物や出来事は意識するが、人や物や出来事を含む風景そのものに対しては、気にとめることなく生活している

←

日常的な習慣に埋没しているわたしたちが風景に出会ったことを実感するのは、日常から抜け出て、はじめて見た紺碧の海や滴る血のような夕陽など、非日常的な遭遇を体験するときである

←

ウ しかし、毎日何気なく見過ごしている（日常の）風景の存在に改めて気づくとき（たとえば病気になったり病気から回復したりして自分に変化が生じたとき、すなわち自己の変化）も、風景の体験を提供する

←

だが、もう一つ人が風景と出会うのは、人間が「風景―とともに―あること」を自覚したときである。人生が風景とともにあるということを知るとき、人間は風景に出会い、風景と自己についての考察を深めていく

第1段落で述べられていたように、〈風景との出会い〉が〈自己了解の契機〉であり、「風景―とともに―あるもの」としての自己の発見を導くわけです。しかし、わたしたちは、自己と風景の存在をつねに意識しているわけではありません。（というよりも、むしろ）ほとんどの時間、それを意識していません。風景のなかの人や物や出来事は意識しますが、人や物や出来事を含む風景そのものに対しては、気にとめることなく生活しているわけです。すなわち、普段のわたしたちは日常的な習慣に埋没して風景の存在を意識していませんが、「日常から抜け出て、非日常的な遭遇を体験するとき」、風景との出会いを実感します。（しかし、非日常的な遭遇だけでなく、）「毎日何気なく見過ごしている（日常の）風景の存在に改めて気づくとき」も、風景との出会いを実感します。自己の身体的状況や精神的状況が変化するとき、風景（世界）もまたその相貌を変えて立ち現れてくるということです。

しかし、もう一つ人が風景と出会うときがあります。それは、「人間が『風景―とともに―あること』を自覚したとき」です。死後の世界がどうなっているのかは不明ですが、**人間は風景とともに自己を生きる存在ですから、そうした自己を深く理解して生きるためには、〈人間＝風景―とともに―あるもの〉という自覚が必要だということになります。**

設問解説

問一　接続の言葉（「接続詞」だけではなく、「むしろ」「さらに」のような「副詞」もあります）を空欄に補充していく問題です。

> **＊必修ポイント⑥＊　「接続の言葉」を空欄に補充する際の注意**
>
> 空欄の前後関係および空欄を含んだ文の構造に十分注意して取り組むこと。その際、空欄に入りうる言葉を定めがたい場合は、そこを保留にし、取り組みやすい他の空欄を決めてから再点検すればよい。空欄の順序を守って処理する必要はなく、柔軟に対処することが大切である。

まず空欄アについて。空欄アを含んだ「論理のしくみ」は次のようになっています。

> わたしたちは、特別な（非日常的な）機会に風景と出会っているように思うかもしれない
>
> ↓
>
> ［ア］、わたしたちは毎日（日常的に）沖縄の紺碧の海に出会っているわけではないし、窓外に雲上の富士山に出会っているわけでもない。［しかし］、わたしたちは、生まれたときから毎日風景と出会っている

空欄アのあとに続く文は、空欄アの前にある表現を具体的に言い換えたものになっています。すなわち、前文を受けて、風景との出会いは毎日ではなく特別な（非日常的な）機会におけるものだと同意しているわけです。ところがそのあとには、［しかし］とあり、わたしたちは、非日常的な出会いだけでなく、毎日（日常的に）風景と出会っているということが示されます。したがって、ここは「たしかに（なるほど）～。しかし～」という「論理のしくみ」であると理解できます。⑤「たしかに」が正解です。ある見解や事柄を一面で認めつつも、他面から否定して自説を展開していくという論法です。

次に空欄イについて。空欄イを含んだ「論理のしくみ」は次のようになっています。

わたしたちは、自己と風景の存在をつねに意識しているわけではない。［　イ　］ほとんどの時間、わたしたちはそれを意識していない

「つねに意識しているわけではない」という表現は、〈時折りは意識している〉ことを匂わせますが、空欄イのあとでは、「ほとんどの時間、わたしたちはそれを意識していない」となっていて、空欄直前の表現の仕方が否定され、適切に言い直された形になっています。したがって、「～というより（ではなく）、むしろ～」の論法が当てはまると理解できます。④「むしろ」が正解です。＊必修ポイント⑦＊で示すように、選択肢中に「むしろ」がある時は、「むしろ」の用法を踏まえ、注意して点検することが必要です。

また、空欄ウを含む「論理のしくみ」は次です。

風景に出会ったことを実感するのは、日常から抜け出て、非日常的な遭遇を体験するときである
⇔
［　ウ　］、毎日何気なく見過ごしている（日常の）風景の存在に改めて気づくときも、風景の体験を提供する

空欄ウのあとに「も」がありますので、③の「そして（順接）」や⑥の「また（並列）」などが入るように見えますが、〈日常から抜け出ての非日常的な遭遇〉を強調したあとに「（日常の）風景の存在に改めて気づくときも」と続くのですから、単なる並列や順接の文脈ではありません。ここは、〈日常の風景を否定するかのように非日常的な風景との遭遇を強調したが、しかし、非日常的な風景との遭遇だけではなく、日常の風景に改めて気づく時も、わたしたちは風景の出会いを実感している〉という文脈です。「しかし～だけではなく――もある」という論法が当てはまる文脈ですから、①「しかし」が正解です。

「接続の言葉」を空欄に補充する問題は、まずは「文脈の点検」が鍵となりますが、言葉の意味用法を知らなければ、十分な対応はできません。ここでは、とくに注意すべきものを挙げておきます。

＊必修ポイント⑦＊　とくに注意すべき「接続の言葉」の意味用法

★「たしかに（なるほど）～。しかし――」

評論文で多用されるもので、ある見解や事柄を一面で認めつつ、他面から否定して自説を展開していく論法。「たしかに～が、――」という形で、一文の中に納まっている場合もある。空欄で問われなくとも、論理展開をつかむ上での重要なチェックポイントである（「しかし」は、条件・留保・例外などを付け加える語としての「ただし（ただ）」になっている場合もある）。

★「もちろん（むろん）～。しかし――」

ある見解や事柄を「言うまでもない」こととして認めつつ、他面から否定して自説を展開していく論法（「勿論」は「論ずる勿れ」、「無論」は「論ずること無し」）。先の「たしかに（なるほど）～。しかし――。」との違いは、「たしかに（なるほど）」が原則として「前で述べたことを受けて」の論法であるのに対し、「もちろん（むろん）」の方は「言うまでもない」ことであるから、そのことを前で述べていなくともよい、ということになる。両者の違いを知らないと解けない問題が実際に出題されているので、気をつけておこう。

★「しかし（だが・けれども）～だけでなく――もある」

「しかし」の多くは《逆接》として使われるが、「前で述べたことだけでなく、――もある。」といった形で、新しく何かを「追加」していく文脈でも使われることがある。もちろん、「～だけでなく」となっているからといって、いつでも上に「しかし」がくるということではない。文脈に即して柔軟に対処すること。

★「～というより（ではなく）、むしろ（逆に）――」

「むしろ」は〈より適切に言い直す〉という意だが、《比較》や《対比》の文脈で使われるので、「より適切に言い直された」形が「逆の表現」になっていることが多い（例：バッハが音楽を選んだというより、むしろ、音楽がバッハをつかまえたのだ）。また、「～というより（ではなく）」の部分が省略されている場合があるので、選択肢中に「むしろ」があったら、省略された部分を補うことで「むしろ（逆に）」が入るかどうかを点検する必要がある。

★「あるいは」

「あるいは」には、《二者択一》の意だけではなく、〈もしかすると（ひょっとすると）～かもしれない〉

の意、一種の言い換えを表す、〈あるいは～のように言うこともできる〉の意もある。

★「ところで（さて）」

《話題の転換》の意を表す。「別の話題に移る」という場合だけでなく、前で述べた内容を受けとめつつ、角度（視点）を変えて論じていく（別の事柄と関連づけていく）場合にも使われる。

★「だから（したがって）」と「つまり（すなわち）」

「だから」は《当然の帰結》の意を表し、前後の緊密なつながりを示す。それだけに、《言い換え・要約》の意を表す「つまり（すなわち）」との区別がつきにくい文脈もあるので注意すること。

文章を読み解く過程において、また、設問を解く作業を通して、「接続の言葉」の意味用法を習得しておくことが必要です。それは、自らが「文章」を作っていく上での基盤づくりでもあるわけです。

問二　**本文解説**で図式化してあるように、〈風景との出会い＝人間存在としての自己を了解する契機となっている（★印）〉ということです。したがって、③が正解です。「風景との出会い」によって人間は自己が生きていることを了解するのですから、「風景との出会い」がなければ、人間は自己の存在を了解（実感）できなくなるわけです。

◆選択肢チェック◆

① きっかけがなければ、人と出会うことはできないということ。

「自己了解」が欠けているとともに、「人や物や出来事を含む風景」との出会い（第10段落）を〈人との出会い〉に限定している点が不適です。

② 出来事が一つもなければ、風景と出会うこともできないということ。

①と同様に、「自己了解」が欠けています。

③ 風景との出会いがなければ、人間は存在することができないということ。

「風景との出会い」について正しく説明できています。

④ 自己の存在を感じているだけでは、自分を知ることはできないということ。

〈風景との出会い＝自己了解の契機〉という文脈に即した説明になっていません。

⑤ 推論しているだけでは、出来事を概念的に理解することはできないということ。

〈出来事の概念的理解〉が目指されているわけではありません。

問三　傍線部Bの直前に「したがって（当然の帰結として）」がありますので、「したがって」の前で述べられている「身体」についての説明が「二重の意味で空間的存在である」ことを当然導いていることになります。よって、①が正解です。「身体」は「三次元の空間的存在（◆印）」であり、その身体は「さらにより大きな空間のうち（■印）」にありますので、「身体」は「二重の意味で空間的存在（◆■印）」になるわけです。

◆選択肢チェック◆

身体の存在の二重性を適切にとらえています。

① ○身体は三次元の存在であるが、それ自体が空間の中にあるということ。

身体と空間とが相互に作用し合う関係について語られていますが、ここでの「二重の意味」とは異なります。

② ×身体は空間を感覚的に知覚するが、空間も身体を感覚的に把握しているということ。

「身体」と「身体の感覚器官」を「二重の意味」としてとらえている点が不適です。

③ ×空間は身体に働きかけるとともに、身体の感覚器官にも働きかけているということ。

ここは、身体が見せる二つの相貌について語っている文脈ではありません。

④ ×身体はある空間の中では一つの相貌を示すが、別の空間では別の相貌を示すということ。

このような内容は本文にはありません。

⑤ 身体は空間の中に与えられたものであるが、×人が意図して空間の中で動かすものでもあるということ。

問四　傍線部Cの直前にある［このこと］が、「風景を選択するのではなく、風景と出会う」という表現を導いたものです。すなわち、「このこと」が指している「海を別の時間に、また別の場所で見たとすれば……違った風景が立ち現れたであろう」ということが「選択」ではなく「出会い」だということになります。人間は、見たいと思う海や山を選択して旅程を組むことはできますが、海や山は、場所や時間を変えれば違った風景として立ち現れてくるのですから、どのような風景が出現してくるか、それを前もって選択することはできないということです。朝と昼下りでは、海や山の風景は異なってくるでしょうし、場所を変えれば思いも寄らなかった風景が見えてくることもあるでしょう。「遭遇」とは「思いがけない出会い」であり、人間が操作したり選択したりすることはできないということです。よって、④が正解です。

◆選択肢チェック◆

「あまりに広大な空間を移動するのは骨が折れる」は「風景との出会い」について説明した内容ではありません。

① 人間は自由に旅することは出来るが、×あまりに広大な空間を移動するのは骨が折れるということ。

「風景との出会い」という表現を導いた「このこと」についての説明が欠けています。

② 人間は旅の目的地を決めることは出来るが、×実際にそこに行けるかどうかはわからないということ。

ここは、想起する（思い出す）能力について言及している文脈ではありません。

③　人間は旅先での体験を楽しむことは出来るが、それを生き生きと思い出すことは難しいということ。

「このこと」を踏まえた適切な内容です。

④　人間は自由に旅程を組むことは出来るが、旅先でどのような空間が姿を現すかは事前には不明だということ。

ここで語られているのは、〈見に行こうとする風景の相貌を前もって予知することはできない（場所や時間が違えば風景も違って見える）〉という意味での「風景との思いがけない出会い」です。

⑤　人間は美しい景色と遭遇することは出来るが、もう一度同じ場所を訪れる機会があるとは限らないということ。

問五　「それ＝地獄図」が「一種の救い」であるのはなぜか、という問いです。第９段落を見ると、「人間にとっての救済」は、「死後に……極楽の風景とともにある」ことですが、地獄図は、人間存在にとってもっとも恐るべき事態が「風景の消滅」であることを示すとあります。「死後でさえも、人間は風景とともにありたいという願望（第８段落）」があり、人間は風景とともに自己を生きる存在なので、死によって風景が消滅することをもっとも恐れていますが、地獄図は死後にも風景があることを信じさせてくれるので、それは「一種の救い」であったということです。

以上の内容をまとめて解答を作成しますが、〈極楽の風景＝救済〉と〈地獄の風景＝一種の救い〉との対比を含めて丁寧にまとめると、次のように百十字程度の内容になります。「人間にとっての救済は死後に極楽の風景とともにあることだが、風景とともに自己を生きる人間は死によって風景が消滅することをもっとも恐れているので、死後にも風景があることを信じさせてくれる地獄図は、その恐怖を和らげてくれるから。」――しかし、ここは「七十字以内」という制限がありますので、〈極楽の風景＝救済〉に関する記述を省き、〈人間は死によって風景が消滅することをもっとも恐れる〉という点を軸にして、次のように整理すればよいでしょう。〈人間は風景とともに自己を生きる存在→だから、風景の消滅を意味する死をもっとも恐れる→しかし、地獄図は死後にも風景があることを信じさせてくれるから（一種の救いである）〉となります。

＊必修ポイント⑧＊　記述式解答をつくる際の注意

問い方と文章の論理展開とを踏まえながら、「解答の形と意味の方向性」を見きわめる。原則としては、文中の語句を組み合わせて解答をつくることになるが、文中の語句の単なるつなぎあわせということではなく、「解答の形と意味の方向性」に即して「組み立てる」という姿勢で取り組むこと。その際、文中の語句を整え直したり、文中にない語句を案出または補ったり、という作業が必要となる場合もあるが、そのあたりの呼吸は、実際に記述式の解答に取り組むことを通して「体得」していくしかない。
ただし、「論理的に正しい読解」が大前提であり、読解が崩れてしまったところでは、記述作業は徒労と化してしまうので、心しておくように。また、制限字数に合わせて解答の作り方を調整する必要があるので、制限字数に応じた処理ができるように訓練しておきたい。

問六　本文解説で示してあるように、「究極の悟り（※４印）」とは〈真の悟りの境地＝完全な無＝風景の存在しない境地＝涅槃（※１・※２印）〉ということになります。極楽図も地獄図も、風景とともに生きる人間のために方便（＝便宜的手段）として描いたものであり、釈迦が説いた涅槃とは、風景が存在しない安らぎの無の境地であったわけです。よって、④が正解です。

①の「地獄を逃れる」は、「極楽」に行くということになりますが、②で語られている「極楽」は方便であって究極の悟りではありませんので、①も②も不適です。③の「風景を定義したものです。そして、生きている人間存在を定義したものです」は、⑤の「自己と風景の存在を意識しないこと」は、第10段落で語られているように、わたしたちが日常のなかで生きているときの状態を示したものです。よって、③も⑤も不適となります。

◆解答◆
問一　ア＝⑤　イ＝④　ウ＝①
問二　③　**問三**　①　**問四**　④
問五　人間は風景とともに自己を生きる存在なので、風景の消滅を意味する死をもっとも恐れるが、地獄図は、死後にも風景があることを信じさせてくれるから。（70字）　**問六**　④

コラム2

風景について

本文の著者は、河川空間について次のように語っています。「一人ひとりが自分の履歴をベースに河川空間に赴き、風景を知覚する。だからその風景は人びとに共有される空間の風景であるとともに、そのひと固有の風景でもある。風景こそ自己と世界、自己と他者が出会う場である。空間再編の設計は、ひとにぎりの人びとの概念の押しつけであってはならない。」（『風景のなかの環境哲学』／東大で出題）

「風景と出会う」ためには、同質の体験を強要されるだけの空間ではなく、それぞれにとって多様な経験が可能であるような空間設計が必要だということです。すなわち、河川空間であれ、テーマパークであれ、風景との多様な出会いを生きることができるような空間が求められているのです。人間は風景とともに自己を生きる存在であり、そのことを自覚して自らの経験を豊かにしていくことが自己理解を深めていく道だ、と著者は言っています。したがって、風景との遭遇（思いがけない出会い）が可能であるような空間を設計していく努力が求められることになります。

人間は自然に手を加えて半自然の空間をつくってきたのですが、自然の豊かさや経験の多様な可能性が感じられるような風景であってこそ、人は生きていることを強く実感できるのです。

しかし、自己の生の終焉とともに風景は消滅しますので、それはもっとも恐るべき事態ということになります。釈迦は「風景の存在しない安らぎの無の境地」こそが生死を超えた「悟り」だと説きましたが、風景の存在しない無を「救い」と感じるためには、風景との出会いを存分に楽しむことが必要であるともいえるでしょう。現に、西行（さいぎょう）や良寛（りょうかん）は、この世を捨てて出家しながらも、空や川や森など種々の風景とともにある自分を十分に実感して生きたように思われます。

そのように「風景との出会い」に感動して生きたのであれば、宿命としての「風景との別れ」においては、種々の風景への感謝の思いをこめて風景から解放されてもよいのでしょう。

もちろん、死後の世界については不明ですが、風景への想いが強い人は、風景の中に自分を溶かしこんで生きるようにするとよいでしょう。例えば、「まづもろともに輝く宇宙の微塵（みじん）となりて無方の空へちらばらう」（宮沢賢治「農民芸術概論」）という言葉を呟（つぶや）き、宇宙（風景）の中に自分も他者も輝きながら散らばっていく心象（イメージ）を抱くというのも可能かもしれません。

第3回

評論文の部分理解 3

野家啓一（のえけいいち）『歴史と物語』

＊必修ポイント＊
⑨整序問題を解く際の注意
⑩指示語を点検する上での注意
⑪脱文を挿入する際の注意

出典 野家啓一『歴史と物語』（出題：早稲田大学　政治経済学部）
野家啓一　一九四九年～。哲学者。科学哲学・言語哲学を専門とする。主な著書に『物語の哲学――柳田國男と歴史の発見』『言語行為の現象学』『歴史を哲学する』『科学の解釈学』などがある。

本文解説

「歴史」についての話です。筆者は「歴史」を「物語」と関連づけて捉えようとしていますので、そうした筆者の〈立場・視点〉に即して読んでいきます。

第1・2段落

「歴史叙述」＝人間の「物語る」行為と不可分
↓
「歴史」の出自＝「科学」よりはむしろ「文学」と通底　（＊出自＝生まれ）
↓
このように……

小林秀雄が喝破した〈「歴史」とは「思い出」である〉を人は思い浮かべる
（＊喝破＝真実を説く）
←
ア

「物語る」「文学」「思い出」に「　」を付しておきました。以下、「　」を付した部分をつないでいけば、筆者の考える「歴史」の姿がくっきりとしてきます。

第３〜５段落　イ は一段落（第４段落）としてとらえる

なるほど、「記憶」と「思い出」とは似ていて非なるもの

「記憶」＝巨大な水甕（みずがめ）
↔
「思い出」＝水甕の割れ目から滲（にじ）み出した一筋の水滴
←
乾いた舌にしたたり落ちるその瞬間＝小林の言う「歴史」
←
イ
←
それに対して、「思い出」の方は断片的・間歇（かんけつ）的
（＊間歇的＝断続的）

（あるいは）
体験の遠近法によって枠取られている

強烈な印象を残した
出来事は近景、些末な
出来事は遠景に退く

↑
それゆえ、
「思い出」は過去の出来事のありのままの再現では決してない

空欄アは、「このように」に続く部分と「なるほど」の直後を点検すれば、「記憶」と「思い出」との違いについて語った文章が入ると見当がつきます。カギカッコは、引用・強調・特殊な意味づけなどにおいて用いられますが、ここは、一般的には同じような意味で使われている「記憶」と「思い出」との違いを明確にするという意図がこめられています。**「文脈上の定義」に即して読んでいくことが必要**です。

空欄イは整序問題にもなっていますが、空欄の前で「記憶」と「思い出」との違いが語られており、空欄の直後が「それに対して、『思い出』の方は……」となっているところから、「記憶」について語った文章が入ると見当がつきます（対比の文脈なので、前半が「思い出」について語っている可能性もあります）。

第６〜８段落

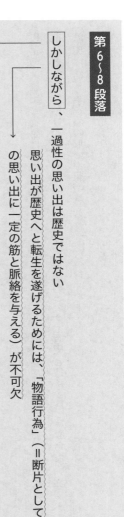

しかしながら、一過性の思い出は歴史ではない
思い出が歴史へと転生を遂げるためには、「物語行為」（＝断片としての思い出に一定の筋と脈絡を与える）が不可欠
Ａ ←、一篇の「歴史」として
→「物語行為」の内実を敷衍（ふえん）すると　（＊敷衍する＝くわしく説明する）
第一―思い出の「構造化」
＝因果の糸・起承転結の結構・出来事の由来の説明　（＊結構＝組み立て）
第二―思い出の「共同化」
＝個人的体験を共同的経験へと転成→現代人に自己理解の場を提供

「しかしながら」という「逆接」で受けて、「思い出」が「歴史」になるためには「物語行為」が不可欠であるという点を強調し、「物語行為」についての説明を展開している文脈です。なお、ここまでの文脈中に「出自」「間歇的」「敷衍」などの語がありましたが、読解に支障をきたさないように、「語彙力」も養い続けていくようにしましょう。

第９～11段落

B、「出来事の由来の説明」および「自己理解の場」（第７・８段落）という機能
＝古来われわれが「歴史」の中に求めてきた当のもの

←そのように考えれば、「歴史」と「物語」は表裏一体
＝
歴史叙述と物語行為は「歴史」という一つのジャンルの中で合体

←たとえば、歴史物語の古典として知られる『大鏡』が典型的事例

←「物語る」ことは人間の基本的欲求の一つ

←「歴史」＝人間の「物語る欲望」が昇華され、共同体の記憶となって結晶化したもの

（＊昇華＝純粋な状態に高めること）

第９段落の〈歴史と物語は表裏一体〉という記述は、第１段落の〈『物語る』行為と不可分な歴史叙述〉という部分と密接に結びついています。そして、最後の一文「歴史とは……ほかならない。」で、筆者の考える「歴史」が、まとめの形で定義づけられているわけです。

設問解説

問一　文章を空欄に補充する問題です。本文解説で見たように、論理構造は次のとおりです。

> このように……「歴史」とは「思い出」である……
> ア
> なるほど、「記憶」と「思い出」とは似ていて非なるもの（異なるもの）……

「なるほど」は前で述べたことを受けて認める時に用いる言葉ですから、アには、「記憶」と「思い出」との違いについて語った文章が入るはずです。④が正解です。〈頭を記憶で一杯にする＝一種の動物状態〉に対して、「心を虚しくして思ひ出す」ことが「僕等を一種の動物である事から救ふのだ（人間としての自由や創造性を保持させる）」というかたちで、「記憶」と「思ひ出」との違いが語られているのです。

①と②は、「記憶」と「思ひ出」との対比関係が読み取れないので不適。③は、「思ひ出」についての言及だけで、「記憶」との違いについて語られていないので不適。⑤は、「過去から未来に向かつて飴の様に延びた時間といふ蒼ざめた思想」が「記憶」と関わるものかもしれないので、ここだけでは誤りと判断できません。しかし、**問二**で詳しく点検しますが、この「蒼ざめた思想」（Ｏ）は「記憶」そのものではなく、Ｑの「完全無欠な記憶」に基づいた叙述から生まれる〈単調で退屈な直線的時間〉と理解できますから、④に比して不十分な説明です。答の定めがたい空欄は、保留にしたまま後続する文脈に注意していくことが必要です。

> ②で小林秀雄は〈新しい解釈なぞでびくともしない歴史の美しさ〉を語っていますが、彼は「歴史」についてだけではなく、〈どんな解釈をされても動じないもの、それだけが美しい〉という思想を生きた人でした。

問二　空欄に補充させるかたちで「整序」（並び換え）を問う設問です。

＊必修ポイント⑨＊　**整序問題を解く際の注意**

●接続の言葉と指示語をチェックし、「論理のしくみ」に即したかたちで「内容のつながり」を見抜いていく。原則的には、始めに置くべき文や文章（段落）を決めてから順序を整えていく。始めに置くべきものの候補が複数ある場合は、確実に順序が決まるところを見つけた上で調整する。

●空欄補充の整序問題や文章全体の途中にある段落を並び換える問題では、問われた箇所の「前後関係」にも目配りして始めに置くべきもの、または、確実に順序が決まるところを決めていく。

●選択肢が与えられていたら、「始めに置くべきもの」あるいは「確実に順序が決まるところ」を含んだ選択肢に絞り、それらの選択肢を利用しながら作業を進めていけばよい。

ここでは、空欄前後の文脈から、イには「記憶」の説明が入る、あるいは、前半に「思い出」、後半に「記憶」の説明が入る、と見当がつきます。与えられた文を点検すると、次のようになります。

O　そこには……「過去から未来に向つて飴の様に延びた時間といふ蒼ざめた思想」があるばかりだからである。

P　おそらく歴史家の夢は……完璧な記憶の水甕を作り上げることだろう。

Q　だが、完全無欠な記憶に基づいて叙述……年代記があるとすれば、これほど無味乾燥で退屈な……。

R　そこでは……正確に記述され、時間的順序に従って隙間なく配列……。

空欄イの直前の記述は「思い出」（としての「歴史」）ですから、その「思い出」の説明が空欄の前半へとつながっている可能性があったわけですが、O・P・Q・Rのどれもが「記憶」と関わる説明になっていますので、ここは、「記憶」についての説明の順序を考えていけばよいということになります。まず、「始めに置くべきもの」が決まるか検討します。OとRは「そこ」という指示語で受けて「記憶」と関わる説明になっていますが、空欄直前の記述は「思い出」ですから不適となります。そしてQの「だが」は、

「思い出」との対比関係としての「だが」ではなく、「だが、完全無欠な記憶に基づいて叙述……年代記があるとすれば、これほど無味乾燥で……」という文脈ですから、「だが」の前には〈記憶に基づいた叙述〉の説明がくるはずで、いきなり「だが」で始まるのは不自然ということになります。したがって、「始めに置くべきもの」はPであると決定できます。

Pが始めにきている選択肢は⑤しかありませんが、念のために、あとのつながりも点検しておくことが必要です。Rの「正確に記述され、時間的順序に従って隙間なく配列され」る「そこ」とは、Pの「完璧な記憶の水甕」に置き換えることができるので、つながりうると判断できます。そしてQは、「P―R」の〈完璧な記憶→正確に記述〉という文脈を「だが」で受けて、〈記憶に基づく叙述は無味乾燥で退屈だ〉と否定的に語っていますので、ここもつながりうると判断できます。最後は、Oが「そこには……から」と理由を示す文脈になっている点を押さえれば、「飴の様に延びた時間といふ蒼ざめた思想」（単調な直接的時間）だから「無味乾燥で退屈」というつながりは納得できます。

なお、ここは選択肢が与えられていましたが、自力で解決しなければならない時もあります。ここでは「P―Q」の可能性も考えられますが、「P―Q」と決めると「P―Q―O」となり、Rが浮き上がってしまいます。そのような時は、Rの位置を考慮して「P―R―Q―O」と修正していけばよいのですが、すんなりとはいかない場合もありますので、慎重かつ柔軟に対応していくことが必要です。

ところで、本文においても選択肢においても、指示語の点検が文脈を読み取る一つの重要な鍵となっていました。ここで指示語を点検する上での注意点をまとめておきます。

＊必修ポイント⑩＊　指示語を点検する上での注意

●指示語が示す内容を把握するためには、指示語のあとに続く文構造と内容を吟味し、その内容と対応する箇所を指示語の前の文脈中から探し出していく。

たとえば、「それは……である」とあれば、「……」の内容と結びつく箇所、「それに対して……」とあれば、「……」の内容と対比的になっている箇所、ということになる。

指示語の問題で迷う点は、「それ（そのように）」が直前の一文（一文中のある語句）を指すのか、その一文の前の部分も含むのか、あるいは、もっと広い範囲を指しているのか、という点であるが、それは、指示語のあとに続く文構造と内容を吟味すれば解決していくはずである。

●例外的に指示語が示す内容が後ろにくる時がある。

「私はそれがなければ生きていけないような夢をもっている」というような言い方の場合、あるいは、「これは、以前にも述べたことであるが、（芸術だけに限った話ではないが）……」のような文構造になっている場合である。

ただし、後者の場合は、指示する内容が前にあるか後ろにあるかは、「……」の内容の吟味によって判断する。「……」の内容と結びつく箇所が前になければ、「これ」は「……」の内容を指示していることになる。

問二　接続の言葉を空欄に補充する問題。まず空欄Ａについて。直前の一文中にある「物語行為」は22行目「思い出が歴史へと転生を遂げるためには、『物語る』という……」の箇所からつながっています。ここに気づけば、空欄直後の「一篇の『歴史』として語り伝えられる」とは、22行目からの文脈を簡潔にまとめた言い方として理解できます。⑥「すなわち」が正解です。

空欄Ｂは、その直後に、前段落で述べられていた「第一」と「第二」の中の語句が記されていて、それが「歴史」とつながっている文脈ですから、一見すると「すなわち」が入るかのように思われます。が、空欄Ａには「すなわち」以外の言葉は入りませんので（設問文中に指示がない限り、原則として同じものは二度使えません）、他の選択肢を検討します。「ところで」の「前で述べた内容を受けとめつつ、角度（視点）を変えて論じていく（別の事柄と関連づけていく）」という用法が想起されれば（31ページ）、ここに「ところで」が入ると判断できるでしょう。Ｂに続く文脈中には「歴史」という言葉がありますが、ここは「古来われわれが『歴史』の中に求めてきた当のもの」という言い方になっていて、「求めてきた」という別の角度からの光が当てられていると読むべきところです。そして、そのあと、〈歴史と物語＝表裏一体〉を導いていくわけですが、この内容は実は第１段落で述べられていた〈物語る行為と不可分な歴史〉を言い換えた文脈にもなっていたのです。

問四　脱文挿入問題です。

＊必修ポイント⑪＊　脱文を挿入する際の注意

●脱文中の接続の言葉、指示語、鍵となる語句に注意して脱文の文意を把握し、脱文へとつながりうる箇所を見つけ出す（多くは、空欄の形で脱文の入る候補箇所が示されている）。そして、必ず空欄の後ろへのつながりも点検すること。前からのつながりはよいが、後ろへのつながりが不自然な場合は、別の箇所を点検し直す必要がある。

●「脱文をそこに入れると前後の文意が通る箇所」よりも、「脱文をそこに入れないと前後の文意が不自然である（論理が通らない）箇所」の方が正解としては優先する。その場合は、「脱文をそこに入れると前後の文意が通る箇所」は「脱文をそこに入れなくとも前後の文意が通る」ようになっている。

ここは、「それゆえ」とあるので、脱文は前の内容から〈当然の帰結〉として導かれたものと理解できます。そして、「物語行為は……現在の視点からする過去の『解釈的再構成』である」となっていますので、「物語行為」について述べた文脈、すなわち、ⅡとⅢが候補です（Ⅳの前にも「物語行為」という言葉がありますが、ここは〈歴史と表裏一体だ〉ということを主張した文脈です）。Ⅲは、直前にある「現在を生きるわれわれに自己理解の場を提供」が脱文中の「現在の視点」につながるように見えますが、「第二」のポイントは「思い出を『共同化』する」ことであり、そういう文脈で現代人にとっての「自己理解の場」が語られているので、脱文中の「解釈的再構成」とのつながりが不明確になります。それに対してⅡの直前では、「第一」のポイントである〈思い出の構造化・因果の糸・出来事の由来の説明（解釈）〉が語られていて、脱文中の「解釈的再構成」が〈当然の帰結〉として導かれる文脈だとわかります。「現在の視点」については明示されていませんが、「解釈」であり「再構成」である以上、それは当然「現在の視点」でしょう。後ろへのつながりも点検すると、Ⅱのあとは「第二に」で始まり、脱文は「第一」の内容の締めくくりだと納得できます。

◆解答◆

問一　④　**問二**　⑤　**問三**　A＝⑥　B＝③
問四　Ⅱ

コラム3

「歴史」とは何か

「歴史」とは「過去の事実」ですが、主観的自己を生きる人間が記述する以上、「事実」をありのままに描くことはできません。「体験の遠近法」という主観が介在した「解釈的再構成」ということになるわけです。ただし、「物語」としての「歴史」であるといっても、フィクション仕立ての「歴史小説」とは区別しておくべきところです。けれども、主観や解釈が入りこんだ「歴史」ですから、事実をめぐっての解釈の違いが生じることになります。

むろん、科学的客観性を重視した「実証主義的歴史観」や、唯物論（人間の精神や意識を物質に還元して捉える考え）の立場からの「唯物史観」などは、「客観的事実」を追求しようとしましたが、それも一つの見方、しかも、固定化した法則的な見方ですから、小林秀雄の言うように「無味乾燥な蒼ざめた思想」になってしまうわけです。小林秀雄は「歴史とは生きた人間である」とも語っていますが、人間の喜怒哀楽がリアルに伝わってくる記述でなければ、「人間の歴史」ということにはならないでしょう。たとえば『平家物語』は、多様な視点を取り入れた「物語」の流れをつくりだしていますが、複数の視点があってこそ、一つの事実の多面的な相貌が見え、事実が生き生きとした姿を現してくるのではないでしょうか。

歌人で劇作家であった寺山修司は『さかさま文学史黒髪篇』という本で、女性の立場から見た男性文学者の姿を描いています。たとえば、智恵子から見た高村光太郎を「人間音痴の男」と批判していますが、教科書的文学史には記述されていないその光太郎の姿もまた、一つの事実といってよいわけです。「ヒロシマへの原爆投下」と関わる話にも多様な解釈的事実があります。大切なことは、そうした「歴史」の多面的な相貌に立ち会うことで、私たちが、柔軟な思考のもとに、自分の生き方や他者との関係のあり方を考え直していくことではないでしょうか。

そして、「歴史」の意義とは、まさしくそこにあるわけです。「先例（歴史書）は（私たちの）現実を映してその姿を理解する『鏡』であると同時に、反復すべき手本（悪い手本は反面教師として）、即ち『鑑』でもあった」（尼ケ崎彬『ことばと身体』・早大で出題）ということです。「歴史」と向かい合うこと、それは、自分の生き方を問い直すということでもあるのです。

第4回

第1章　設問別対策編

評論文の全体理解

岩井克人（いわいかつひと）『ヴェニスの商人の資本論』

＊必修ポイント＊
⑫本文内容と論旨（主旨）の違い
⑬表題が問われた時の注意
⑭主旨と要約の記述について

出典 岩井克人『ヴェニスの商人の資本論』（出題：大阪大学　法・経済学部、関西学院大学　商学部）

岩井克人　一九四七年〜。理論経済学者。主な著書に『貨幣論』『二十一世紀の資本主義論』『経済学の宇宙』などがある。

本文解説

「全体理解」とは、「部分理解」を論の方向性に即して関係づけていく営み、ということになります。今まで学習してきた「部分理解」においても、段落関係を見抜き、「対比」や「言い換え」の構造に着眼しながら、「部分と部分との関係体」としての「全体」を読み取ってきたわけですが、ここでは、「主旨」や「表題」など、文章全体に関わる設問への対策に重点をおいて学習していくことになります。

まず、マルクス（資本主義を批判して共産主義の理念を唱えた人。その理念は現実の共産主義国家において具現化されているわけではありません）の言葉が引用されています。難しそうな表現になっていますが、「具象と抽象の違い」、そして「逆説」の考え方を押さえて読み解いていきましょう。

第1・2段落

動物世界＝
　現実の動物たち
　相並んで
　「動物」なるものが闊歩（かっぽ）
　のように　★**奇妙なもの**

貨幣＝
　（商品についての）一般的な価値の尺度
　＝
　同時に
　商品そのもの（需要の対象）
　★**二重の存在**

広告 **も** 貨幣と同様、★**形而上学的な奇妙さに満ち満ちた逆説的な存在**

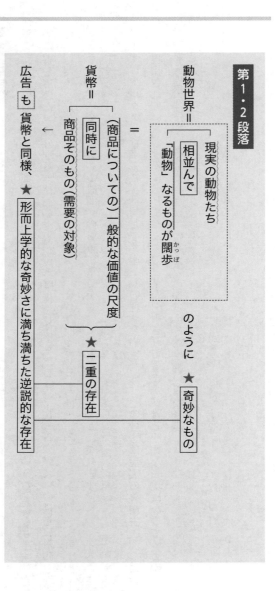

現実の動物たちと、それらと区別された「動物」なるものが混在している「奇妙さ」とは、次の〈一般的な価値の尺度であるとともに商品そのものでもある〉という貨幣の「二重」性と対応しています。そして、その「貨幣」と同様、「広告」も「形而上学的な奇妙さに満ち満ちた逆説的な存在」というわけです。

この文脈を理解するためには、〈具象（具体）と抽象の違い〉についての理解が必要です。「動物」なるものが、「奇妙」とあるのは、それが「現実の」ではない「動物」だからです。つまり、**カッコつきの「動物」とは、具象的な現実として存在する動物たちに共通する要素を抽（ひ）きだしてつくった〈抽象的観念（目に見えない本質を表しているもの）としての動物〉であるわけです。**この理解を前提に、ライオンやトラという具象的実在に混じって「動物」という抽象的観念が闊歩している「奇妙」さを考えていきます。それは、「ライオンがいた、あそこにトラがいる。あれっ、あんなところに動物がいる」という光景です。その「奇妙」さは、「一般的な価値の尺度（抽象的観念）」でありながら、同時に「商品そのもの（具象的実在）」としても存在している「貨幣」にあてはまることになるわけです。そして、**「逆説（パラドックス）」は〈一般の予期に反する真理・一見矛盾しているが、実は真理〉**の意をもつ語で、ここでの「奇妙さ」と「逆説」が結びつく、ということです。「形而上（学）的」（16ページ参照）とあるのは、〈目に見えない抽象的観念〉が関わっている文脈であるからです（「抽象」と「逆説」については **設問解説** の末尾でさらに詳しく解説します）。

では、「広告」における「形而上学的な奇妙さ」とはどのような事態であるのでしょうか。

第３～５段落

資本主義社会（分業の社会）――プディングであることの証明は、お金と交換にしか得られない

↓

たとえば……とき
- プディングそのものを比較しているのではない
- ↓ 実際に比較しているのは、《プディングの外見・写真・コマーシャル》＝「プディングの広告」である

＝すなわち

資本主義社会 ◆ 人は消費者として商品そのものを比較できず、広告という媒介を通じてはじめて商品を比較できる

資本主義社会における「広告」の役割が明らかにされています。プディングを例にして、「商品そのもの」ではなく、「広告」によって商品の比較は可能になる、という文脈です。しかし、まだ、「広告」に即した「奇妙さ」とは何かについての説明はありません。その問いを抱えて文脈を追っていきます。

第６〜９段落

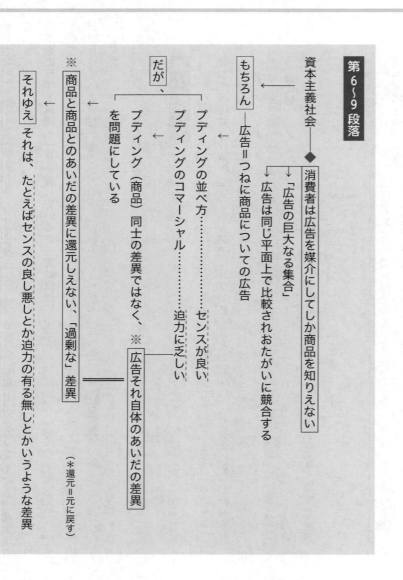

資本主義社会―◆消費者は広告を媒介にしてしか商品を知りえない
　↓「広告の巨大なる集合」
　↓広告は同じ平面上で比較されおたがいに競合する

←もちろん―広告＝つねに商品についての広告

←プディングの並べ方……………センスが良い
　プディングのコマーシャル………迫力に乏しい

だが、←プディング（商品）同士の差異ではなく、※広告それ自体のあいだの差異
　を問題にしている

＝

※←商品と商品とのあいだの差異に還元しえない、「過剰な」差異

（＊還元＝元に戻す）

←それゆえ　それは、たとえばセンスの良し悪しとか迫力の有る無しとかいうような差異

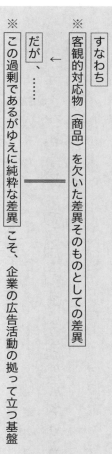

※ すなわち
客観的対応物（商品）を欠いた差異そのものとしての差異
　　　↑
だが、……
　　　‖
※ この過剰であるがゆえに純粋な差異 こそ、企業の広告活動の拠って立つ基盤

第6段落は第5段落の◆印部分を受けて、資本主義社会が「広告の巨大なる集合」の社会であることに言及しています。ついで、第7段落は「もちろん〜だが——」の構造であり、「だが」以下は例示（印）を含めての「言い換え」（※印）の文脈となっています。「広告」は「商品」についての「広告」ですが、消費者は「広告」を媒介にしてしか「商品」を知りえないわけですから、「広告」は「商品」という「客観的対応物」から離れ、「広告」それ自体の「センス」や「迫力」で消費者を惹（ひ）きつけようと競い合うことになります。街の中にもテレビの中にも、過剰な差異としての「広告」が溢れることになるわけです。

第10・11段落

言語——「すべては対立として用いられた差異」→「対立が価値を生み出す」（ソシュール）
　　　　（たとえば「光と闇」。その二つの言葉は、対立関係の中で意味をもつということ。）
　↑
　‖
広告についても あてはまる

（広告の）差異こそ価値を生み出す

――※商品の間の差異に還元できない、広告の生み出す過剰なる差異性

すなわち

広告とは

※商品という実体（＝そのような客観的対応物）を欠いた差異そのものとしての差異

を作り出す→商品の価値に帰着しえないそれ自身の価値をもつ

←

ところで 資本主義社会――いかなる価値もお金で売り買いできる商品

→それゆえ、当然広告も商品となる

→広告に関連する企業支出はＧＮＰ（国民総生産）の一パーセント近くを

占めるが、人をことさら驚かせはしない

←――

だが、それ＝広告の★形而上学的な逆説（奇妙さ）→（驚き）

広告＝

本来商品について語る媒介

同時に

それ自体商品となって売り買いされる

――ライオンやトラやウサギとともに「動物」なるものが生息している光景と同じ

奇妙さ（→第１段落）

第10段落は、「言語」と関連づけて、「広告」においても、〈差異が価値を生み出す〉ということを明らかにしています。第7～9段落で繰り返し述べられていた〈広告の過剰な差異性（※印）〉をさらに強調しながら、〈広告の差異性が広告それ自身の価値を生む〉ということを導き出しているわけです。

第11段落冒頭の「ところで」は、前で述べた内容（「価値」の話）を受けながら、別の角度（「価値」＝お金で売り買いできる商品）から光を当てるという用法です（31ページ参照）。そして、そこから当然の帰結として「広告も商品となる」が導き出され、〈広告の形而上学的な逆説（奇妙さ）〉の説明へとつなげているわけです。**「ライオンやトラや……」という表現からも明らかなように、第11段落は第1段落と密接に結びついており、そして、〈広告の奇妙さとは何か〉という問いの答がここで明示されている**、ということになります。「広告」は「商品について語る媒介（一種の記号としての抽象的観念）」でありながら、同時に〈商品それ自体（具象的実在―テレビのCMやポスターなどは商品そのものとしても流通している）〉として存在している「奇妙」なものであるわけです。

第12段落

貨幣と同様、広告も、★形而上学的な奇妙さに満ち満ちた存在であることへの驚き

＝

真の考察の第一歩

いや、少なくとも

それ（驚き）は、広告をただ糾弾したり、広告とただ戯れたりする言説に溢れている

現代において、差異性をもった（価値ある）言説を作り出すはずのもの

第12段落は、第11段落で明らかにされた〈広告の形而上学的な奇妙さ（★印）〉への「驚き」が「広告についての真の考察の第一歩」であることを語っています。最後の一文の冒頭に「いや」とありますが、ここでの「いや」は、「真の考察」という大げさな言い方（表現）に対する譲歩であって、「真の考察」そのものを否定しているわけではありません。「いや、少なくともそれ（驚き）は……。」の一文は、「驚き」があれば、「真の考察」の道へと歩みこんでいくことがないとしても、少なくとも「差異性をもった言説（差異は価値を生み出すものでしたから、これは価値ある言説ということになります）」を作り出すことができるはずだ、というように読み取るべきところです。

以上、段落関係を明らかにしながら、本文の論理展開を把握してきたわけですが、本文の論理展開を段落関係と「主旨（全文を貫く一本の太い糸）」に即してまとめると、次のようになります。

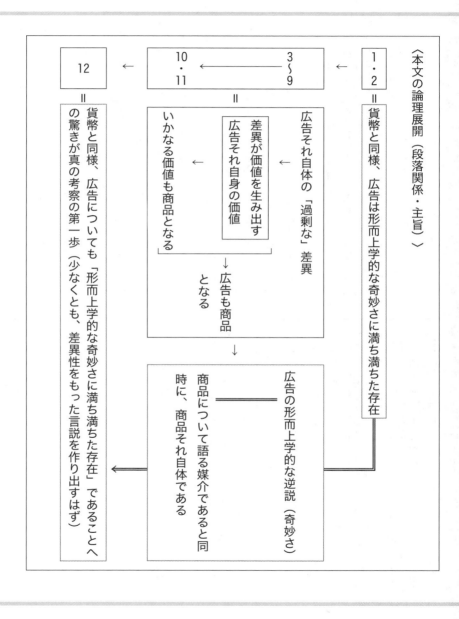

〈本文の論理展開（段落関係・主旨）〉

1・2
＝貨幣と同様、広告は形而上学的な奇妙さに満ち満ちた存在

←

3〜9 ← **10・11**
＝
広告それ自体の「過剰な」差異
←
差異が価値を生み出す
広告それ自身の価値
←
いかなる価値も商品となる
↓
広告も商品となる

↓

広告の形而上学的な逆説（奇妙さ）
＝
商品について語る媒介であると同時に、商品それ自体である

←

12
＝貨幣と同様、広告についても「形而上学的な奇妙さに満ち満ちた存在」であることへの驚きが真の考察の第一歩（少なくとも、差異性をもった言説を作り出すはず）

設問解説

問一　本文の内容と合致しているものを選択肢の中から選ぶ問題です。選択肢の表現の仕方や、選択肢中に含まれている語句に注意し、**本文のどの箇所に立ち返って検討すればよいか**を見きわめます。

＊必修ポイント⑫＊　「本文の内容」と「論旨（主旨）」との違い

● 「本文の内容と合致するものを選べ」という問い――軸となる主張内容（論旨）でなくとも、本文の記述と合致するものや、本文の記述を踏まえれば当然言いうるはずのものは正解となる。

● 「論旨と合致するものを選べ」という問い――軸となる主張内容を語っているものが正解となる。迷った場合は、内容の重要度を見きわめて判断すればよい。

ここは、「本文の内容」となっていますから、「論旨」でなくともよいわけです。

◆選択肢チェック◆

「広告の華やかさと戯れ」について、第12段落を検討すると「形而上学的な現代」とはいえませんし、「窒息状態」も、「差異性をもった言説を作り出すはずのもの」という記述と矛盾します。

① ×形而上学的な現代は、広告の華やかさと戯れによって窒息状態に陥っている。

第5段落に、「人は広告という媒介を通じてはじめて商品（プディング）を比較することができる」とありますが、「（広告の媒介により）等価交換される（＝プディングはその価値と等しい価格で交換される）」とは書かれていません。「広告」は〈商品価値を正確に伝える〉という機能はもたず、消費者を惹きつけるために、他の広告との差異化を追求します。

② 資本主義社会においては、×プディングは広告の媒介によって等価交換される。

「広告同士」の差異については、第7～10段落の「言い換え（※印）」に注目します。ここは、商品同士の差異に還元できない〈広告同士の過剰な差異〉こそが企業の広告活動の拠って立つ基盤である、という文脈ですので、合致します。

③ ○商品同士の差異よりも広告同士の差異が、資本主義社会では問題にされる。

③で検討した通り、問題にされているのは〈広告同士の過剰な差異〉であって、この差異は商品同士の差異に還元しえないものです。よって④・⑤は合致しません。

④ 広告の巨大なる集合の中には、×客観的な商品それ自体の過剰な差異がある。

⑤ ×差異性こそが商品の過剰なる価値を生み出し、企業の広報活動をうながす。

第2段落に「広告というものも、貨幣と同様、いわば形而上学的な奇妙さに満ち満ちた逆説的な存在」と記されているため、⑥は合致します。

⑥ ○商品世界における貨幣は、形而上学的な奇妙さに満ちた逆説的な存在である。

問二　「表題」についての設問です。「本文を貫く一本の太い糸」としての「主旨」と密接に関わるものを選びます。〈本文の論理展開〉の［　］部分に示したように、〈広告の形而上学的な奇妙さ→そのことへの驚き＝真の考察の第一歩〉が「主旨」であったわけですから、①「広告の形而上学」が正解です。

②は、「付加価値」が不適。〈広告それ自体の価値〉が語られている文章です。③は、「比較検討」だけでは「主旨」に届きません。④は、「経営戦略」が必要であるとしても、「主旨」からはズレています。⑤は、「広告が、同時にそれ自体商品となって」（49行目）と記されていますので、「広告の商品価値」という言い方は認められますが、しかしそれは、〈広告の形而上学的な奇妙さ〉を構成する二つの要素（〈本来商品について語る媒介〉［同時に］〈それ自体が商品となって売り買いされる〉）のうちの一つでしかありません。①と比較して不十分、ということになります。

＊必修ポイント⑬＊　「表題」が問われた時の注意

「表題」とは、原則としては「主旨」と密接に関わるもの。時として、筆者が批判している考え方やあり方が「表題」になることがあるので注意。

「何かについての批判」が狙いであれば、「批判」されている考え方やあり方が「表題」になってもおかしくはない、ということになる。選択肢中に「主旨」と密接に関わるものがない場合は、「批判」の対象となっている「考え方・あり方」がないか検討する。

実際の入試問題の例…「自然に帰る」というあり方を批判し、文明社会の条件を土台にして自然破壊などの問題を乗り超えるべきだ、と説いている文章において、「主旨」を考慮すれば、「文明と自然」や「文明社会の未来」などの「表題」が考えられるが、その種のものが選択肢中になく、「批判」の対象となっている「自然に帰る」を選ばせる、というケースがあった。

問三　「主旨」の問題。記述式の場合は、字数によって柔軟に対応していくことが必要です。この文章では、第１・２段落と第11段落の記述（48～51行目）との密接な結びつき、そして、〈広告の奇妙さ〉を受けて、〈そのことへの驚き＝真の考察の第一歩〉を導いている第12段落へのつながりが「一本の太い糸」として把握できれば、五十～百字程度の条件に十分対応しうるはずです。百五十～二百字程度の字数が課されている時は（その場合は「本文を要約せよ」となる可能性が高いです）、〈広告の形而上学的な奇妙さ〉がどのような論理展開によって導き出されてきたか（第３～10段落）を整理して肉づけしていきます。

＊必修ポイント⑭＊　「主旨」と「要約」の記述について

- 「主旨（趣旨）」の場合は、「一番言いたいこと」であるから、「本文を貫く一本の太い糸」を見抜いてまとめる、ということになる。
- 「要約」の場合は、「主旨」を軸にし、主旨との関連性の強い部分を肉づけして構成する（字数に応じた処理として）。
- 「主旨」も「要約」も、本文の記述の順序に従ってまとめるのが原則だが、順序を整え直して再構成した方がまとまりがよい、あるいは、再構成しないとまとめにくい場合は柔軟に対処する。

本文の記述の順序に従って構成すると、次のようになります。

〈解答例１〉　貨幣と同様、広告は形而上学的な奇妙さに満ち満ちた存在である。広告の奇妙さとは、商品の媒介でありながら商品それ自体でもあるということであるが、そのことへの驚きが広告についての真の考察の第一歩となる。（98字）

本文は〈広告自体の過剰な差異〉について繰り返し語っていますので、その説明を取り入れて、第12段落の〈驚き＝真の考察の第一歩〉という記述を落としてしまいかねません。その記述を落としてしまった答案に比べれば、これは「主旨」がしっかりとつかめている解答です。ですが、〈驚き＝真の考察の第一歩→いや、少なくとも差異性をもった言説〉という点も含めた答案にしたいと考えると、前半の順序を整え直すことで字数の調整が可能になり、次のような解答をつくることができます。

〈解答例2〉　広告とは商品の媒介でありながら商品そのものでもあり、貨幣と同様に形而上学的な奇妙さに満ち満ちた存在である。その驚きが広告についての真の考察の第一歩であり、少なくとも差異性をもった言説を作り出すはずだ。（100字）

「その」以降は、「その驚きから広告についての真の考察が始まり、少なくとも差異性をもった言説が生まれるはずだ。」とまとめてもよいでしょう。

本文の記述の順序を整え直して再構成してもよいということを知っておくとともに、「主旨」の内容や字数に応じて柔軟に対処できるようにしておくことが大切です。なお、説明問題の記述においてもいえることですが、語句のつなぎ方や字数などとの関係で、表現を縮約したり省略したりしてもかまいません。ここでは、「商品について語る媒介」を縮約して「商品の媒介」とし、また、「奇妙さ」と同じ意で用いられている「逆説的な」を省略しました。

◆解答◆

問一　③・⑥（順不同可）　**問二**　①

問三　〈解答例1〉〈解答例2〉いずれでも可

■■■

「抽象」と「逆説」の二語はきわめて重要なものですから、しっかり理解しておくことが必要です。

抽象

「抽象」とは、〈具象（具体）的実在たちに共通する本質（要素）を抽（ひ）き出す〉あるいは〈抽き出された結果としての見えない本質〉〈事物の本質を表す固定的な観念〉の意をもつ言葉である。

「抽象と具象」の関係

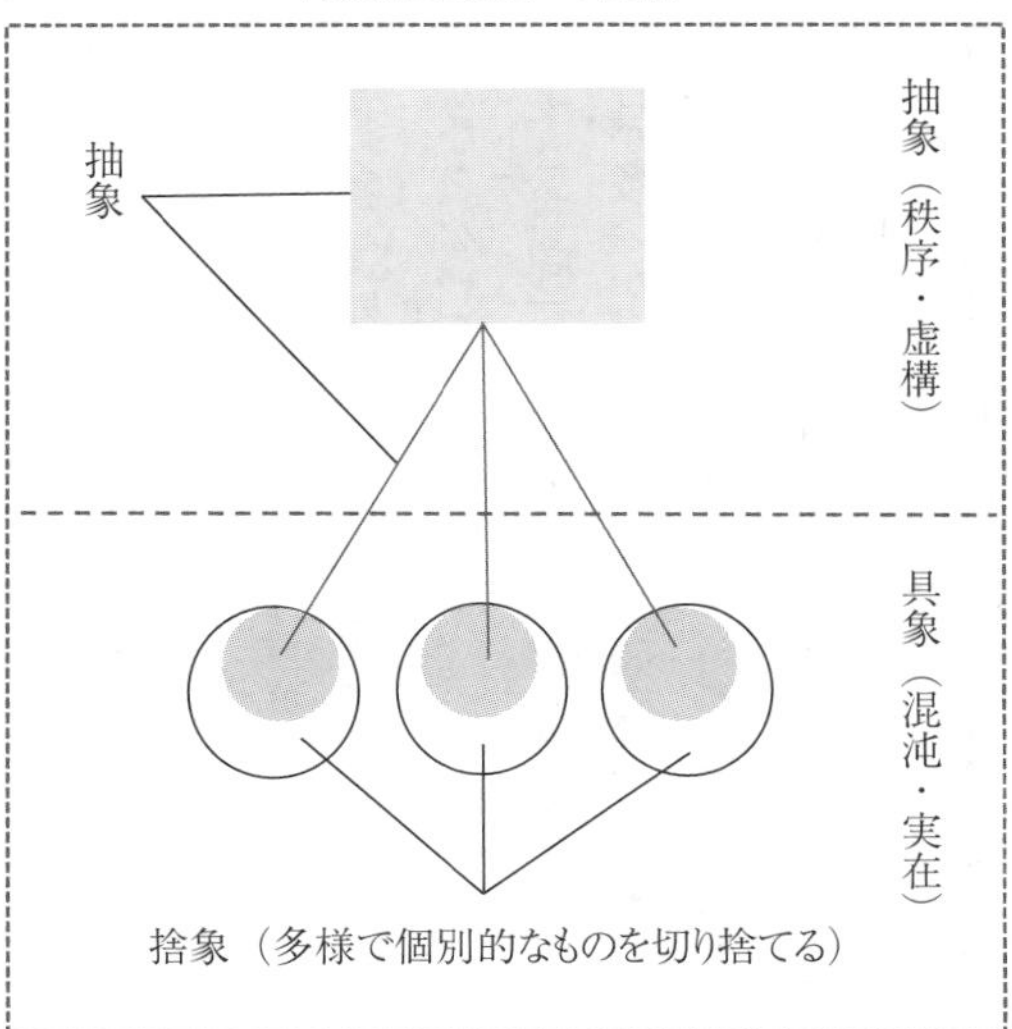

私たちが生きている場は、「具象世界」であるが、「抽象」の働きがなければ、世界は混沌である。それでは不都合だから、人間は「抽象・言葉」によって世界を秩序づけて生きてきたわけである。そして、学問や科学の発達につれて、抽象度の高い、いわゆる学術用語が生み出されてきたのだが、私たちが生きている場はあくまでも「具象世界」であるという点から、今日では、「抽象と具象」の関係の図に示してある「捨象」されたものが見直され、もっと具象的現実と結びついた学問や科学のあり方が求められるようになってもいるのである。「抽象世界と具象世界との往復運動こそが大切だ」ということである。

詩人の中原中也（なかはらちゅうや）は「手という言葉を口にする前に感じている手、その手が深く感じられていればよい」と語っているが、「言葉以前のものとしての個別の具象物としての手（指の長さや爪の形などが個々に異なる固有の手）」、その手を深く感じることが生の基盤だということ、そして、その基盤があってこそ、「共通の要素」を抽き出してつくった「手」という抽象的記号としての言葉も生きてくる、ということである（このことからもわかるように、言葉は、固有名詞を除いて、すべて抽象的記号である。本文中の「ライオン」や「トラ」は、文脈上の意味としては「具体的実在」だが、「ライオン」という言葉は、すべての「ライオン」にあてはまる共通の本質を示す記号にほかならない）。

なお、「抽象」は「具象」と対比されて使われる場合が多いが〈固定した抽象的観念〉の意で用いられるだけでなく、〈見えない本質〉の意を示すために用いられる場合もあることを知っておこう。たとえば、「童話には抽象性がある」という場合は、〈童話は煩雑な現実描写を省いて生の本質的な面を描いたものである〉という意になるし、「筆跡には個人の抽象性が表れている」という場合は、〈筆跡には個人の内面的本質が表れている〉という意になる。むろん、文脈があるはずだから、文脈に即して読み取っていけばよい。

逆説（パラドックス）

「逆説」は〈一般の予期に反する真理・一見矛盾しているが、実は真理〉の意を表す。「逆説」が問われた時は、次のような考え方で対処しよう。

A↓一般の予期としてはBになるはず
← 逆に（かえって）↑なぜ？
Bの反対の状態（になる）

［例］「文明の逆説」
文明↓一般の予期としては人類の幸福につながるはず
← 逆に↑なぜ？（人類の生存基盤である自然を破壊したから）
人類の危機（をもたらす）

したがって、「逆説」の説明における原則的な形は〈「A↓B」のはずが、～のために、逆に、Bの反対の状態〉ということになる。むろん、これは原則的な形である。「矛盾に見える状態」を解消するための「理由」を明示しなくてもよい場合は「～のために」を省いてもよいし、また、本文における「広告の奇妙さ（逆説）」の場合は、「広告は商品について語る媒介でありながら、同時に商品それ自体でもあるということ。」のようにまとめればよい。いずれにせよ、〈予期に反して一見矛盾している〉という意がはっきりと出るような形で説明すること。文中の記述のあり方が「逆説」の説明としては不十分な場合があるが、その場合は形を整え直してまとめることが必要である。

なお、「理由」が求められた時、または、「理由を含めて説明せよ」という言い方がなくても字数に余裕がある時は、その「理由」を文中に探し求めるようにする。「広告の逆説」についてまとめると、「広告は商品について語る媒介であるのだが、広告それ自体の過剰な差異が広告に商品としての価値を与えるため、広告は同時に商品それ自体としても存在してしまうことになる、ということ。」のようになる。設問になっていなくても、逆説的文脈についていけるようにしておこう。

コラム 4

「奇妙さ」と「驚き」

本文で語られている「奇妙さ」とは、「世にも奇妙な物語」におけるような幻想的怪奇的な「奇妙さ」のことではなく、むしろ、「自明性」に潜む「奇妙さ」ということです。日常的に当たり前だと思っていることの中にこそ神秘は潜んでいるのであって、「世にも奇妙な物語」の根も、実はそこにあるわけです。

つまり、人間存在そのもの、人間の生そのもののありようが奇妙な「逆説性」を背負っていて、だからこそ、「貨幣」や「広告」のみならず、人間がかかわっている現象には「逆説」がまとわりついてくる、ということになります。すなわち、人間は自然的存在としての生物でありながら、自然的存在から逸脱した反自然的存在でもあるわけですが、このありよう自体がすでに「逆説」です。そして人間は人間に特有の言語（対象言語→メタ言語）を使って世界を認識できるようになりましたが、たとえば「死」という言語の獲得は、「死は生と対立するが、死がなければ生もない」という「逆説」を私たちに突きつけてきたわけです。

思えば、こうした人間存在の逆説的ありようは、いまだに「驚く」べきことではないでしょうか。そうした「驚き」こそが「宗教」や「哲学（思想）」の発生を促したのであり、そして、その「驚き」の真相に迫るための思考法や表現法が、今もなお模索され続けているわけです。今村仁司（いまむらひとし）は、「驚き」が「考える」に向けての動力となり、「考える」ことが「驚き」の発見につながる、と語り、そして「思考の驚きは、自明性への驚きである。『当たり前にあること』に驚くことが、慣れ親しんでいること』に驚くことが、真実に知性と思考の驚きである」（『近代の思想構造』・早大で出題）と述べています。「考える」ことと「驚く」ことは相乗的に作用し合っているのです。

むろん、日常生活を円滑に進めるためには、慣習や常識という「自明性」を前提とする必要があります。けれども、「欲望と反欲望が同居している自分」や、〈私〉という言葉は、この私だけを指すのではないということ」に気づく時、「驚き」は生じるはずです。そうした「驚き」についてどこまで「考え」ていくか、それは、その人の生き方の問題です。そして、「驚き」から生じた「思考」は、つまるところ、世界の根源的な謎へと向かわざるをえないのですが、どのような書物や芸術作品を道案内とするか、それもまた、生き方の問題、ということになります。

第５回

第１章　設問別対策編

小説の理解

藤谷治（ふじたにおさむ）『猫がかわいくなかったら』

出典 藤谷治『猫がかわいくなかったら』（出題：三重大学　人文学部　前期）
藤谷治　一九六三〜。小説家。主な小説に『いつか棺桶はやってくる』『世界でいちばん美しい』『船に乗れ！』などがある。

＊必修ポイント＊
⑮小説を読む際の注意

〔小説の読み方について〕

小説には、評論のような「論理的組み立て」はありませんが、言葉によって構築されたものである以上、そこに「文章のしくみ」を見てとることは可能です。もちろん、小説は暗示的表現を一つの特色としていますので、省略されている説明の言葉を適切に補う必要がありますが、描写や会話が基軸となって話が展開されていたとしても、「話の筋道」を整えるために必要な「説明の言葉」はあるはずですから、その点に注意しながら文脈を追っていけばよいわけです。また、テストとして課された小説であるのならば、「誰が読んでも一定の（共通の）意味が読み取れる」ようになっているため、評論と同様に、「精読力」の問題ということになります。

＊必修ポイント⑮＊　**小説（現代文のテスト問題として）を読む際の注意**

○「文章のしくみ」や「場面展開」に即して、登場人物の人柄や性格、人物関係、人物の心情や心の動きを点検しながら読んでいく。
○「会話」が中心となって展開されているような場合は、「場面の区切れ」や「意味のかたまり」という点に留意して「文章のしくみ」を見抜いていく。

○「説明の言葉」を補う必要がある場合には、その場面に即して「当然言いうる」と判断できる範囲で「想像・推測」を働かせる。
○評論と同じく、**答は原則として本文中にある**。答が見えにくい場合でも、本文中にヒントはあり、また、多くは**選択肢を利用して判断できるようになっている**。

なお、テスト問題としての小説を読み進めていくうちに、ある場面で「感動」してしまい、冷静な判断ができなくなったという受験生の体験談がありますが、テストの時には「感動」は禁物です。「酔いつつ醒め、醒めつつ酔う」読み方も可能ですが、「精読」とは、醒めた目で冷静に文脈を追い、内容を知性的に了解していくことなのです。

とはいっても、「感動」は極めて重要な経験です。冷静に読みながらも「感動」へと誘われそうになった場合は、読み解いたあとで、じっくり味わうように読み直してみてください。自分自身のための「生の糧（かて）」として……。

本文解説

入院した望月さんの猫の世話について、大家および吉岡夫妻それぞれの思考と感情が示されている場面です。ここでは、本文を、

[1]　入院した望月さんの猫の世話を終えて、吉岡夫妻が猫の里親について会話をしている場面
[2]　大家が入ってきて、望月さんと猫の世話をする吉岡夫妻とを批判するが、それに対して吉岡が反論している場面
[3]　猫の命を軽視する大家は、猫の世話をする吉岡夫妻を批判したが、その大家に対して夫が媚（こ）びを売ったと思い、妻の多恵子が責め立てている場面

[4]　多恵子は、猫の命を軽視する酷薄な大家に対する自らの激怒と絶望が、大家に媚びた夫には理解されないと思い、強い孤独を感じている場面

の四つに分けて説明していきます。

[1]　入院した望月さんの猫の世話を終えて、吉岡夫妻が猫の里親について会話をしている場面

Hアパートで望月さんの猫の世話をひと通り終えた多恵子は憔悴している

多恵子「望月さんの猫だもん。望月さんがそれでいいっていうんだったら、私たち

※１Ａ口出しする権利ないんだよね」

←

吉岡「※２権利、ないだろうか」「望月のおばさんはちゃんとした判断ができなくなってる」

↓※３「僕たちがちゃんとした判断をするのは、大事なことだと思うよ」

←

多恵子「私たちだって、身元の判らないところにこいつが行っちゃうなんて、いやだもん」

吉岡「※４里親に出すっていうのはそういうこと（＝身元の判るところへ行かせること）

……電話番号も住所も知らないところには行かせられない……実在するかどうかだって、半信半疑なんだ」

←

僕たちに申し訳ないと思い、おばさんが自分に都合よく話を作り上げたのではないか

入院した望月さんは猫を大事にしていますが、病気でちゃんとした判断ができなくなっています。だからこそ、吉岡夫妻が「ちゃんとした判断をする」こと（※３印）が大事であり、「口出しする権利」（※１印）があるということになります。望月のおばさんがちゃんとした判断ができていない、というのは、電話番号も住所も知らず、実在するかどうかさえ半信半疑の人のところに猫を行かせようとしているからです。「里親に出す」とは、身元の判るところに猫を行かせるわけですから、里親がどのような人物か、はっきり確かめる権利がある、ということになります。

[2]　大家が入ってきて、望月さんと猫の世話をする吉岡夫妻とを批判するが、それに対して吉岡が反論している場面

そこへドアホンが鳴り、機嫌の悪そうな大家が入ってきた

↓

大家「私はね、ここの人たちには、とっとと出て行ってほしいんだ。……猫だってそうだよ。このアパートはペット禁止だって、契約書にちゃんと書いてあるんだから。……契約違反じゃないか。（施錠された室内から望月さんを救出する時にチェーンを切られて）誰が弁償してくれるんですか。……え、どうすりゃいいんですか」

↓

★吉岡「僕たちにどうすればいいかってことですか」限界だった。吉岡は爆発した

↓

★吉岡「僕たちは猫の世話をしているだけです。タダで。……この猫をどうにかしなきゃいけない、今のままでいいわけないと思って、手を尽くしているんですよ。……大家さ

んはこの猫について、何かしてくれたんですか」
←〔★印の吉岡が発言した内容を受けての大家の態度〕
B大家は、吉岡の目には、明らかにひるんでいた
大家「（猫の世話をするのは）偉いと思いますよ。……あなたらがそうやっていつまでも、ここの人たちを甘やかしているから、あいつらいつまでも出て行かないんじゃありませんか。……（猫の世話なんかできないって鍵を返して）保健所にでも頼んで、あんな猫、え、持ってってもらえばそれで済むんだから」
←
吉岡は絶句した。猫の世話を頼んできたのは望月さんだけではなく、警察や生活支援課、そして大家自身からも頼まれたことだということすら、頭に浮かんでこなかった

大家は室内に入るなり、機嫌が悪そうな顔をして不平不満をぶちまけます。ペット禁止という契約を守らないで猫を飼っている望月さんや、弁償の件について全然相手にしてくれなかった区役所を非難しますが、それを聞いて吉岡は我慢の限界に達し、感情を爆発させます（★印）。すなわち、自分たちは猫の世話に尽力しているのに、大家は猫に何かしてくれたのかと激しく問い詰めるのです。その吉岡の激しい口調に大家は恐れをなしてひるみ〈＝おじけづいて気力が弱まる〉ました。しかし大家は、〈ここの人たちを甘やかさずに猫の世話を放棄し、保健所にでも頼めば、それで済む話だ〉と言い返してきます。それを聞いた吉岡は絶句します。猫の世話は望月さんばかりではなく、大家自身からも頼まれたことですが、それすら頭に浮かんでこないほど、思考が乱れてしまったからです。

[3]　猫の命を軽視する大家は、猫の世話をする吉岡夫妻を批判したが、その大家に対して夫が媚びを売ったと思い、妻の多恵子が責め立てている場面

頭に浮かんできたこと＝◆1この場を取り繕わなければならない、ということだけだった
◆2この大家とは今後も、一応は「ご近所づきあい」をしていかなければならない。遺恨を残してはいけない
＝◆3傍線部C
←
吉岡「そうですよね」笑顔を作った。■1「大家さんのおっしゃる意味も判ります」
←
大家の意見に理解を示し、いがみ合ってるわけじゃないと語る
←
吉岡の口調が★印と違って急変したので、大家は少し気味悪そうに吉岡を見た
←
吉岡「僕たち、結局目的は同じですもんね。協力して、がんばんないとね。……■2猫のことも、すみません。もうちょっとで解決するかもしれないんで、できましたらご辛抱願いたいんですよね」
←
大家「別に今すぐどうこうってわけじゃないから」
←
家に戻るまで、多恵子はひと言も口を利かなかったが、玄関のドアを閉めてから、低い声で言った
多恵子「なんで■3あんなこと言ったの」

（■4 猫の世話してる私たちがいけない。■5 猫なんか死んだっていい……保健所で殺せばいい）多恵子は今にも悔し涙をこぼしそうになっていた
↓
吉岡「■6 そう（＝■3 あんなこと）は言ってない」
↓
多恵子「同じだよ。そしたらあなたは媚を売った」
↓
吉岡「だからさ。◆3 C そんなん（＝■6 そう＝■3 あんなこと）じゃなくて。僕だって怒ってたんだよ」
↓多恵子は目を背けて、見るつもりのないテレビをつけ、声をかけても答えなかった

吉岡の頭に浮かんできたことは、この場を取り繕わなければならない（◆1印）、ということだけでした。直後に「この大家とは今後も、一応は『ご近所づきあい』をしていかなければならない。遺恨を残してはいけない（◆2印）」ということが示されていますので、ここでの「取り繕い」とは〈大家との関係を修復すること〉だと読み取ることができます。そのため吉岡は、大家の言った〈猫の世話の放棄〉や、〈保健所への依頼〉についての理解を示し、「猫のことも、すみません」と言って謝りながら、大家の考えに歩み寄っていくのです（■2印）。

大家と吉岡とのそうした会話を聞きながら、多恵子は黙り続けていましたが、家に帰ると、「なんであんなこと言ったの」と夫を問い詰めます。「猫の世話してる私たちがいけない（■4印）」とか「猫なんか死んだっていい……保健所で殺せばいい（■5印）」と言われたのにもかかわらず、吉岡が大家に媚びを売ったように思えて、多恵子は許せなかったのです。もちろん吉岡は、今後も続く大家との関係において「遺恨」が残ってはならないと考えて大家に歩み寄った（◆印）のであり、猫の世話を放棄することや猫を保健所に

渡すこと自体を肯定したわけではありません。

しかし多恵子にとって、吉岡の発言は非道な大家に媚びを売る行為のように思われたので、夫が声をかけても答えないという冷たい態度をとったのです。

[4]　多恵子は、猫の命を軽視する酷薄な大家に対する自らの激怒と絶望が、大家に媚びた夫には理解されないと思い、強い孤独を感じている場面

翌火曜日、多恵子は一人で大家の家に出向いた
←
多恵子は、猫の世話はやめる、猫の死はどうしようもありませんと大家に言うが、わざとそんな芝居をしたのは、大家に自分の発言や吉岡たちにぶつけてきたことを直視してもらうためであった。そうすれば大家も動揺して動物に対する考えを少しは改めてくれると思ったのかもしれない
←
だが、その思惑は外れた。大家はそれを聞いて、肩の荷を下ろしたような表情になった
大家：そうなればあの夫婦も部屋を空けるでしょう。（猫は）二日もあれば死ぬでしょうか
←
平然とそんなことを言って恥じることもなく、おのれの酷薄さにも無痛でいられる人間を目の当たりにして、多恵子は激怒し、茫然自失（ぼうぜんじしつ）するほど絶望し、吉岡の前で泣いた
←
しかし多恵子から見れば、その吉岡も大家に媚を売った人間である。Ｄこの時の彼女に、頼

れるところはどこにもなかった

多恵子は一人で大家の家に出向き、猫の世話をやめると芝居を打ちましたが、大家は考えを少しも改めることはありませんでした。大家は多恵子の言葉を聞いて気が楽になり、〈そうなればあの夫婦も部屋を空けるでしょうし、猫は二日もあれば死ぬでしょうか〉と言い放ちます。そのように恥知らずで酷薄（＝無慈悲）な人間を目の当たりにして、多恵子は激怒して絶望し、吉岡の前で泣きます。しかし多恵子から見れば、その吉岡も大家に媚びを売った人間です。そのため、この時の彼女にとってはどこにも頼れるところがなく、孤独を強く感じていたのです。

この猫はその後どうなったか、猫好きの人はとくに気になるところですが、なんとか危機は脱出しました。どのように話が展開していったか、興味のある人は本小説を読みましょう。小説のタイトル『猫がかわいくなかったら』の意味は、筆者自身をモデルにした吉岡の思いとして小説中に示されています。すなわち、「猫が可愛くなかったら、今頃とっくに全世界から駆逐されていたに違いない」「猫が可愛くなかったら、俺たち人間は、こんな苦労はしなくてすんだのだ」ということです。

設問解説

問一　本文解説より、多恵子は「口出しする権利（※1印）」はないと言いますが、吉岡は「（望月さんに代わって）僕たちがちゃんとした判断をするのは、大事なこと（＝権利がある※3印）」と語ります。その判断とは、「里親に出す」時の判断であり、電話番号も住所も知らず、実在するかどうかさえ半信半疑の人のところには行かせられない（※4印）ということです。よって、④が正解です。里親がどのような人物であるか、その身元をはっきり確認する権利があるということです。

①は、「望月さんの希望」という表現だけでは説明不足です。その希望とは、猫を「里親に出す」ことですから、そのことを明記することが必要です。「望月さんがそれでいいっていうんだったら」に続く内容として、②は、「承諾をアパートの大家から得る権利」、③は、「公的機関と相談する権利」が不適です。

問二　本文解説で示してあるように、傍線部Bで大家が恐れをなしてひるんでいたのは、吉岡が我慢の限界に達して感情を爆発させ（★印）、「大家さんはこの猫について、何かしてくれたんですか」と激しく問い詰めたからです。よって、③が正解です。「言い返す」とは単に〈返答する〉ということではなく、〈抗弁する〉〈口答えする〉の意味も含んでいますので、ここでの文脈に即した表現と言ってよいでしょう。もちろん、丁寧に説明すれば、〈吉岡が激しい口調で問い詰めてきたので恐れをなした〉ということになりますが、選択肢の中でその意味に最も近いのは③だということです。選択肢問題における正解は、必ずしも十分な説明になっているわけではありませんので、選択肢を相互に比較して、より適切な選択肢を選ぶことが必要です。

①は、大家が「ひるむ」理由にはなりませんので不適です。②は、「警察に通報されるのではないか」が不適。吉岡の発言内容からは大家の違法性への指摘を読み取ることはできません。④は、「猫を元気にする方法がわからず迷った」が不適。大家は猫の世話をすること自体に反対しているからです。⑤は、「吉岡に怒っている」が不適。ここは、吉岡の激しい口調に恐れをなして気力が弱まっている状態です。

問三　「そんなん」は「そう（■6印）」＝「あんなこと（■3印）」を受けていますので、吉岡の「おっしゃる意味も判ります」という歩み寄りの発言から、「猫の世話してる私たちがいけない」「猫なんか死んだっていい」（■4・■5印）という内容を指していることになります。すなわち、〈猫の世話を放棄する〉ということですが、これに対して多恵子が「媚を売った」と言ったので、吉岡は「そんなんじゃなくて」と反発します。吉岡は大家に媚を売って〈猫の世話を放棄する〉と言ったのではないと主張しますが、〈猫の世話を放棄して保健所に頼む〉という猫の処分についてきちんと否定するのではなく、理解を示した言い方をしたことは、多恵子にとっては大家の考えに媚びるということになるのです。

では、〈吉岡の意図＝そんなんじゃない〉は何だったのでしょうか。それは「この場を取り繕わなければならない、ということだけだった」（◆1印）ということにほかなりません。〈この大家とは今後も近所づきあいが続くので、遺恨を残してはいけない〉ということです。ここに、吉岡と多恵子とで考え方（対応の仕方）に食いちがいがあります。吉岡としては、大家に媚びて猫の世話を放棄しようとしたのではなく、今後も続く大家との近所づきあい（関係）を、遺恨が残らないように修復したいという意図があったのです。

以上の内容をまとめると、「大家に媚びへつらって猫の世話を放棄するのではなく、今後も続く大家との近所づきあいを修復する意図（大家との関係が悪化するのを防ぐ意図）。」のようになりますが、「四十字以内」という指定字数に合わせて表現を縮約し、「大家に媚びて猫を見捨てるのでなく、今後も続く大家との関係を修復したいという意図（大家との関係が悪化するのを防ぐ意図）。」というようにまとめましょう。本文中の言葉を利用すると、解答の後半は「大家との間に遺恨が残らないように、大家との近所づきあいを取り繕う意図」ということになりますが、字数の問題は別として、小説の記述問題においては、「説明の言葉」としてより妥当な表現に言い換えてまとめるようにすることが必要です。ここでは、〈遺恨が残らないように→関係の悪化を防ぐ〉〈取り繕う→（関係を）修復する〉ということになります。

問四　多恵子が激怒し、絶望したのは、大家が平然と「そんなこと（＝あの夫婦も部屋を空けるし、猫は二日もあれば死ぬでしょうか）」を言ったからです。動物に対する考えを改めてもらうこともできず、多恵子の気持ちは大家には伝わりませんでした。そのように恥知らずで酷薄（無慈悲）な人間を目の当たりにした多恵子の激怒と絶望。それが吉岡の前で多恵子を泣かせることになります。しかし、多恵子から見れば、その吉岡も大家に媚びを売った人間ですから、吉岡に頼ることもできずに、自分の味方はいないというような強い孤独を感じていたのです。

解答をまとめる際の注意としては、大家が〈猫の命を軽視する〉ことだけでなく、〈望月夫婦に対する冷たい態度〉を示しているので、その点も含めてまとめるかどうかということです。ここでは、五十字以内という制限と、[3]の場面で「猫」に重点が置かれていた点を考慮し、「猫」の問題としてまとめるとよいでしょう。また、たとえ設問文に「人物の心情を含めて書け」のような指示がなくても、小説の場合には、読み取れた人物の心情について説明を加えて書くことも大切です。この設問では、〈(多恵子が) 強い孤独を感じた〉という内容を含めるとわかりやすくなります。「猫の命を軽視する酷薄な大家に対する激怒と絶望とを夫には理解してもらえず（夫とは共有できず）、強い孤独を感じたということ。」のようにまとめます。

◆解答◆

問一　④　**問二**　③

問三　大家に媚びて猫を見捨てるのでなく、今後も続く大家との関係を修復したいという意図（大家との関係が悪化するのを防ぐ意図）。（40字）

問四　猫の命を軽視する酷薄な大家に対する激怒と絶望とを夫には理解してもらえず（夫とは共有できず）、強い孤独を感じたということ。（50字）

コラム5

「小説」とは何か

本文最後の場面（[4]）では、見捨てられてしまうかもしれない猫に対する多恵子の「いわく言い難い」思いが震えながら息づいているように思われます。福永武彦が述べたように、詩や俳句なども含めた「文学」の真価は「曰く言ひ難いもの」の「微妙な味はひ」にあると言ってよいでしょう。「小説家もまた、人生の上に曰く言ひ難しを感じて、それに新しい十全の表現を与へたいと願ふ」（「曰く言ひがたし」）ということです。

つまり、本質的な意味での「文学」とは、「言葉にしがたいものを敢えて言葉にする」という冒険的な営みである、ということになるわけです。また、日野啓三は、「書くことによって自分の奥の、あるいは夜の果ての何かを呼び出して、自分を、世界を少しでも意識化しようとして……運命的に〝書く人〟こそが「作家」であると語り、フランスの作家であるM・デュラスの「エクリチュール（＝書くこと）という歓喜にみちた迫害、すばらしい不幸、苦役」という言葉を引用しています（『書くことの秘儀』）。自分の奥にある、宇宙や存在の秘密をつかみとれる保証はどこにもありません。苦役です。しかしながら、その苦役は、自分という全存在を賭けるに値する「すばらしい」営みでもある、というのです。

ジャンルとしての「小説」に限らず、書くことの本質につながる表現としての「小説」を問題にしているのですが、三島由紀夫は、柳田国男の『遠野物語』（民話や伝承を採録したもの）の中に、そういう意味での「小説」を豊富に発見したと語っています。亡くなった老女が家の裏口から入ってきて、そして「（衣物の）裾にて炭取（炭入れ）にさはりしに、丸き炭取なればくるくるとまはりたり」という一節を例示しながら、「あ、ここに小説があった」と語り、「まことらしさ」を目ざす「小説」には「現実を震撼させることによって幽霊（すなわち言葉）を現実化するところの根源的な力が備わっていなければならない」（「小説とは何か」・津田塾大で出題）と述べています。「言葉」という虚構の記号によって「超現実」の世界（現実の奥底にひそむ神秘／幽霊は一例として）を「現実化」していく力こそが「小説」を「小説」たらしめる、ということです。読み手の心身を深く揺さぶるリアルな光景、そこにこそ「小説」があるわけです。――「裾にて炭取にさはりしに、丸き炭取なればくるくるとまはりたり」。

MEMO

第2章

テーマ別攻略編

第1回

第2章　テーマ別攻略編

〔言語〕1
田中克彦（たなかかつひこ）『ことばと国家』

＊ここに注意！＊
・「修飾・被修飾」の関係によるひっかけ
・「具体的に」という問われ方
・空欄補充問題における言葉のつながり
・文章展開に即した脱文の占めるべき位置

出典　田中克彦『ことばと国家』（出題：青山学院大学　経済学部）
田中克彦　一九三四〜。言語学者。モンゴル学、民族学、文献学にも通じている。主な著書に『ことばのエコロジー　言語・民族・「国際化」』『言語学とは何か』『言語学者が語る漢字文明論』などがある。

本文解説

「ことば」についての話ですが、同じ「ことば」であっても、「書きことば」と「話しことば」とは別物である、ということから語り出されています。

第1・2段落

※文字を用いて書くことば ―― 使うためには特別の訓練が必要
↔　まったく別物
★学ばなくとも自然に話せることば
←

ところが、ごく最近まで、話しことばには文字がなかった
↑
近代になってから、「書きことば」と「話しことば」には同じ「ことば」という共通項があることを新しく発見Ⓐ
↑
だから、中世ヨーロッパ（＝近代以前）において
唯一の書きことばであるラテン語
＝
※「文字の技術」＝「文法」＝自然ではなく、つくりものⒷ

「書きことば」を習得するための「特別の訓練」とは、第2段落に記されているように、〈文字の技術＝文法〉を学ぶということになります。現に、いま、みなさんは、こうして〈文章の組み立て方〉を学んでいるのであり、それは、自らが文章を書く上での土台づくりともなるわけです。それに対して、「話しことば」（★印＝第3段落の「母語」、第6段落以降の「俗語」）は、学ばなくとも自然に〈親や兄弟のマネをして〉身につけているわけですから、両者は「まったく別物（つくりものと自然なもの）」ということになります。

次に「ところが」とあるのは、〈書きことばも話しことばも同じことばであり、書きことばは話しことばを文法的に整え直したものである〉という考えは近代以降のものであって、近代以前は〈話しことばに対応する文字がなかった〉という点に注意を促すためです。つまり、近代以前は、「ことば」が、〈文字のある書きことば〉と〈文字のない話しことば〉の二つに分離していたということです。「だから」によって導かれている文脈は、中世ヨーロッパ（近代以前）における、そうした事情を語っているわけです。〈文字の

ある書きことば〉はラテン語だけだったということは、地域ごとに異なる「話しことば」に対応する文字はなかった、ということになります（第6・7段落に「俗語（＝話しことば）で書こう」としたダンテの企ての途方もなさが述べられていますが、現代の常識を脱いで考えないと、過去の歴史の実相に迫ることはできないということです）。

第3〜5段落

※ つくりものの文字術言語 ＝★ 母語 ではない→日常とはきりはなされた特別の勉強
←当時（中世）の社会では最上層の人たちだけが勉強
→支配的地位を保つために文字術を複雑化し、文字の習得に時間がかかるようにしたⓒ
←したがって、
※ 母語によらない文字の術―知識と情報の階級的独占のために頑固に保守された
←

※ 文字の術 ＋宗教儀礼＝ この 独占的 ア ＋宗教的秘儀性
↑
神聖さを帯びた文字は決して日常に用いて汚してはならない
＝
◆ この感覚 は
（神社の護符等に関する）戦時中の◆ あの感覚 をもってすれば理解される
↑
日本において漢字やかなづかいの改変がはげしい抵抗に出あうの も ……
A文字術の秘儀性に身をゆだねてしまった、◆ あの感覚 の根がまだ生き残っているから

「母語」（★印）は、「つくりものの文字術言語」と対比されて使われていますから、〈母語＝話しことば〉と理解できます（「母語」とは生まれ育った地で自然に身につけた「話しことば（地方語）」ですから、いわゆる標準語としての「母国語」とは異なります）。続いて、当時（中世）の社会では、〈母語によらない文字の術〉が最上層の人たちによって独占されていたことが示され、さらに「宗教儀礼」と結びつくことによって「文字術の秘儀性」が生みだされてきた事情が語られています。傍線部Aは「あの感覚」（◆印）に着眼すれば、ここまでの文脈では、正解の候補は二箇所（16行目「神聖さを帯……」と17行目「神社の護符……」）ということになりますが、次の第6段落の冒頭に「こうした感覚」とありますので、後ろへの文脈にも注意していくことが必要です。

第6・7段落

◆［こうした感覚］をよみがえらせないと、「★［俗語］で書こう」と考えたダンテの企ての
途方もなさは理解できない
↓
ことばの現象＝「コロンブスの卵」→B日常化されたもののなかから、その本然の姿をよ
みがえらせるには、一種の詩的冒険精神が必要

［さて］、ダンテは、ラテン語で俗語を書く意味について宣言してから、俗語作品を製作
↓
フマニストたちから、★C［下賤のことば］で書いたせいで、さんざんこきおろされた
↑（こきおろされた理由）
ダンテ＝文人の身でありながら◆［文字術の神聖］を犯す冒瀆人Ⓓ

「こうした感覚（文字は神聖なものだという感覚）」は、現代では薄らいでいますが、ダンテが生きていた時代には、根強く息づいていたのですから、「俗語（話しことば）で書こう」としたダンテの企ては〈途方もない〉ものであったということになるわけです。そして、そのあとの記述は、ダンテの場合を含めながらも、「ことばの現象」一般についての言及となっています。「コロンブスの卵」とは〈一見簡単そうなことでも、初めて行うのは難しい〉の意ですが、ここでの〈難しさ〉の意味は理解できたでしょうか。すなわち、〈日常のことば＝俗語〉は〈慣習的〉に使用され、〈惰性化〉する傾向にありますので、「ことばの本然の姿

〈生き生きとしたことばの姿〉」をよみがえらせるためには、〈既成のことばの結びつき〉を打破し、〈新鮮なことば遣い（ことばの新しい組み合わせ――たとえば「草がほほえむ」や「光の雨が降る」など）〉をつくり出す必要があるわけです。「一種の詩的冒険精神」によって「俗語」を磨き直していかなければならない、ということです。ここでは「ことばの現象」の「難しさ」が十分に理解できていなくても、傍線部Bは、「日常化」が「俗語」と結びつく点に気づけば解けるようになっていますが、**「日常的なことば」と「詩や文学のことば」との違い**は基本的な教養として知っておきたいところです。

コロンブスの卵　アメリカ大陸の発見は偶然であり、誰にでもできると批判されたコロンブスが、人々に卵を立てることを試みさせ、誰にもできないのを見て、卵の尻をつぶして立ててみせたという話から来ています。空欄や語意の設問として問われる時もありますので覚えておきましょう。

第7段落冒頭の「さて」は、前の段落で「詩的冒険精神」に及んでしまった話を、〈ダンテの企て（「俗語」の問題）〉に立ち返らせるために用いられています。

文学をラテン語から解放し、多くの人々へと開かれたものとしての文学を企図しようとしたダンテ。しかしながら、フマニストたちからは、〈下賤のことば＝俗語〉で作品を書いたために「文字術の神聖を犯す冒瀆人（神聖なものの権威を汚す人）」であると「さんざんこきおろされ」ることになりました。ここでの「文字術の神聖」とは、第2～4段落で語られていたように、〈当時の社会において唯一の書きことばであったラテン語（文字術）が宗教儀礼と結びついて生まれた神聖さ〉のことで、「こうした（この・あの）感覚」（◆印）と結びついているものです。ただし、ダンテが犯した「冒瀆」は、〈神聖なラテン語を日常に用いて汚した〉ということではなく、〈俗語という下賤なことばを神聖な文字術の世界にもちこんで、ラテン語の神聖な権威を汚した〉ということになります。

第8・9段落

[しかし] ← 詩や文学だけでは俗語によって秘儀の権威は打ちやぶれない

すべての人が用いている「俗語」は、一部の者だけがつけ足しに学ぶ「文字術」を圧倒しているはずなのに、「文字術」は厚い防壁でまもられている

← ↓ その防壁の最大のもの＝※[「文法」]Ⓔ

※[文法＝文字術の基底をなす、人類史最大の発明品の一つ]

← ★[母語]の話し手は、※[〈術の書きことば＝この術〉]にのぼりつくために、最後のきわまで

※[文法]と離れることはない――[それ]が[　イ　]ではないから

第8段落は、「[しかし]」で受けて、「秘儀の権威」の打ちやぶりがたさが語られます。「俗語」はすべての人が用いているものですから、一部の者だけがつけ足しに学んでいる「文字術」を圧倒しているはずなのですが、「文法」という分厚い防壁によって〈文字術の権威〉は依然として保たれているわけです。母語〈俗語〉の話し手が母語で書くためには、文字術を習得しなければなりませんが、そのためには「文法」を手離すわけにはいかないということです。第1・2段落で語られていたように、〈母語＝話しことば〉は「自然」なものですが、〈文字術＝文法〉は「つくりもの」であるからです。打ちやぶろうとする「権威」に

備わっている「文法」を身につけなければならない人間が、その「権威」を打ちやぶるのは至難の技であるのです。

もちろん、既に述べたように、「ことばの新しい組み合わせ」をつくることは可能であり、そうした営みは比喩表現や幻想的描写などの形で今もなお続いています。けれども、接続の言葉や助詞の使い方、用言の活用法などは、「共通理解」を可能にする〈約束事＝つくりもの〉として、それなりに守っていく必要があります。現代では、「文字術」は一般の人々に解放されているのですから、秘儀性は薄らいでいるといえますが、「文法」は暗黙の権威として文章表現を規制する力があるということです。「共通の約束事」と見なせば、権威も薄れていくのでしょうが。

設問解説

問一 空欄アが文字術の性質について述べた文脈であることを押さえます。「この独占的[ア]」とあるので、まず、14行目の「知識と情報の階級的独占」に着眼します。この箇所は見えやすいヒントですが、ここでは、「ひっかけ」の箇所でもありました。①「階級性」は正解ではない、ということです。「階級的独占」とは〈或る一つの階級によって（何かが）独占される〉ということですが、「独占的階級性」では、〈独占されている階級という性質〉を意味することになってしまいます。ここで「独占」されているものは「知識と情報」ですから、「独占的階級性」という表現は不適となります。

> **＊ここに注意！＊**
> 同じ言葉が使われていても、「修飾・被修飾」の関係が変わると、意味内容が異なってくる場合があるので注意しましょう。

ヒントは必ずしも一箇所とは限らないということを前提にして、この「階級的独占」と関わる文脈を点検することが必要です。ここでは、第3段落の「日常とはきりはなされた特別の勉強」「最上層の人だけ」という箇所に着眼します。さらに、空欄以降の文脈も点検すると〈独占的[ア]＋宗教的秘儀性↓神聖さを帯びた文字は決して日常に用いて汚してはならない〉となっていますので、ここは、〈最上層の人によって独占された、非日常的で特別な性質をもつ文字術〉という性質であることが読み取れます。⑤「閉鎖性」が正解です。〈一般の人々〉そして〈日常の世界〉へと開かれていない、ということです。

②「普遍性」は〈いつでもどこでも通じる性質〉ですので不適。③「呪術性〈＝超自然的な現象を起こさせる性質〉」は「宗教的秘儀性」と関わりますが、ここは「階級的独占」のありようが問われているところですから、「閉鎖性」の方が適切です。④「保守性」は、15行目に「頑固に保守」とありますので誤りとはいえませんが、〈日常とはきりはなされた〉の意と関連がなくなるので不適となります。

問二 本文解説 に示したように、傍線部Aは、第4

段落の「あの感覚」「この感覚」（◆印）と同じになるはずですから、「神聖さを帯びた文字は決して日常に用いて汚してはならない。」の部分か、「神社の護符……犯罪とみなした」の部分か、ということになります。第6段落にも、「こうした感覚」とありましたが、その感覚を説明した部分は後続する文脈中には見当たりませんでした。では、右の二つのうち、どちらを選べばよいでしょうか。設問文では「具体的に述べられている部分」と問われていました。

＊ここに注意！＊

「具体的に」とは、必ずしも「具体例」ということではなく、「わかりやすく」の意で使われている場合が多いので、注意が必要です。迷った場合は、傍線部前後の文脈、「どちらがより具体的であるか」、字数制限などに注意して柔軟に対処していけばよいでしょう。

ここでは、「文字術の秘儀性に身をゆだね」る感覚という点では、どちらも選び取れます。後者の「神社の護符」には神の名が記されているし、「神聖視された人物の写真」はその名前とともに新聞に印刷されているはずだからです。しかし、後者は「戦時中のあの感覚」と限定されている点が不適となります。後者は「より具体的」ではありますが、傍線部Aの前後の文脈に注意すると、日本でもヨーロッパと同じように近代になるまでは「文字術の秘儀性（日本では漢字・漢文）」が権威づけられ、そして現代でもその権威がまだ生き残っている、と読み取らなければなりません。したがって、ここは、近代以前から続いてきた「文字術」に対する感覚の説明として、「神聖さを帯……」の部分を選ぶべきでしょう。「神社の護符……」の部分は、その感覚がどういうものであるか、**日本の「戦時中の一例」を示すことで、読者の理解を促そうとした記述であった**のです。

問三 「俗語で書こう」としたダンテの企てを、「ことばの現象」における一般的な問題として語っている文脈です。とすれば、この「日常化されたもの」とは、〈俗語＝日常の話しことば〉または、〈俗語で書かれたもの〉ということになるはずです。「本然の姿」「詩的冒険精神」については、本文解説で説明しましたが、ここでは、その理解が不十分でも正解は導けるようになっています。①が正解です（「俗語で書く」行為には「詩的冒険精神」が伴っているとも考えられますが、選択肢に「日常の話しことば」はないので、ここは〈磨きあげる前の段階での俗語で書くこと〉として理解しておきます）。

②は、「どんどん変化」が不適。「変化」の意味が読み取れる文脈ではありません。③は、「俗語」で書いたとしても、「俗語」が「書きことば」にのぼりつくためには「文法」が不可欠である（第9段落）わけですから、「書きことばと話しことばの区別がなくなる」という言い方は不適となります。④・⑤は、〈俗語で書く〉という文脈に適合しません。ダンテは、ラテン語という神聖さを帯びた文字によってではなく、日常の話しことばである「俗語」で書こうと企てた、という文脈です。

問四　〈下賤のことば＝俗語〉で書いたダンテがどのように「こきおろされた」かの一例が直後の一文（ニコリの発言）に示されていて、続く一文で、その理由が語られているという文脈です。すなわち、ダンテは「文字術の神聖を犯す冒瀆人」であったから、フマニストたちによって「こきおろされた」ということです。「文字術の神聖」とは、「あの（この）感覚」（◆印）で読み取ってきたように、「神聖さを帯びた文字（ラテン語）は決して日常に用いて汚してはならない」ものだということですが、ダンテはその神聖さを冒瀆してしまったわけです。ただし、**本文解説**でも述べたように、ダンテは〈ラテン語を日常に用いた〉のではなく、〈俗語を文字化〉しようとしたのですから、ここでの「冒瀆」とは、〈日常の話しことばである俗語を文字化することによって、文字が帯びている神聖さを汚した〉ということになります。したがって、④が正解です。〈文字の神聖さ〉は「ラテン語」と結びついているのですから、〈日常のことばで書かれた文字〉は、〈文字やラテン語の神聖さ〉を犯すものになるわけです。

◆選択肢チェック◆

①・②ともに、単に「悪」「不道徳」だけでは、「文字術の神聖を犯す」ことの説明にはなりません。

① 文字を用いて、×下賤な世界を描くことは悪と見なされていたから。

② 書きことばを用いて、×下賤な世界を描くことは不道徳と考えられていたから。

③も、ただ「下賤なこと」では、「こきおろされた」理由に届いていません。

③ ラテン語以外のことばを使って作品を作ることは、×下賤なことと考えられていたから。

④ 先の説明と一致しています。
文字はラテン語を書くためのもので、それ以外の日常に用いることは、文字やラテン語を汚すことと考えられていたから。

⑤ ここでは〈俗語そのものの文字化〉が企てられています。
ラテン語だけが文字を持つ言語だったので、×その他の俗語をその文字で表すことには無理があり、作品が理解されなかったから。

問五 空欄イの直前の「それ」は、〈この術＝術の書きことば〉あるいは「文法」を指しています。

> ★母語の話し手
> ↓※術の書きことばにのぼりつくために
> ↓※文法と離れることはない

のは「なぜか」という問いに対して、「それがイではないから」と答えている文脈ですから、「術の書きことば」「文法」のどちらが「それ」であっても文意は通ります。〈文字の技術＝文法〉（第2段落）であり、第9段落でも、〈文法＝文字術の基底〉と記されていました。ここは、空欄イの直後の「ではない」に着眼し、〈★母語と※術の書きことば＝文法〉との対比関係を踏まえて考えます。そして、この対比関係は本文全体を通しての軸となっていましたから、広い視野に立って整理すると、

> 母語＝学ばなくとも自然に話せることば＝俗語＝日常に用いるもの
> ↔
> 文字術・文法＝自然ではなく、つくりもの＝日常とはきりはなされたもの＝神聖さを帯びたもの・秘儀性

となります。「漢字二字」という条件ですから、「母語・自然・俗語・日常」の四つが候補となりますが、〈文字術・文法が日常ではないから〉とすると、言葉のつながりが不自然になるので、「日常」は除外します（ここは「日常のことば・日常に用いるもの」のように補う必要があります）。

> **＊ここに注意！＊**
> 空欄補充問題では、単に内容的なつながりだけでなく、言葉のつながりも妥当かどうかの点検が必要です。

また、ここでは「母語の話し手は……」となっているので、「母語」を捨てて「俗語」を選び取る必然性

はないでしょう。したがって、「母語」と「自然」とで検討します。言葉のつながりからすれば、〈文字術・文法が自然ではないから〉という言い方はやや不自然ですが、８行目に〈文法＝自然ではなく、つくりもの〉と記されていましたので、「自然」も入りうることになります。ただ、ここは、〈文字術・文法は自然に話せることばではない（つくりものだ）から〉のように読んでこそ文意が明瞭になるところなので、〈学ばなくとも自然に話せることば〉の意を含みもつ「母語」を入れた方が「最も適切」である、と判断します。

問六　脱文挿入問題です。45ページに記した「注意」を踏まえて点検します。接続の言葉はありませんが、「文法＝書きことば」が主語となっていて、その説明が施されていますから、この脱文は「文法＝書きことば」について語っている箇所に入るとわかります。また、脱文中の「それ（＝日常言語）をはるかに超越した別世界」という言い方から、「日常言語（母語）」との対比の文脈も踏まえられていると理解できます。以上の点から、正解はⒷです。「書きことば」と「話しことば」の違いが語られたあとで、〈文法＝自然ではなく、つくりもの〉と述べられている文脈ですから、前からのつながりは妥当です。また、次の第３段落冒頭の一文は「つくりものの文字術言語は……母語ではないから……特別の勉強を要する」となっていて、「日常言語の外」「超越した別世界」という脱文の内容は後ろへのつながりも妥当であると判断できます。

Ⓐは、その直前の文内容が〈書きことばも話しことばも同じく「ことば」である〉となっていますので、脱文の内容とつながりません。Ⓒは、「文字術」について語った文脈の中に置かれていますが、ここに脱文を入れると、次の第４段落冒頭の「したがって（当然の帰結）」へのつながりをおかしくします。「したがって」のあとの「階級的独占」「頑固に保守」は、第３段落の「支配的地位」「安泰な状態」と密接につながっているわけです。Ⓓは、「俗語」で書いたダンテが「文字術の神聖を犯す冒瀆人」だと批判されている文脈ですから不適です。次の第８段落冒頭の「しかし」へのつながりもおかしくなります。Ⓔは、直前の一文が「『文法』である」、直後の一文が「文法こそは……」となっていて、一見すると、ここに入りそうな感じがします。が、「その防壁の最大のものは何で

あったか。『文法』である」という言い方は、すでに〈防壁としての文法〉、すなわち、〈日常とはきりはなされた神聖なつくりもの〉の説明が語られていたことを示しますから、その意味を含みもつ脱文はⒺよりも前の箇所でなければならない、となります。

＊ここに注意！＊

脱文挿入の問題は、文章展開に即した脱文の占めるべき位置についても考慮しましょう。

◆解答◆

問一 ⑤　**問二** 神聖さを帯　**問三** ①
問四 ④　**問五** 母語（△自然）　**問六** Ⓑ

コラム6

母語・母国語のゆくえ

母語とは、幼児期に身につけた自然に話せる言葉のことですが、それは地方語としての方言にほかなりません。日本でいえば、大阪弁や博多弁のことです。それに対して母国語とは、ある一つの母語（日本でいえば東京弁）を国家の標準語として仕立て直したものです。そして、書き言葉とも結びついた母国語の全国的な普及は、母語を圧迫していくことになりました。日本のみならず、こうした言語の統一政策は国家の統一政策と軌を一にして行われてきたのですが、「肉声」としての「母なる言葉」を守ろうとする営みも続いてきてはいるのです。

宮沢賢治は妹トシの死を悼む「永訣の朝」という詩の中に「母語」を組み入れましたが、それは、妹トシの最後の「肉声」をそのままの形で生かしたかったからであると思われます。「けふのうちに／とほくへいってしまふわたくしのいもうとよ／みぞれがふっておもてはへんにあかるいのだ／（あめゆじゅとてちてけんじゃ）」――「あめゆきをとってきてください」という注釈を見る以前に、その母語にこめられたいのちの響きが読み手の心をふるわせるのではないでしょうか。ただ、すべての言葉が賢治にとっての母語で書かれていたとしたら、異なる母語の話し手の多くは、その詩の中へ入りこんでいくことはないでしょう。そこに、「共通言語」としての「母国語」の大きな意義もあるわけです。

けれども、今や、母語のみならず、母国語さえも、そのゆくえが問われる時代になっています。「世界言語」としての英語」の波及です。アジアやアフリカの国々では、「英語」が「仕事」や「出世」と結びついており、自国語を公用語とするフランスでさえ、英語が波及してきたために公的な場での英語の使用禁止を打ちだすほどなのです。

作家の水村美苗は「今、言葉に携わる人間で母語（母国語）をさし置いて英語で書こうとする人間の数は地球の上に急速に増え、このままいけば彼らが英語で書く世界が即『世界そのもの』となるだろう」（『インドの『貧しさ』と日本の『豊かさ』』・早大で出題）と語りながら、日本語が創造性を失って堕落するかもしれないことを危惧しています。「日本語」を生きるとはどういうことかが真剣に問われる状況になりつつあるといえるでしょう。

第2回

第2章 テーマ別攻略編

〔言語〕2

木股知史（きまたさとし）「心・言葉・イメージ」

＊ここに注意！＊
・本文中の言葉を含めた説明問題の考え方

出典 木股知史「心・言葉・イメージ」（出題：滋賀県立大学　前期日程）
木股知史　一九五一年〜。日本近代文学研究者。主な著書に『〈イメージ〉の近代日本文学誌』『イメージの図像学　反転する視線』『画文共鳴　『みだれ髪』から『月に吠える』へ』などがある。

本文解説

本文は「（中略）」をはさんで前半部と後半部に分けられます。前半部（第1〜6段落）では、心的世界と言葉の関係についての筆者の主張が展開され、後半部（第7・8段落）では、前半部に関する先行研究としてヴィゴツキーの主張が紹介されています。

第1段落

Ⅰ　具体的なイメージを、言葉で概念によって抽象的に表現することはむずかしい

＋

Ⅱ　心的経験の全体を言葉につくすことができない

←

イメージは、外部世界に属しているだけではなく、内部、すなわち心の世界にもかかわっている

第1段落は、散歩の途中で見かけた美しい花について、家族に言葉でうまく伝えることができずにもどかしい思いをするという話題から始まっています。このようなことが生じる理由として、筆者は、自分自身の外部にある存在に対する具体的な視覚イメージを、言葉で概念によって抽象的に表現することのむずかしさ（Ⅰ）、自分自身の内部にある心的経験の全体を言葉につくすことができないこと（Ⅱ）の二点を挙げています。「イメージは、外部世界に属しているだけではなく、内部、すなわち心の世界にもかかわっている」という指摘は、ⅠとⅡを踏まえたものです。第1段落で指摘されている、〈心の世界と言葉の関係〉が本文の主題になっています。

第2～6段落

言葉が伝わらないという思いは、★1言葉と心の矛盾を含むかかわり方に根拠を持っているのではないか

←

・★2心的世界と言葉の表層の意味が屈折したかかわり方をしている場合

例：・「京のぶぶづけ」

・テレビの悩み相談における女性の言葉の意味するもの

・★3言葉が概念的意味を超えて、大きな心的世界を包含するように使われている場合

例：チャップリンの映画『街の灯』における「You?」という言葉が背負う思い

＝

★2誰にでも共有される、言語の概念化された意味の世界に、よりそうことのない心的世界がありうるし、★3概念化された意味からあふれる心の世界が言葉の背後には存在してもいる

第2段落では、第1段落を踏まえて、〈言葉は心的世界とどのようにかかわるのか〉という問題提起をしています。その上で、第1段落で記されたような言葉が伝わらないという思いが、言葉と心の矛盾を含むかかわり方（★1印）に根拠をもっているのではないかという仮説を提示しています。この仮説に基づいて具体的な事例を挙げつつ考察しているのが、第3〜5段落です。第3段落と第4段落では、京のぶぶづけという言葉や母親を許せなかったある女性の例を挙げ、心的世界と言葉の表層の意味が屈折したかかわり方をしているさま（★2印）を、第5段落では映画『街の灯』のラストの「You?」という言葉を例に挙げ、言葉が概念的意味を超えて、大きな心的世界を包含するように使われているさま（★3印）を説明しています。さらに第6段落では、★2印と★3印とをまとめて、★1印で指摘した言葉と心の矛盾を含むかかわり方の特徴を再度確認しています。このように、問題提起とその答え、言い換えや繰り返しを丁寧に把握していくと、論旨を正確に理解することができます。

第7・8段落

ヴィゴツキーの主張

・★4 心的世界の思考の全体が言語に具体化されるわけではない

・★5 言葉と思考の矛盾をはらむ関係

・★6 言葉には、つねに隠された思いがあり、思考が言葉に直接移行することは不可能

←

思考と言葉が出会う場所を内語と呼び、内語のプロセスでまだ言葉になっていない思いと、言葉の意味の間の相互関係が生まれる

←

心の思いとの関連を視野に入れたとき、表現された言葉の意味は心的世界のほうに拡大されるべき

＝

★７ 言葉の表層の意味につくされない思いが深層のテクストとして隠されている

←

他者の言葉を理解するためには、思考を知り、動機や感情や意志を探る必要がある。辞書的な語義ではつくすことのできない心の動きそのものも、意味として考慮すべき

ここでも、問題提起や言い換え、繰り返しを把握していくと、本文の内容がつかみやすくなります。第6段落最後の一文で記されている、「言葉や心の理論はこのこと（★1印）をどのように捉えてきたのだろう」という問題提起に即して、第7・8段落ではヴィゴツキーの主張を紹介しています。ここでは、〈言葉には、つねに隠された思いがあり、思考が言葉に直接移行することは不可能であり、言葉の表層の意味につくされない思いが深層のテクストとして隠されている（★6・★7印）〉というヴィゴツキーの主張が繰り返されています。そして、第1段落で示された〈心の世界と言葉の関係〉という主題と関わる、〈思いが言葉になるときの不完全さ→内語（＝思考と言葉が出会う場所）のプロセスでまだ言葉になっていない思いと、言葉の意味の間の相互関係が生まれる〉というヴィゴツキーの主張を紹介しています。さらにそこから、他者の言葉を理解するためには、思考を知り、動機や感情や意志を探る必要があるというヴィゴツキーの主張を踏まえ、言葉の意味について、複雑な心の動きを含めて考えることの意義を述べているのです。〈言葉にはつねに隠された思いがあるのだから、心の動きも含めて理解すべきだ〉というのが筆者の主張です。

設問解説

問一　傍線部Aの前に「散歩の途中……美しい花が咲いているのを見つけた。……家族に花のことを話すのだが、うまく伝えることができなくて」とあるので、視覚でとらえたものの美しさをうまく伝えられないもどかしさが生じる理由について、問われている設問だとわかります。理由については、傍線部Aに続いて「視覚的なイメージは、具体像としてたちあらわれているのに、言葉は、概念によって抽象的に表現しなければならないからである」と記されています。ただし、この部分だけでは不十分です。この直後に「イメージを言葉で表現することのむずかしさにであっているわけだが、伝えにくいのはそのことだけではない」とあるように、伝えにくい理由がさらに記されていることに注意しましょう。

理由を整理すると、本文解説で述べたように、

> Ⅰ　外部にある存在に対する具体的な視覚イメージを、言葉で概念によって抽象的に表現することがむずかしいこと
> Ⅱ　内部にある心的経験の全体を言葉につくすことができないこと

となりますので、この二点をまとめて解答を作成しましょう。Ⅰでは「具体的」「抽象的」の両方を、Ⅱでは「全体」を押さえることがポイントになります（Ⅱの「全体」は、本文の「（中略）」以降の「言葉はそれ（＝思い）を分節化する（62行目）」と対比、詳しく説明されています）。さらに、ⅠとⅡは並立しているので、「～ので」のような因果関係を表す語でつないではいけません。なお、Ⅱの「心的経験」については、本文のキーワードに即して表現すると「心的世界」となります。

＊ここに注意！＊

設問文をよく読んで問いの趣旨を把握し、それに該当する内容を本文から探します。また、「本文中の言葉を用いて」という条件がついている場合は、本文からの抜き出しを基本とした解答にしましょう。本文から探した内容を整理した上で、指定字数内に解答をまとめます。

問二　**問一**と同様に理由が問われていますが、こちら

は抜き出し問題です。**問一**では複数の要素をまとめましたが、**問二**は記述問題とは異なり、答えるべき箇所は一つしかありませんので、答えとして最適な箇所を探しましょう。その際に注意したいのが、見つけた答えが設問の要求を満たしているかどうかです。今回の場合ならば、答えが傍線部Bの理由として成り立っていなければならないのです。したがって、

答え　〈理由〉 ↓ かなしみが、詩となる〈結果〉

という関係が論理として自然に成り立つことを必ず確認するようにしましょう。傍線部Bを含む文の冒頭に「それゆえ」という接続語があるので、その直前の「言葉には、つねに隠された思いがあり、思考が言葉に直接移行することは不可能である」という箇所を答えたくなってしまいますが、この部分はかなしみが生じる理由にはなっても「かなしみが詩になる」理由にはなりません。「詩になる」とは、「詩」という言葉による創作のモチーフ（動機）となるということです。そこで、心の世界が言葉になることと関わる箇所に注目しましょう。すると、傍線部Bの直後に、「思考と言葉が出会う場所を内語と呼び、内語のプロセスでまだ言葉になっていない思いと、言葉の意味の間の相互作用が生まれる」と、思考と言葉の出会いに言及した記述があることがわかります。この部分は〈言葉にならない思いと言葉の意味との間に相互作用が生まれるから、かなしみが詩となる〉というように、思いと不完全な言葉をつむぐことの関係を示しており、理由として自然につながる記述になっています。解答は「内語のプロセスでまだ言葉になっていない思いと、言葉の意味の間の相互作用が生まれる（四十字）」で、最初と最後の五字を答えます。

問三　空欄の前後は「内語は、見えないが確かに存在している［C］なのである」となっています。**問二**で確認したように、内語とは「思考と言葉が出会う場所」です。オシップ・マンデリシュタムの詩の中に、「言葉にならなかった思い」が帰るところとして「影の部屋」という詩句があります。これは〈思いが帰る〉のですから、〈心の中・心的世界の思考〉を比喩的に表しています。一方で、第８段落に「心は、いつも言葉に躓いている（61・62行目）」とありますか

ら、「内語」とは、〈心の中で言葉になっていない思いと言葉とが相互作用を起こしているところ〉であるといえます。この「場所」を言い換えた表現を選択肢の中から探すと、③「部屋」が最も適切です。「見えないが確かに存在している」という箇所も、③「影の」と表現しても違和感は生じません。

問四 本文と各選択肢の内容を丁寧に比較します。

◆選択肢チェック◆

第8段落の「心は、いつも言葉に躓いている」「思考が言葉に直接移行することは不可能である」と合致しません。

① 人間の心の世界と言葉はずれてしまうことがあるが、×優れた詩や文学、映画、演劇のように見事に一致することがある。

〈他者の言葉を理解するためには、相手の思考・発言の動機や感情や意志を探る必要がある〉と本文にはありますが（第8段落）、「心的世界と矛盾のないものとして理解できる」とまでは書かれていません。

② 言葉になる前の意識や感情、動機を探り感じることができれば、×言葉は心的世界と矛盾のないものとして理解できる。

人間が「屈折した性格をもつ」とは本文では述べられていません。

③ 人間は自分の心的世界をいつわりながら言葉を選び、発言したり行動していることが多く、×屈折した性格をもつ存在である。

第8段落の内容と合致します。

④ ○他者の言葉を理解するには、言葉の表層の意味につくされない思いや心の動きを考えることが大切である。

第5・6段落の内容と一致します（本文解説の★3印にあたります）。

⑤ ○『街の灯』のなかの娘の「You?」という一語は、言語により概念化された意味からあふれる心の世界があることを示している。

「コミュニケーションの楽しさ」ではなく、「心的世界と言葉の表層の意味が屈折したかかわり方をしている」例です（本文解説の★2印にあたります）。

⑥ 京都のぶぶづけのエピソードやテレビで女性相談者が流した涙は、×コミュニケーションの楽しさを表している。

◆解答◆

問一 外部世界の具体的な視覚イメージを、概念化した抽象的な言葉で的確に表現することや、内部の心的世界の全体を言葉につくすことができずにいるから。（69字）

問二 最初＝内語のプロ　最後＝が生まれる

問三 ③　**問四** ④・⑤

コラム 7

「言語」による表現

私たちは言語を用いて思考や感情を伝達します。学者の研究成果は論文という形で公開され、その成果が研究の礎になる。好意を寄せる人物に思いを伝える――。音声・手話・文字など、手段は異なるものの、言語なしに思考し、コミュニケーションをとることは難しいのです。

言語を用いることで、私たちは相当に複雑な情報を伝えることができます。学者が公表した論文は精密で論理的に記述されており、（それを読解する能力を有している場合は）著者の意図を十二分に理解することが可能でしょう。また、新種の生物が発見されたという情報は、発見された場所・生物種・生態に至るまで、誰もが同じように理解できるはずです。

一方で、言語は私たちの前に立ちはだかります。好意を寄せる相手に自分の思いをどう伝えるか――。言葉が自分の思いを表現しきれず、言葉にした瞬間に思いは遠くへ消え去ってしまいます。本文にある〈思いが言葉になるときの不完全さ〉です。

言語のこうした側面は、言語そのものの性質に由来しています。本文にある「分節化」の機能です。自分の思いは、全体として存在しています。思いだけではなく、私たちが表現しようとしている世界は全体として切れ目なく存在しているのです。これに対して、それらを表現する手段としての言葉の数には限りがあります。無限で切れ目なく存在する世界を有限のもので表現するからには、類似したものを一つのカテゴリーにまとめざるをえず、そこに、言語の曖昧性が生まれます。一見、曖昧さとは無縁のように見える学者の論文であっても、曖昧さから完全に逃れることはできないのです。

だからこそ、人は言語と向き合い、言語による表現を洗練させてきました。表現すべき世界と言葉との間には必ずずれが存在します（表現したい思いと言葉との間ならば、なおさら生じやすくなります）。本文で言う「言葉の表層の意味」を超えて表現する手法として、比喩などの修辞法があり、余韻を残すために言葉を省くこともあります。精密で誤解の余地のないような言葉、たとえ対象を指示する言葉であっても、そこには曖昧性という言語のもつ性質ゆえの表現の工夫が存在しています。吉本隆明（よしもとたかあき）が『言語にとって美とはなにか』で指摘するように、言語とは「自己表出（対象に対する意識の動き）」と「指示表出（対象を指示しようとする意識の動き）」の織物なのです。

第3回

第2章　テーマ別攻略編

〔文化／宗教〕 1

福嶋亮大『厄介な遺産―日本近代文学と演劇的想像力―』

＊ここに注意！＊
・「文章の構成」に関する問題を考える際の注意

出典　福嶋亮大『厄介な遺産―日本近代文学と演劇的想像力―』（出題：愛知県立大学　前期日程）

福嶋亮大　一九八一年～。文芸評論家、中国近現代文学研究者。主な著書に、『復興文化論―日本的創造の系譜―』『百年の批評―近代をいかに相続するか―』などがある。

本文解説

芸術と、それを鑑賞する観客との関係について述べた文章です。第1段落が抽象部、第2段落から第7段落が具象部、第8段落は第2～7段落をまとめた抽象部、という構成をとっています。

第1段落

※ほどよく美しく綺麗に整った舞台を、ほどよい知性と教養を備えた観客が毎回正しく距離をとって眺めるというコミュニケーションの作法は、二〇世紀において厳しく指弾されるようになった

←極論すれば

二〇世紀以降の人間は、※理想的な観客であることに失敗し、美への期待をこっぴどく裏切られるために劇場や美術館に赴く

まず第1段落では、二〇世紀以降で芸術に対する観客のあり方が変化したことが記されています。具体的な説明は第2段落以降で述べられます。

第2・3段落

※アリストテレス的観照＝※美しいタブローがあり、それを心静かに一人熟視する観者がいるという伝統的な鑑賞モデル

←

◆アリストテレス的観照とは異なる新しいタイプの知覚
＝◆作品を漫然と見て回る「気散じ」状態の観者

←

アートの新しい課題…◆不意をつく強烈な刺激＝ショックを侵入させること

←

ベンヤミン…こうした◆「気散じ」と「ショック」は、二〇世紀のメディア環境において顕著になった

・絵画のキャンバス…※世間の喧騒を断ち切り、たった一人の観者による静かで集中的な観照＝黙想

↔

・映画のスクリーンのイメージ…◆刻一刻と移り変わり、観客たちの思考を寸断してしまう
→映画は◆集団的・身体的なショックと緊張をたえず作り出していく

←
※アリストテレスのテオリアが人間の至上の権利とされたとすれば、◆映画の気散じ的な知覚体験はこの人間中心主義を脅かすものでもあるだろう

第2段落では、第1段落で抽象的に記されていた〈観客の変化〉が具体的に述べられています。第2段落以降では、この変化が何度も、言い換えや繰り返しによって説明されているので、注意しながら読み進めていきましょう。第2・3段落では、二〇世紀までのアリストテレス的観照（※印）が気散じ的なもの（◆印）に変化したことや、このような変化の背景について、ベンヤミンが用いられて説明されています。ベンヤミンによれば、二〇世紀以降の特徴である気散じとショック（◆印）は、メディア環境の変化によって顕著になったというのです。映画の画面は刻一刻と変化し、観客たちの思考を寸断します。その結果、映画は従来の個人的・精神的な内省＝観照の場（※印）とはまったく異なる、集団的・身体的なショックと緊張をたえず作り出していく（◆印）、というのが筆者の見解です。

第4〜7段落

映画の◆A野蛮な知覚体験は、絵画にとっても無縁ではあり得ない
←
メディア環境の変化とともに◆観客の統覚が動揺している以上、一部の隙もない美的なタブローを設立しようとしても、それが※B正しく観照される保証はない
←
こうしたメディア環境の変容の傍らで、二〇世紀後半にはアーティストの側も絵画を「見

る」経験を大胆に書き換えていった
例1：ポロックの絵画……▼画面上を無限にさまよい続ける観者の眼差しを許容し、迷宮的な模様のなかに観者の視線を取り込む
←
↔
※適正な距離をとって見ることを要求する旧来の絵画
＋
例2：バーネット・ニューマン……▽絵画が美を中心とすることに激しく抵抗した
→▽ヨーロッパの歴史の重荷を振りほどき、▽絶対的な情動を組織することが彼の「崇高」のプロジェクト
＝
◆気散じと▽※崇高、▼相対的視線と▽絶対的視線のあいだで、二〇世紀の美と観客は激しく責め立てられ、徹底的に事情聴取される対象となった
←してみれば
やがて観客のイメージが芸術的題材になったとしても不思議はない
例：イリヤ＆エミリア・カバコフ……観客そのものを素材とする観察者の観察をやってみせた

第4段落から第7段落にかけては、映画の知覚体験が絵画に与えた影響について、豊富な具体例とともに説明されています。第5段落に「二〇世紀後半にはアーティストの側も絵画を『見る』経験を大胆に書き換えていった」とあるように、アーティストによって、観客の「見る」経験の変更がもたらされました。具

体的には、画面上を無限にさまよい続ける観者の眼差しを許容し、迷宮的な模様のなかに観者の視線を取り込むポロックの絵画（▼印）や、絵画が美を中心とすることに抵抗し絶対的な情動を組織するバーネット・ニューマンの絵画（▽印）、観客のイメージを題材とするようなカバコフの作品などが挙げられています。

第8段落

※アリストテレス的な観照から◆ベンヤミン的な気散じへ、すなわち※美的なタブローに集中した知覚から◆穴だらけで粗い野蛮な知覚へ
↓これは芸術の成立条件そのものにかかわる重大な変化である
←
C観客の変容は、芸術の根幹をも揺るがす

最終段落は、これまでの内容をまとめ、〈観客の変容が芸術の根幹の変容につながった〉という結論を導いています。アリストテレス的な観照（※印）からベンヤミン的な気散じ（◆印）へ、という記述からも、第2段落以降の文章全体をまとめていることがわかるでしょう。

設問解説

問一　映画の野蛮な知覚体験が絵画にもたらした影響が問われていますので、まずは傍線部Ａの「映画の野蛮な知覚体験」の内容を整理しましょう。これについては、第3段落で詳しく説明されています。

> 映画のスクリーンのイメージ
> ・刻一刻と移り変わり、観客たちの思考を寸断してしまう
> ・映画は集団的・身体的なショックと緊張をたえず作り出していく
> ＝
> 映画の気散じ的な知覚体験

こうした映画の気散じ的な知覚体験が絵画にもたらした影響について述べられているのは、第4段落以降です。順に見ていくと、まず、第4段落に「メディア環境の変化とともに観客の統覚が動揺している以上、……それが正しく観照される保証はない」「慢性的な気散じ状態のなか、タブローの陳列を……見ているのではないか？」とあるように、観客の絵画の見方が気散じ的なものに変化した、ということが読み取れます。さらに、第5段落には「こうしたメディア環境の変容の傍らで、二〇世紀後半にはアーティストの側も絵画を『見る』経験を大胆に書き換えていった」とあることから、アーティスト側も影響を受けていることがわかります。また、同じ第5段落では、具体例としてポロックの絵画を紹介しています。ポロックの絵画は〈どこから見始めて、どこで見終わってもよく、画面上を無限にさまよい続ける観者の眼差しを許容する（本文解説▼印）〉ものでした。これは、従来の観照のルールにとらわれないもので、第7段落で「相対的視線（▼印）」と言い換えられています。そして、第6段落ではニューマンの絵画も紹介されていて、そこでは、「ヨーロッパの歴史の重荷を振りほどき、……絶対的な情動を組織すること（▽印）……気散じ状態の観客の知覚をも一気に凝縮する」と述べられています。これは、ポロックの様々な眼差し（相対的な視線）とは対照的に、それだけで存在する唯一の見方にあえて挑戦するということで、第7段落では「絶対的視線（▽印）」と言い換えられています。

以上をまとめると、〈刻一刻と移り変わり、観客た

ちの思考を寸断して集団的・身体的なショックと緊張をたえず作り出していく、映画の気散じ的な知覚体験は、観客の絵画の見方を気散じ的なものに変化させると同時に、観者の視線を相対化する絵画や、観者の絶対的な情動を組織する絵画を生み出した〉となります。この内容を押さえた④が正解です。

◆選択肢チェック◆

ポロックの絵画については、「この種の距離とシーンの代わりに、迷宮的な模様のなかに観者の視線を取り込む」とあり、〈従来の適正な距離を取った鑑賞〉を壊すことを意図した制作を行った、すなわち「距離を主題にした新たな作品を誕生させた」と考えることも可能です。しかし、ニューマンの姿勢についての言及がされていません。第7段落に「相対的視線（▼印）と絶対的視線（▽印）」とあるように、本文はポロックとニューマンをセットにして論を展開しているため、ポロックとニューマンの双方を踏まえた説明をしていない①は、正答の④に劣ります。

① 集団的・身体的なショックと緊張をたえず作り出す映画の気散じ的な知覚体験は、アーティストの側に「見る」ことの意味を考えさせる機会になり、観者の視線や、観者と絵画との距離を主題にした新たな作品を誕生させた。

知覚体験について、第3段落に「人間中心主義を脅かす」とはありますが、「非人間的」だとは述べられていません。

② 常に観者の思考を寸断してショックや緊張を生み出す映画の非人間的な知覚体験は、絵画を動画のモニターのように見る観者を生み出すと同時に、美的な「シーン」を描いた旧来の絵画に代わる装飾的な絵画を誕生させた。

映画の特徴として、「始まりと終わりが明確ではない」とは本文では述べられていないので、「礼拝的」は展示方法について述べられているので、「観者を生み出す」とする点も誤りです。

③ 常に視線がさまよい続け、始まりと終わりが明確ではない映画の散漫な知覚体験は、絵画を「礼拝的」に眺める観者を生み出す一方で、アーティストに新たなテーマを与え、観者の視線そのものを題材とした絵画を誕生させた。

先の説明のように、本文の内容を正確に述べています。

④ 時とともに変化する画面によって思考が寸断される映画の気散じ的な知覚体験は、絵画の観者の態度を変えるとともに、旧来の観者の視線自体を相対化する絵画や、新たな形で観者の情動に介入する絵画を誕生させた。

まず、②と同様に「非人間的」が誤りです。また、「観念的」という内容も、本文にはありません。

⑤ 観者の統覚を動揺させる非人間的で気散じ的な映画の知覚体験は、絵画の観者の視線そのものを変えるとともに、従来の権威的な絵画を否定して様々な観者の視線を許容するような、観念的な絵画を誕生させた。

問二 傍線部Bを含む部分は〈メディア環境の変化とともに観客の統覚が動揺している以上、一分の隙もない美的なタブロー（キャンバス画や板絵）でも正しく観照される保証はない〉というものなので、「正しい観照」とは、メディア環境が変化する前の観照法（※印）のことを指しているのだとわかります。ここで注意したいのが、単に傍線部の前後をまとめるだけでは不十分だということです。本文では、メディア環境が変化する前（すなわち、伝統的な見方）とあとの作品の見方が対比されていて、「正しい観照」は**本文解説**の※印部分にあたります。

本文解説の※印部分から、主なものをまとめると次のようになります。

a　ほどよく美しくきれいに整った舞台を、ほどよい知性と教養を備えた観客が毎回正しく距離をとって眺めるというコミュニケーションの作法（第1段落）
b　美しいタブローがあり、それを心静かに一人熟視する観者がいるという伝統的な鑑賞モデル（第2段落）
c　世間の喧騒を断ち切り、たった一人の観者による静かで集中的な観照＝黙想（第3段落）
d　適正な距離をとって見ることを要求する（第5段落）
e　美的なタブローに集中した知覚（第8段落）

これらの内容をもとに、〈適正な距離・集中・一人で熟視〉といった要素を押さえて、解答を作成しましょう。

問三　「本文の趣旨に沿って」という指示があるので、傍線部Cの前後だけではなく、文章全体を踏まえて解答しましょう。問われているのは「観客の変容がもたらした芸術の変化」ですが、問われている中心は〈芸術の変化〉ですので、〈観客の変容〉については簡潔に整理します。傍線部Cを含む第8段落冒頭に「アリストテレス的な観照……からベンヤミン的な気散じへ、すなわち美的なタブローに集中した知覚から穴だらけで粗い野蛮な知覚へ」とあることから、観客の変容については〈集中的に観照する観客から気散じ的な観客への変化〉とまとめることができます。これを踏まえて、芸術がどのように変化したのかを考えると、まず、第2段落に「統覚の陥没地帯にときに強烈な刺激＝ショックを侵入させることが、アートの新しい課題」とあり、第3・4段落には「映画は個人的・身体的・精神的な内省＝観照の場を切り裂いて、集団的・身体的なショックと緊張をたえず作り出していく……映画の野蛮な知覚体験は、絵画にとっても無縁ではあり得ない」が見つかります。ここから、絵画・映画を含めた旧来の芸術（※印）というもの全体が、〈個人的・身体的・精神的な内省を前提とした〉ものから〈集団的・身体的なショックと緊張をたえず作り出していく〉ものへと

変化したことをつかみます。さらに、第4段落以降にも注目し、具体例を省いて絵画の変化を押さえると、

・こうしたメディア環境の変容の傍らで、二〇世紀後半にはアーティストの側も絵画を「見る」経験を大胆に書き換えていった（第5段落）

↓ポロックとニューマンの例

・観客のイメージが芸術的題材になった（第7段落）

↓イリヤ&エミリア・カバコフの例

という記述があり、この2点をまとめると、〈知覚経験を変容させ観客のイメージが芸術的題材となった〉となります。以上の内容をもとに解答を作成します。

問四　文章の構成に関する問題は、次の点に注意します。

＊ここに注意！＊

・文章の主題を示している（問題提起をしている）部分、具体的な説明をしている部分（具象部）、具体的な説明をまとめている部分（抽象部）の切れ目に注目します。

・中心的論点の変化に注目します。

本文解説の最初で述べたように、今回の文章は、第1段落が抽象部、第2段落から第7段落が具象部、第8段落が抽象部という構成をとっています。さらに、第2段落から第7段落の具象部については、〈アリストテレス的な観照から気散じ的な新しい観照への変化と、その原因〉（第2・3段落）と、〈映画の知覚体験が絵画に与えた影響〉（第4～7段落）と大きく分けることができます。この構成を正確に押さえられている②が正解です。

◆選択肢チェック◆

① 1段落で文章全体の問題を提起し、2・3段落では映画の誕生がもたらした×非人間的芸術の問題点を、×4～7段落では崇高さを回復する新たな芸術の特徴を述べ、最終8段落で結論を提示している。

「非人間的芸術」とは本文では述べられていません。また、「崇高さを回復する新たな芸術の特徴」は、第6段落のニューマンにはあてはまりますが、他の事例にはあてはまりません。

② 1段落で文章全体の概要を説明し、2・3段落で作品の見方の変容とその原因について述べたあと、4～7段落では芸術体験の変容が絵画に与えた影響を述べ、最終8段落で全体を統括している。

先に説明した内容を適切に押さえられています。

③ 1段落で主題を提示してから×2段落で伝統的な鑑賞モデルを説明し、×3～6段落以降で新たな鑑賞モデルを提示して×7段落以降の最終的な結論につなげている。

第2段落では新しいタイプの観照モデルについても言及しています。さらに第7段落でも、具体的な芸術の変容について述べています。

メディア環境の変化は、第3段落で説明されています。第7・8段落の説明についても、③と同様に誤りです。

④　本文は1段落が主題の提示、2～4段落がメディア環境の変化の説明、5・6段落がメディアの変化による芸術の変容、7・8段落が全体の結論という四つの部分からなり、全体が起承転結の形をなしている。

第1段落は全体のまとめになっています。また、ヨーロッパの芸術とアメリカの芸術の違いについては本文ではとくに言及されていません。第7・8段落についても、③や④と同様に誤りです。

⑤　本文は映画の誕生による観客の変化を述べた1～3段落、二〇世紀以降の絵画について述べた4・5段落、ヨーロッパの芸術とアメリカの芸術の違いを述べた6段落がそれぞれ独立した内容になっており、7・8段落でそれらをまとめるという形になっている。

◆解答◆

問一　④

問二　適正な距離をとり、集中して一人で作品を熟視する行為。（26字）

（別解）適正な距離で、心静かに一人で作品を熟視する伝統的鑑賞の行為。（30字）

問三　観客の鑑賞態度が集中的な観照から気散じ状態になった結果、個人的・精神的な内省を前提とした芸術は、知覚体験を変容させ観客のイメージを題材とする、集団的・身体的なショックと緊張を作り続けるものに変化した。（100字）

問四　②

コラム 8

「芸術」とは何か

一編の小説、世界的巨匠による大作映画……。では、年始の特別番組から流れてくる漫才は芸術でしょうか。友人が書いた落書きは？　あなたがノートの隅に描いた一編の詩は？　おそらく、仏像や絵画や文豪の小説、そして大作映画は芸術であると答える人が多いのではないでしょうか。漫才や友人の詩、あなたの落書きについては人によって見解が分かれそうです。

このように考えると、〈芸術とは何か〉という問いに対する答えは難しく、そもそも答えがあるのかという気にさえなるかもしれません。実際、十九世紀の末の時点では英語圏においては小説を芸術と見なすのは当たり前のことではありませんでした。亀井秀雄（かめいひでお）によれば、当時の英語圏では、聴衆の前で朗誦される公共性の高い詩に比べ、小説は個人的な享受形態をとるがゆえに「いかがわしい」享楽物と見られていたといいます（『小説論』）。つまり、享受形態や公共性の有無が、芸術であるか否かの基準となっていたのです。

したがって、何が芸術で何が芸術ではないのかという基準は曖昧で、芸術をどのように享受するべきかという問いに対する答えも明確には出せません。逆に言えば、新たに芸術として認められる分野・形態が加われば、新たな享受の仕方がその鑑賞態度として許容され、それが芸術の再定義を促します。小説が芸術の一分野として認知されれば、それは個人的な享受形態が芸術の鑑賞態度として許容されたことになり、公共性という基準を揺るがすことにもなるのです。

複製技術がもたらした写真や映画の登場は、まさに芸術をいかにとらえるかという問題を提起することになりました。本文でも紹介されているベンヤミンは、写真や映画の登場を芸術の凋落（ちょうらく）とはとらえませんでした。大衆に開かれ、複製可能な写真や映画を、従来の芸術の枠組みを改変するものとしてとらえたのです（『複製技術時代の芸術作品』）。

本文では、映画の登場により、集中的な観照が気散じ的な知覚体験へと変化したことが記されています。このように、新たな芸術の誕生は新たな観客を生み出します。今日、映画は家庭でＤＶＤや配信という形でも享受されていますが、ここには、見知らぬ者が集まり暗闇の中で一つのスクリーンを見るという大衆的な鑑賞法は存在しません。

新たな技術は、新たな享受形態を生み、新しい芸術を誕生させます。芸術とは何かという問いに答えがないからこそ起こりうる現象なのかもしれません。

第4回

第2章 テーマ別攻略編

〔文化／宗教〕2

笠原芳光（かさはらよしみつ）「宗教的生の始まり」

＊ここに注意！＊
・「古典融合文」「明治文語文」の対策法

出典 笠原芳光「宗教的生の始まり」（出題：立教大学 法学部）
笠原芳光 一九二七〜二〇一八。宗教思想家。主な著書に『宗教の森』『イエス 逆説の生涯』『宗教再考』『信と不信の文学』などがある。

本文解説

「宗教的生」についての話です。「自然的生」のなかにあって、しかもそれとは異なる生のあり方が語られています。

第1〜4段落

【問一と関わらせたかたちで、「自然的生」と「宗教的生」の違い、および両者の関連性を整理しておきます】

自然的生＝｛人間的（7行目）
　　　　　　日常的（11行目）

↕

宗教的生＝｛人間を超えた生きかた（7行目）→A真に人間的な生きかた（9行目）
　　　　　　非日常的なものに媒介された生きかた（12行目）→新しく受けとりなおされた日常的生（13行目）

問一の設問文にも記されているように、〈人間的生→人間を超えた生→真に人間的な生〉となっている文脈です。真に「人間的」な生きかたをするためには、いったん「人間」を超えていく必要があるということです。そして、「人間的生」は「日常」のなかで営まれる生でありますから、「日常的」を超えていく必要もあるということになります。すなわち、〈日常的生→非日常的なものに媒介された生→新しく受けとりなおされた日常的生〉ということになるのです。

「宗教的生」とは、このように、「自然的生」における「人間」と「日常」をいったん超えることによって、より深く豊かに捉え直された〈人間的で日常的な生きかた〉である、ということになります。5・6行目に「宗教的生は自然的生に、あるいは疑問をもち、あるいはさからい、あるいはそれを肯定し、あるいは超えて生きる生きかたである」と記されていますが、そのあとすぐに、**「なんらかの意味で人間を超えた生きかたであり」**と記されていますので、「疑問」「さからい」「肯定」も「人間を超えた生きかた」につながるものと理解してよいでしょう。たとえば、「一体なんのために人は生きているのだろう」という疑問、「生まれて生きて死ぬ。これは一体なんのことだ。はじめから死が定められているなんて」という反抗、「人間の生がこのようであるのなら、あるがままの生を引き受けていこう」という肯定、いずれも〈人間を在らしめている、人間を超えた何か〉を想定した上での態度であると思われます。第6段落で明らかにされますが、ここでの「宗教的生」は、必ずしも〈神や仏を信ずる〉ということではなく、「人間を超えたものに対する、なんらかの関心」をもって生きる、ということです（なお、この第1～4段落の内容は、**問七**の**ロ**で問われています。傍線部**F**の言い方に即したかたちで、内容をまとめていけばよいのです）。

第5～8段落

宗教的生＝
- 宗教的なものに関する意識や自覚がなくなれば消滅してしまう
- ↓しかし、ふたたび回復しうるもの
- また 宗教的なものを疑ったり、忘れかけたりすることはある

← そのような 意味で宗教的生＝非連続的な、 X 断続的な生きかた

← 宗教的生の特質——ふつうは信仰。しかし、人間を超えたものに対する、なんらかの関心があれば、宗教的生といってよい

←量の多寡を問題にしないもの──たとえば「マタイ伝福音書」（＊多寡＝多いか少ないか）
信仰＝
また 信ずる対象との関係の問題→いや、むしろそこでは神や仏は客観的な対象ではなく、関係の相手である

← **したがって** 宗教的生＝人間を超えたものを信ずる生きかたというよりも、人間を超えたものに何らかの関係をもつ生きかた

仕事や生活に追われる日々の中では、宗教的なものに関する意識は薄らいでいきますが、病気になったり、悲惨なニュースに接したりした時、人は「人間を超えたもの」と関わらざるをえなくなるはずです。また、「神や仏」は〈現〉の存在ではありませんから、疑問も生じてきます。しかし、生死の意味を問わないままに生き続けることは難しいので、「人間を超えたもの」との関わりが途絶してしまうことはないでしょう。つまり、〈非連続的＝断続的〉に「宗教的なもの」と関わって生きているのです。以上が、第5段落です。

第6〜8段落は、筆者が考える「信仰」の定義に基づいて、「宗教的生」のあり方が語られています。ふつうは「信仰」といえば、〈神や仏という対象を信ずる〉ことですが、筆者は「信仰」の本質を、量の問題ではないと述べるとともに、「人間を超えたものに何らかの関係をもつ」ことだ、と考えています。むろん、異なった「信仰」論もあるでしょうが、**文脈の中での言葉の定義をしっかり把握していくことが必要です。**

「何らかの関係をもつ」ということは、〈神を否定する立場（神への無関心とは違います）〉をも包みこむことになります。第10段落に登場するニーチェは、戒律によって人間を束縛する神を否定し、〈陶酔こそ価値あり〉という立場から「生命肯定の哲学」を唱えました。ただし、西欧人の自我を支える「神」が否定されてしまえば、ニーチェ自身の足場も崩れてしまいます。そこで彼は〈超人〉への道を志し、『ツァラトゥストラはかく語りき』という書物を生みだしました。「神」の否定は、別の「人間を超えたもの」を必要とせざるをえなかったわけです。ただし、〈科学信仰〉や〈金銭崇拝主義〉は、「宗教的生」の倒錯した現象といってよいでしょう。科学も金銭も「人間を超えた」力をもっていますが、そこには、〈死の不安〉を支える力や、〈死〉を意味づける思想がないからです。

第9・10段落

宗教的生は道徳的生とおなじではない

←

宗教的であることは、ある時には非道徳的・反道徳的

←

その 意味で→
- 道徳は安全な思想
- 宗教は [Y] 危険な思想

←

『歎異抄』

第一条「しかれば本願を……悪なきゆゑに」

第三条「善人なほもて……B悪人なほ往生す、いかにいはんや善人をや」

＝

「悪人こそが救済されるという非道徳的な宗教の真理
宗教はかならずしも善にくみし、悪を退ける立場ではない
＝　（＊くみし＝与する。味方する。賛成する。）
ニーチェの言葉を借りていえばC「善悪の彼岸」

ここでは、「宗教」と「道徳」との違いが語られています。もちろん、この二つには通じ合うものがありますが、「道徳」とは〈社会生活を営むうえでの倫理〉〈守るべき規則〉でありますから、「安全な思想」であるわけです。それに対して、「宗教」は〈非道徳的・反道徳的〉な面をも含んでいるため、「危険な思想」となります。『歎異抄』の一節がその一例で、「道徳」は善にくみし、悪を退ける立場ですが、「宗教」には、「悪人こそが救済される」という「危険」な面、すなわち、道徳的な〈善悪〉の基準では測ることのできない面があるのです。ニーチェの言う「善悪の彼岸」とは、そういう意味になるはずです。

親鸞の、この「悪人正機説」は、浄土真宗に特有の思想ではなく、仏教一般にも、キリスト教にも通じています。イエス・キリストは〈罪人を救いにきた〉のであり、〈自らの死をもって人類の罪を贖った〉わけですから、そこには「悪人こそが救済される」という思想があるわけです。「善人」であれば「救済」するまでもないでしょうし、また、〈自分が悪人であり罪人であるという自覚をもっている人こそが切実に救いを求めるのだ〉と考えてみれば、この思想は十分に納得のいくものでしょう。ただし、この思想は〈悪の放置〉や〈悪の正当化〉につながる恐れがありますので、「危険」な言い方であることは否めません。

「宗教」においては、実は、〈心の中で犯した罪〉も「罪（＝悪）」と見なしますから、「善人」はどこにもいないわけです。みな「悪人（＝罪人）」です。したがって、〈すべての人の救済〉が「宗教」の問題になるのですが、「人間を超えたもの」に対する関わり方は基本的には自由であって、自分の問題として、その関わり方を探っていくしかありません。けれども、歴史の中には種々の〈鑑（かがみ）〉があります。自分が求める〈精神（魂）〉をリレーしていくような生き方を試みればよいのでしょう。

『歎異抄』からの引用文の訳

第一条――したがって、弥陀の本願（阿弥陀仏の本来の願い）を信ずるからには、念仏以外のどんな善行も不要です。念仏にまさる善行はないのですから。悪も恐れるには及びません、弥陀の本願を妨げるほどの悪行などはないのですから。

第三条――善人でさえもやはり往生成仏するのですから、まして悪人が往生成仏するのは当然のことです。それなのに、世の中の人は常に言うのです。悪人でも往生成仏できるのですから、まして善人が往生成仏するのは当然のことです、と。

第11～14段落

※Ｄ宗教的生＝逆説的な生――※
←

一見、宗教的でないこと
←その反対に
深い意味において宗教的な場合がある

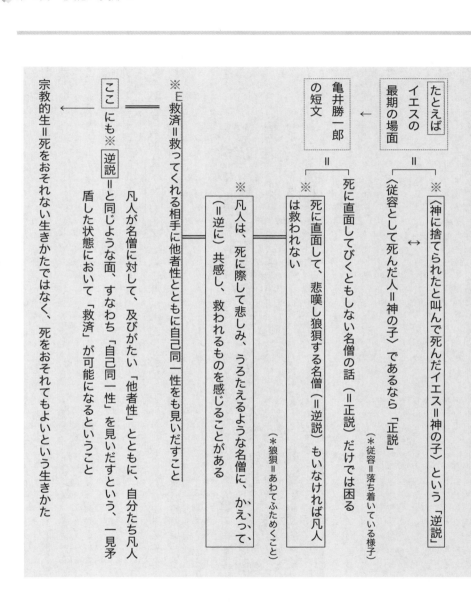

たとえば
イエスの最期の場面
＝
※〈神に捨てられたと叫んで死んだイエス＝神の子〉という「逆説」
↔
〈従容として死んだ人＝神の子〉であるなら「正説」
（＊従容＝落ち着いている様子）

←

亀井勝一郎の短文
＝
死に直面してびくともしない名僧の話（＝正説）だけでは困る
※死に直面して、悲嘆し狼狽する名僧（＝逆説）もいなければ凡人は救われない
（＊狼狽＝あわてふためくこと）
※凡人は、死に際して悲しみ、うろたえるような名僧に、かえって（＝逆に）共感し、救われるものを感じることがある

＝

※E救済＝救ってくれる相手に他者性とともに自己同一性をも見いだすこと

＝

凡人が名僧に対して、及びがたい「他者性」とともに、自分たち凡人と同じような面、すなわち「自己同一性」を見いだすという、一見矛盾した状態において「救済」が可能になるということ

ここにも※逆説＝

←

宗教的生＝死をおそれない生きかたではなく、死をおそれてもよいという生きかた

「逆説」の考え方については61ページで説明しています。ここでは「宗教的生」における「逆説」（※印）が問われています。文中にも記されているように、「正説」もあるわけですが、「凡人」を視点とすると、「逆説」的なあり方こそが「救い」になるという文脈です。傍線部Dは、設問文中に「二つの例に触れながら」とありますので、「神に捨てられた」イエスと「死をおそれ」た名僧に触れながら、「逆説」の意味が出るように説明していけばよいでしょう。傍線部Eは、〈死に際して悲しみ、うろたえた名僧→かえって凡人に共感を与え、救われるものを感じさせる〉という「逆説」的な「救済」の話を受けての記述ですから、「ここ」にも「逆説」ということになるわけです。傍線部Eは、傍線部Dの「逆説」と関連していますが、Dが〈一見反宗教的→その反対に、深い意味において宗教的〉という逆説的表現であるのに対し、Eは〈救ってくれる相手＝他者性とともに、〈他者性に反する〉自己同一性〉という逆説的表現になっています。

真偽のほどはわかりませんが、「一休さん」でお馴染みの傑僧一休和尚は、死に際して、「死にとむない〈＝死にたくない〉」という呟きを洩らしたと言われています。事実であったのかもしれませんが、凡人たちの「救済」への願いが、そうした話をつくりあげたのかもしれません。臨終の時に、「死にはせぬどこへも行かぬここに居る　たづねはするなものは云はぬぞ」という歌を残したことになっていますが、一休和尚の心中はいかがなものであったでしょうか。

第15段落

人が宗教的生に入る

＝

★一見変わっていないようであって、どこかで変わっている、表層において変わらなくても深層においては変わっている、というのが宗教的生のあり方である

↑

宗教を信ずるようになって、突然、いっさいが変化したという入信談が何となく嘘くさいのは、この★F「不変の変」という宗教性があらわれていないからである

（第１～４段落と対応）

第15段落では、「宗教的生」における「不変の変」という性質が語られています。この性質は、**問七**の設問文に記されているように、第１～４段落で述べられていた内容と対応しています。〈変化と不変〉の問題は、第１～４段落で暗に語られていた、ということになるわけです。つまり、入信することは、心の深層に大きな変化をもたらすとしても、日常生活という表層部分までを一変させるものではないということです。むろん、食前にお祈りをあげるようになったり、ボランティア活動に加わったり、などのような変化はあるでしょうが、日常的な営みのあり方に大きな変化が生じることはないはずです。お祈りやボランティア活動は、むしろ、内面の大きな変化が外部に現れた行為として理解すべきものでしょう。

設問解説

問一　「人間的生」→「人間を超えた生きかた」→「真に人間的な生きかた」という展開に対応させて考えれば、「日常的生」→「非日常的なものに媒介された生きかた」→「新しく受けとりなおされた日常的生」となります。

問二　空欄Xは、「非連続的な、［X］断続的な生きかた」という文脈ですから、〈非連続的＝断続的〉と読み取って、「つまり」か「すなわち」が入りうると判断します。が、選択肢中に、その語は見当たりません。30・31ページで「あるいは」の意味用法の一つに「一種の言い換え（あるいは〜とも言える）」があることを述べましたが、想起できたでしょうか。「非連続的」と「断続的」はほぼ同じ意味なので、〈あるいは断続的とも言える〉という文脈が成立することになるわけです。④「あるいは」が正解です。①「いわゆる」は〈俗に言う（世間で普通に言われる）〉の意で、「いわゆる入信談」（61行目）や「いわゆる優等生」のように使われます。ここでは適切とは言えません。

空欄Yは、次の文脈の中に置かれていました。

> 宗教的であることは、ある時には非道徳的・反道徳的
> ←［その］意味で↓
> 道徳は安全な思想
> 宗教は［Y］危険な思想

「［その］」は、直前の〈非道徳的・反道徳的〉を受けて、〈宗教＝危険な思想〉を導いているのですが、その「危険な思想」は、〈道徳＝安全な思想〉と対比させて語られています。その点に気づけば、30ページで説明した「むしろ」が入る可能性が見えてきます。「〜ではなく（というより）むしろ――」という形が崩れていても、対比や比較の文脈になっている場合は、「むしろ」が入る可能性があるのです。ここは、〈宗教は、安全な思想というより、むしろ（逆に）危険な思想である〉となります。宗教は道徳と混同されがちなわけですから、一般には「安全な思想」と見なされますが、宗教には〈非道徳的・反道徳的〉な面があるので、「安全な思想」というより、むしろ（逆

に）「危険な思想」である、と読み取ることができるでしょう。③「むしろ」が正解です（ここでは、より適切に言い直された表現が〈逆の表現〉になっていますが、「むしろ」は必ずしも〈逆の表現〉を導くわけではなく、〈逆の表現〉になっている場合が多い、ということです）。

問三 本文解説 の中に「現代語訳」を記しておきました。**「（いかに）況んや〜をや」は〈まして〜は当然のことである（言うまでもないことである）〉の意。**古文・漢文における重要語法であり、現代文においても使われる場合があります。したがって、②が正解です。ただし、これは世人が言っていることで、親鸞の立場は「善人なほもて往生をとぐ、いはんや悪人をや」の方であり、〈悪人の救済は当然だ〉という考え方（選択肢④）になります。

本文は「古典論」ではありませんが、「古典作品」が融合されている文章、また、「明治文語文」についての対策を簡単にまとめておきましょう。

＊ここに注意！＊　**「古典作品が融合されている文章」および「明治文語文」対策について**

○「古典作品が融合されている文章」といっても、それは、「古典作品（古文・漢文）」を引用し、その世界を現代文で解説・論評しているだけのことです。したがって、現代文の読解力と古典の読解力とを協働させていけばよく、特別な読み方があるわけではありません。その際、古典の解釈が問われていても、古典の読解力だけでなく、その解説・論評となっている「現代文」をヒントとして利用できるので、「古典作品」だけの出題と比べれば、むしろ取り組みやすいと言ってよいでしょう。古典の読解力はありながらも、その種の文章が苦手だという人は、「古典論」の文章（大岡信や竹西寛子などの作品）に慣れておくことが必要です。

○「明治文語文」は、一橋大や早大（文化構想）、上智大（外・経・法）など、一部の大学・学部で出題されています（年度により変更あり。過去の出題傾向や入試要項などに注意）。明治期に書かれた文章の中でも、言いまわしが「現代文」に近いものもあり、それは現代文の読解力で十分に対応できます。

しかし、「明治文語文」は、文体の骨格が「漢文書き下し文」になっているので、漢文における重要な語法・修辞法（反語・使役・二重否定など）を習得し、「漢文書き下し文」を読み解く力を身につけていくことが必要です。その上で、語注や訳注などを参考にして、福沢諭吉や森鷗外、北村透谷などの「明治文語文」の幾つかを反復熟読し、文体に慣れていけばよいでしょう。基本は「漢文書き下し文」の読解力にあるので、「明治文語文」が出題されたことのある大学・学部を目指すなら、「漢文」の基本はしっかり押さえておきましょう。

問四 本文解説 で述べたように、〈宗教＝善悪の彼岸〉は〈宗教＝非道徳的〉「宗教はかならずしも善にくみし、悪を退ける立場ではない（善悪の基準で判断しない）」という内容と結びついた表現です。一方、「道徳」は「安全な思想」ですから、〈善にくみし、悪を退ける思想（善悪の基準を重んじる）〉となります。そして、こうした文脈から、ここでの「彼岸」は〈あの世・悟りの世界〉の意ではなく、〈彼方・あちら側・此岸（こちら側）を超えた世界〉の意として用いられていると判断できます。以上の点を、「宗教と道徳との関係」として説明すると、「宗教は道徳における善悪の価値基準を超えたものだということ（善悪の判断にとらわれないものだということ）。」のようになるでしょう。

問五 本文解説 で示したように、「宗教的生」には「正説」もあります。死に直前してびくともしない名僧のように、死をおそれない生き方こそが〈悟り〉であり、〈神（仏）との一体化〉であるといえるからです。ただ、そのような生き方は誰にでもできるものではなく、多くの「凡人」にとっては手の届かない境地です。それに対して、〈神に捨てられたと叫んで死んだ、神の子イエス〉や「死に直面して、悲嘆し狼狽する名僧」は、「凡人」にとって「救い」を感じさせます。「神の子」や「名僧」であっても、「凡人」であるする自分と同じように、神との距離を感じたり、死をおそれたりしているのだという「共感」が生じ、「死をおそれてもよい」のだという安堵感に包まれるからです。したがって、〈宗教的生の逆説〉は、多くの「凡人」を「救う」ための生のあり方である、ということになります。

「本文中にあげられた二つの例に触れながら」という設問の条件も考慮して、傍線部Dの「逆説」のあり方を※印部分の点検によって具体化すると、次のようになります。

一見、宗教的でないこと
――(例)・神に捨てられたと叫んで死んだ、神の子イエス
・死に直面して、悲嘆し狼狽する名僧
その反対に（逆に）↓なぜ？
＝「凡人」に**共感**を与えるから
深い意味において宗教的
――「凡人」にとっての「救い」となる

以上の点を、61ページで説明した「逆説」のまとめ方に即して整理していけばよいわけです。ここでは、〈なぜ逆説になるかという理由〉までは問われていませんので、その〈理由〉を示していなくとも可としますが、字数的に可能な場合は、その〈理由〉まで含めた方がよいでしょう。

また、ここは、二つの例を盛りこむことが要求されていますが、問われているのは、それらの例が示す「生きかた」にとどまるものではありません。すなわち、「～イエスや、～名僧のように、死をおそれてもよいという生きかた。」のような答では不十分、ということです。たしかに、本文49・50行目に「神に捨てられたといって死んだ者を神の子と言ったのだから、これは逆説である。」と記されてはいますが、傍線部Dの直後に記されている「深い意味において宗教的である」の意味は、その生き方が、〈凡人の救済〉にまで及んでいると読み取るべきところだと思われます。つまり、〈神に捨てられたと叫んだ神の子〉というあり方自体が「逆説」ではありますが、ここは、〈死をおそれた名僧↓凡人にとっての救い〉という文脈を重ねて考える必要があるのです。〈神に捨てられた神の子〉という一見反宗教的な生が〈凡人に共感を与え、逆に、凡人に救いを感じさせた〉――このように読み取ってこそ〈深い意味において宗教的〉の意味が明確になるはずです。そして、そこまでの説明を施す必要があるわけですから、二つの例は、「神に捨てられたイエス」「死をおそれた（死に際して狼狽した）名僧」のような縮約した表現で済ませていくことになります。

問六　傍線部Ｅにおける「逆説」については、**本文解説**で説明しました。文脈から考えれば、「救ってくれる相手」とは「名僧（仏に近い存在として）」あるいは〈神の子イエス〉なので、その「相手」に対する「自己同一性」とは、〈神に捨てられたと無念の言葉を叫んだイエスや死をおそれた名僧に対する、凡人としての共感〉ということになるはずです。「他者性」とは、いうまでもなく、「凡人」には及びがたい「名僧」と〈神の子イエス〉です。ここでの「逆説」は、したがって、次のように具体化できるでしょう。

救ってくれる相手
＝
名僧・イエス

- 他者性
  ――凡人には及びがたい
  「神仏に近い存在」
- （同時に）
- 自己同一性
  ――「神に捨てられたと叫んで
  死んだイエス・死をおそれる
  名僧」に対する、凡人として
  の共感（親近感）

「他者性」が強く感じられるということは、「凡人」には及びがたいものですから、**a**と**d**になります。つまり「死をおそれない生きかた」ということです。それに対して、「自己同一性」が強く感じられるということは、「凡人」に共感を与えるものですから、**b**・**c**・**e**になります。「死をおそれる」あるいは「神に捨てられる」あり方ということです。

問七　イ　「この『不変の変』」となっていますので、指示語の問題でもあります。したがって、「不変の変」と対応する内容を傍線部の前から探し出せばよいわけです。すると、ここでの「不変の変」は、〈表層の不変の中における深層の変化〉というように読み取ることができます。「一見変わ……方である」（★印）が正解です。

ロ　傍線部Ｆ「『不変の変』という宗教性」とほぼ同一の内容としてまとめていくことが必要です。すなわち、内容的にはほぼ同一であるのですが、第1～4段落においては、「不変の変」という点についての明確な記述はありませんので、「不変」なものは何か、「変」とはどのような変化かを読み取り、「不変の変」の意味が出るようにまとめ直していく作業が必要だ、ということです。次のように関連づけてまとめていけばよいでしょう。

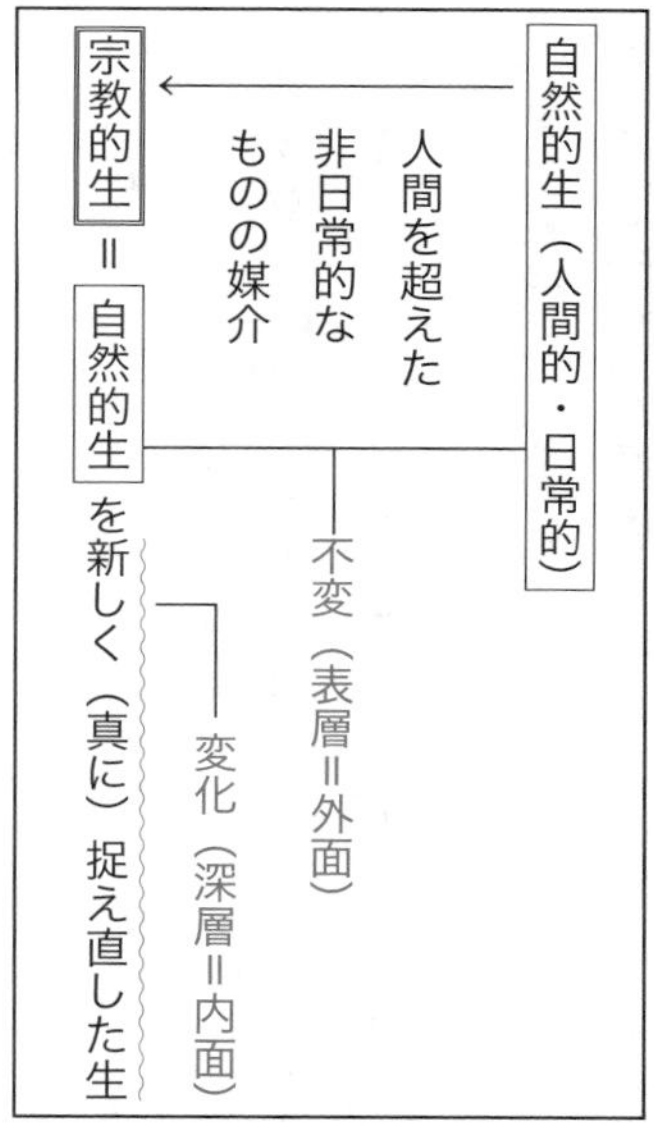

「不変の変」という表現に留意して、〈自然的生としての表層は不変だが、人間を超えたものの媒介によって、深層の変化が生じる〉という〈解答の形（骨組み）と方向性〉を定めることが先決です。その上で、字数制限を踏まえた肉付けを施していけばよいわけです。なお、「表層」「深層」は、そのまま使用しても可ですが、「外面」「内面」と言い換えたほうが、よりわかりやすい説明となります。

◆解答◆

問一 新しく受けとりなおされた日常的生

問二 X＝④ Y＝③ **問三** ②

問四 宗教は道徳における善悪の価値基準を超えたものだということ。（29字）（宗教は道徳における善悪の判断にとらわれないものだということ。30字）

問五 神に捨てられたと叫んだイエスや死をおそれる名僧のような一見反宗教的な生は凡人に共感を与え、逆に凡人を救うことになること。（60字）

〔別解〕神に捨てられたと叫んだイエスや死に際に狼狽する名僧のような反宗教的に見える生が、凡人にとっては逆に救いと感じられること。（60字）

問六 a＝1 b＝2 c＝2 d＝1 e＝2

問七 イ 初め＝一見変わ 終わり＝方である

ロ 人間的で日常的な自然的生における外面的あり方に変化はないが、内面的には、人間を超えた非日常的なものに媒介されて（大きな）変化が生じている状態。（※「大きな」含めて69字）

〔別解〕自然的生の外面に変化はないが、人間を超えた非日常的なものに媒介され、人間の生き方を新しく捉え直すという（大きな）内面的変化が生じている状態。（※「大きな」含めて68字）

コラム 9

芸術と宗教

舞踊と遊戯、すなわちダンスとスポーツの起源は神事であったのですが、そこでは音楽も詩も劇も一つになって「神祭り」の営みと化していました。しかし、近代以降になると、芸術が宗教から分離し、諸ジャンルに分かれるとともに、個人主義の立場から〈個の独創性〉が求められるようになっていきます。

ただし、現代では、〈個の独創性〉への批判もあります。イギリスの作家であるバーナード・ショーは「再読に耐える書物はすべて聖霊によって書かれたもの」と語っていますが、すぐれた芸術作品の真の創り手は、その作者を超えたものだ、ということです。「聖霊」とは、「大いなるもの」「無意識」と言い換えてもよいのでしょうが、名づけえない何か大きな力や波が人間を突き動かしていくところに、すぐれた作品が生まれてくる、という考え方です。というよりも、それは私たちの実感ではないでしょうか。バッハの音楽やドストエフスキーの小説、あれらは果たして人間が創ったものであるのでしょうか。

宗教的生も「なんらかの意味で人間を超えたもの」と関係をもつ生き方のことでしたが、そのような意味では、芸術が宗教から切れたわけではないのでしょうし、「人間を超えたもの」との関わり方が一人一人に問われていることになるのでしょう。むろん、現代の文明社会では、宗教性は衰えつつあるといえます。しかし、人間の無意識の底には依然として「人間を超えたもの」が潜んでいます。「ある若者たちがグループでシンナー吸引をしていたが、彼らの驚きは、そして喜びでもあったろうが、彼らが共通の幻覚をもつことができ、それが観音さまの姿であったという事実だった。彼らは集団で観音さまの光に包まれる体験をするためシンナー吸引をしていた。彼らの幻覚のなかに顕現する観音さまは、あきらかに彼らの意識的な自我を超える存在であった」（河合隼雄『若者文化と宗教性』・秋田大で出題）——シンナー吸引は認めがたいものですが、ここには確かに「宗教的生」があるわけです。

ただ、宗教が〈共同幻想〉を絶対化し、排他的に組織化されていくと、「悪人正機説」とはまた別の危険性が生じてくることになります。〈光〉があれば、そこに〈闇〉がつきまとってくるわけですが、〈醒めた目〉を失ってはならないということであるのでしょう。

第2章 テーマ別攻略編

第5回

〔現代社会〕 1

西部忠（にしべまこと）『貨幣という謎 金（きん）と日銀券とビットコイン』
小島寛之（こじまひろゆき）『暗号通貨の経済学 21世紀の貨幣論』

出典 西部忠『貨幣という謎 金（きん）と日銀券とビットコイン』
小島寛之『暗号通貨の経済学 21世紀の貨幣論』（出題：Z会オリジナル問題）
西部忠 一九六二〜。経済学者。専門はマルクス、ハイエク、ケインズを含む進化経済学。
小島寛之 一九五八〜。経済学者で、数学エッセイスト。専門は経済理論。

本文解説

「貨幣」の性質について述べた、二つの文章です。どちらの文章でも少し変わった貨幣の例が登場しますが、現在用いられている貨幣との相違点・共通点を意識しながら読んでいきましょう。まず、【文章Ⅰ】はヤップ島のフェイという大型の石貨について説明したものです。

【文章Ⅰ】

第1・2段落

フェイの形状＝大きな石でできた車輪のような形
　　　　　　　四メートルぐらいの超大型のものもある
　　↓
大きなフェイは運搬することができないので、道ばたや庭で野晒しになっている

フェイの特徴＝儀式における贈答、家屋の建築への謝礼、紛争解決などに用いられる
周りの人に自分のものだと認めてもらえばいい。盗んでいく者などいない

フェイという石貨は、現代の日本の硬貨とは大きさがまったく異なります。四メートルもの巨大な貨幣では財布の中に入れることもできませんが、どのようにしてフェイの所有権は認められるのでしょうか。

第3～5段落

フェイのこのような不可思議な性格を表すエピソード
↓誰もが知っているのに、誰もそれを見たことがない最大のフェイの話
＝
ある一家の祖先がフェイを運ぶ途中で嵐に巻き込まれ、自らの生命を守るためフェイを海中に沈めてしまった
←
祖先はそのフェイの大きさや運搬の困難さを人々に強烈に訴えた
←
人々がこの証言を受け入れ、その話が数世代にわたって伝承されることで、フェイはその一家の資産として認められている

第１・２段落で述べたフェイの「不可思議な性格」を示す具体的なエピソードです。フェイ自体は海中に沈んでいるのに、話を信じてもらうだけで資産として認められるというのは奇妙な感じがしますが、考え

てみれば、【会話】にもあるように、現代の預金通帳などもそこに数字が書き込まれているだけで資産として認められるわけですから、フェイと現代の貨幣には通じるところがあるのかもしれません。

第６・７段落

フェイは特定の目的のための経済的・社会的富の象徴であり、誰もが伝説とその価値を信じるかぎり、貨幣として通用する

＝

フェイはある種の「観念」である

「観念」というのは「物質」や「実体」の反対の意味の言葉で、簡単にいうと、人々が抱く考えのことです。誰も見ることも触れることもなくてもその存在が認められるのであれば、フェイで重要なことは、第１・２段落で見たような巨大なイメージとは裏腹に、物体としての性質ではなく、人々の考え方だということになります。

第８段落

お金は、ある時は奢侈品であったり、主食や貴金属であったりする

何がお金になるかは、何がある社会で慣習や伝統に基づいた社会的価値になるかによる

←

A ある社会の人々が何をお金として信じているか

現代人にとってフェイがお金ではないのは、海中に沈んだフェイの伝説を現代人は信じられないから

この段落は極めて重要です。書いてある内容は、人々が何を信じているかによって価値が決まる、といったことで、これまでの段落と似たことを述べているように見えます。しかし、ここまでの段落と決定的に違うのは、筆者が「フェイ」のことではなく、「お金」のことを述べているという点です。つまり、ここまで述べてきたフェイの性質は、フェイという特殊な貨幣のみにあてはまる性質ではなく、「お金」一般について成り立つ性質だと述べているわけです。

第９〜11段落

日本銀行券……Bその素材が何の価値もない←→価値があるお金として流通している
←
お金とは物理的な「もの」ではなく社会的な「こと」

フェイについてこれまで述べられてきた性質について、お金一般の性質として、「もの」ではなく「こと」だというようにまとめられています。この「こと」というのは、先程の段落で読んだ「観念」と同じ意味だと理解してよいでしょう。日本銀行券のことも述べられていますが、確かに一万円札そのものはただの紙切れにすぎないわけです。それが貨幣として流通しているのも、結局は現代の日本人があの紙切れに価値があると信じているからであり、このように考えれば、フェイも日本銀行券も同じような性質を有しているといえるというわけです。

次の【文章Ⅱ】は、「マネー・イズ・メモリー」という論文で示された、お金についての性質を説明した文章です。【文章Ⅰ】と関係する点を意識しながら、丁寧に読んでいきます。

【文章Ⅱ】

第1・2段落

「マネー・イズ・メモリー」＝お金とは記憶である

＝

お金を受け取るのは、そのお金がこれまでも受け取られてきたということを信じることができるから

最初に「お金とは記憶である」という結論が提示されます。【文章Ⅰ】にならって、「記憶」が「もの」なのか「こと」なのかを考えれば、「こと」＝「観念」の側に属することがわかります。したがって、【文章Ⅱ】における結論も【文章Ⅰ】の結論と概ね同じ方向であろうと推測しながら読むことができそうです。

第3～5段落

お金という「紙切れ」を受け取るときに最も重要なことは、それが本当にお金として使えるのか、という点

↑

例：洋服を売ってお金を得る場合

＝

洋服はたくさん所有しているから、洋服以外のもの（お酒や家具など）が欲しい
←
何の実益性もない紙切れと洋服とを交換するのは、欲しいもの（お酒や家具など）と交換したいから
←そのために
紙切れが「お金として認知されている」＝「流通している」ことが大事
←
★「流通している」ことを「記憶」として示したのが「マネー・イズ・メモリー」という論文

お金である紙切れが、それ自体としては何の実益性もないということは、**【文章Ⅰ】**でも述べられていました。この段落では、そんな紙切れを受け取る理由は、結局は何か他のほしいもの（実益性のあるもの）と交換したいからだと書かれています。確かにお金は所有しているだけでは意味がありませんから、この趣旨は理解しやすいでしょう。続けて筆者は、そのためには「お金が流通している」ことが大事だと述べますが、「記憶」が大事だと述べていた第１・２段落の趣旨と、「流通している」ことがどう関係するのでしょうか。さらに読んでいきます。

第6～8段落

「取引相手がお金を持っている」＝「その人がお金を受け取った証拠」
具体例：Ａ→Ｂ→Ｃ→Ｄという順に一枚の紙切れが渡っていったとする
Ｄさんの思考：Ｃさんが紙切れを持っている＝ＣさんはＢさんから受け取り、紙切れを使えると信じていたはず
Ｃさんの思考：Ｂさんが紙切れを持っている＝ＢさんはＡさんから受け取り、紙切れを使えると信じていたはず
←
このような思考が連鎖し、最初の取引からの「記憶」が保証される

第6段落で「流通している」ことと「記憶」とがどう結びつくのかを説明し、第8段落で具体例が示されます。まず、「紙切れを持っている」＝「紙切れを受け取った」という点ですが、これは日常的な経験に即しても理解できるでしょう。お小遣いをもらう場面や買い物の場面を想像すればわかるように、自分が今持っているお金というのは、基本的に誰かから受け取ったものです。そして、みなそのお金がお金として使えると信じているからこそ、そのお金を受け取るわけです。「この紙切れは使えるのかな」などと疑っている人は、その紙切れを受け取らないでしょう。つまり、誰かがお金を持っているという事実は、それだけで、その人がそのお金を使えると信じて誰か別の人から受け取ったということを示唆しています。そして、そのお金をめぐる取引が連鎖するほど、そうした信任も連鎖していきます。Ａ→Ｂ→Ｃ→Ｄという四人の取引の例では、その紙切れを四人が「使えると信じていた」という信任が連鎖していきます。実際のお金の取引はもっとたくさんの人を介するでしょうから、それだけ信任の連鎖も大きくなっていきます。

第９・10段落

お金の流通＝信頼の連鎖、認知の多層化
↓これがお金の本質とすれば、連鎖の記憶を保証できれば、お金と同じ効果が生み出せる
＝
★記憶が明確化できれば（物質的な）お金はいらないはず

第６〜８段落で述べられていたことは、〈お金が流通している〉＝〈お金を使えると信じていた〉という記憶が連鎖している、ということです。仮にこれがお金の本質、すなわちお金の価値の理由と考えるのであれば、紙切れ＝「もの」としてのお金は必要ないことになるはずだ、というのが「マネー・イズ・メモリー」という論文の主張（★印）です。記憶の保証によってお金と同じ効果を生むということが、例えばどのような形で実現されるのか、イメージしづらいところがあるかもしれませんが、**【文章Ⅰ】**の海に沈んだフェイの話を思い出してみてください。あれはまさに、記憶によってお金と同じ効果が生まれている例といえるのではないでしょうか。

設問解説

問一 ア　前後の文脈から、フェイの性質を説明している部分だとわかるため、**【文章Ⅰ】**全体から、フェイにはどのような価値が「まったくない」とされているかを的確に読み取りましょう。さらに、空欄ア直後の「価値」という単語を修飾する語としてふさわしいものを選びます。

「たとえ……［ア］であっても」とあることから、そのあとの「価値を信じるかぎり……貨幣として通用する」に対比された内容であることを押さえましょう。すなわち、〈貨幣として使うことができる〉ということですから、〈何か〉として使うことができるわけではないのに実際に貨幣として通用する、という論理の組み立てになります。したがって④「実用的」が正解です。③・⑤もあてはまりそうですが、フェイは海に沈み、誰も見たことがないものでさえ島の人々から認められているのですから、③の「社会的」は不適です。「社会的」という言葉が何を意味するかは文章によって少し違いはありますが、概ね、〈多くの人が関わっている〉といった意味で理解しておくとよいでしょう。また、〈現代人にとってはお金ではない〉というフェイの性質を強調すれば、⑤「普遍的〈＝広く一般にあてはまる〉」はあてはまりそうにも思えますが、「普遍的な価値はまったくないものであっても」とすると、続く「誰もが伝説とその価値を信じるかぎり」という言葉と整合しません。なお、フェイの価値についての記述を探し、傍線部Ｂ「その素材が何の価値もない」に注目して考えることもできるでしょう。

イ・ウ　この段落では、「もの」と「こと」が明白な対比として書かれています。この対比関係に注目すると、空欄イは「もの」の性質を表す言葉であり、それは「こと」の性質である「社会的」と対になるような性質であると読み取れます。そして、本文解説で示したように「こと」は「観念」と同じ意味で用いられていますから、空欄イに入れるべきは「観念」の反対語といえる性質を表す語、すなわち②「物理的」です。空欄ウについても、「『もの』ではなく『こと』として成立し、人と人との［ウ］な関係を表す」という記述から、「こと」の性質だと考えて、答えは③「社会的」に決まります。

アよりもイ・ウの方が特定しやすいと思われるので、先にこちらを解いて選択肢を絞ってから、アについて考えるのもよいでしょう。決めきることが難しく感じる選択肢問題は、一旦後回しにして、他の問題から手がかりを探してみるという発想も重要です。

問二　**【文章Ⅰ】**中の表現と同じ意味の言葉を**【文章Ⅱ】**から探すという、やや特殊な問題です。少し戸惑うかもしれませんが、傍線部の言い換え問題であるという本質は変わりません。まずは字数にとらわれることなく、傍線部Ａ「ある社会の人々が何をお金として信じているか」という意味とほぼ同じような意味の表現を**【文章Ⅱ】**から探しましょう。**【文章Ⅱ】**は〈お金とは記憶である〉について述べています。お金という「紙切れ」の受け取りに際しての〈信頼〉について、第3段落に「その『紙切れ』が本当にお金として使えるのか」とあり、次の第4段落には「大事なのは、その紙切れが『お金として認知されている』こと」という部分が見つかります。さらに、「つまり」という言い換えの接続詞があることに気づければ、「ある社会の人々が何をお金として信じているか」＝「お金として認知されている」＝「（お金が）流通している」という構図がつかめます。この「流通している」という表現の文字数は六文字ですので、解答としての条件も満たします。

なお、「流通している」と近い表現の「認知されている（16行目）」「流通していく（36行目）」についても考えましょう。まず「認知されている」は七文字ですので、「五文字程度」という設問の条件に対して、「流通している」に劣ります。また、「流通していく」は、登場する文脈が設問の要求とは合いません。

問三　「その素材が何の価値もない」とされる「もの」は日本銀行券です。紙幣それ自体に価値がない、ということは「発行に必要な費用がわずか二〇円にも満たない」とあることからもわかりますが、それをきちんと性質として他の言い方で説明した箇所は、実は**【文章Ⅰ】**中には存在しません。**【文章Ⅱ】**に手がかりはないか考えてみましょう。**【文章Ⅱ】**中で登場する「紙切れ」は、**【文章Ⅰ】**での〈日本銀行券＝紙幣〉と同等のものを表しています。そして**【文章Ⅱ】**の第4段落には「紙切れ」についての評価として「そんな何の実益性もない紙切れ」とありますので、その直前の「紙切れ」の素材についての具体例の内容から考えて、この部分が「素材が何の価値もない」という表現と同等の意味を表していることが読み取れます。したがって正解は④です。

さて、傍線部Bの直前を見ると、「文明社会に暮らす私たちも」とあります。「も」という助詞の性質に注意すれば、ここでは文明社会に暮らす現代人のお金だけではなく、その他のお金についても「その素材が何の価値もない」といわれているとわかります。**【文章Ⅰ】**で登場した現代人のお金以外のものといえば、フェイのことです。この問題は、フェイにおいて価値がないとされていることは何か、と考えることによっても解くことができるのです。このような思考ができれば、この**問三**は、実質的に**問一**のアにあてはまる内容と同じことが問われていると気づくことができます。

問四 本文解説で示した通りに第6～8段落の内容を丁寧に押さえていきましょう。「あなたと同じ認識」といっても、お金についての認識の内容は**【文章Ⅱ】**の中にもさまざまあるように見え、どこを答えるべきなのか判断に迷うかもしれません。各選択肢を見比べて共通している要素に注目すると、①～⑤のすべてが「相手がお金をもっているのは……からだろうという認識」という文言で統一されています。どの選択肢も、〈なぜ取引相手がお金をもっているのか〉という認識について説明しています。

傍線部Cを含む第6段落では、「仮定してみましょう」とあり、続けて「すると」と、「紙切れを受け取った理由もあなたが受け取る理由と同じはず」とあります。それを「すなわち」で言い換えて、「紙切れを受け取ったのは、『前所有者が受け取ったから』が理由となる」とあり、さらに第8段落には、その「受け取った」という事実は「紙切れを使えると信じていた」ということを裏づける、という趣旨のことが書かれています。つまり、お金を受け取る際に、自分にお金を渡す相手について〈この人も自分と同じように、この紙切れを使えると信じていたからこそこの紙切れを受け取ったのだ〉と皆が同じ認識をしていると仮定してみよう、というのが傍線部Cの内容です。こうした内容を踏まえた選択肢は③です。他の選択肢はどれも**【文章Ⅱ】**におけるお金の性質としては正しいものですが、ここで問われている「同じ認識」の内容ではありません。

問五　**【会話】**中の波線部と同じ箇所を**【文章Ⅰ】**から抜き出すという横断的な問題ですが、まずは波線部の前後をよく読んで、抜き出すべき内容の見当をつけましょう。波線部ⓐの直前から続けて読むと、「用途面において現代の日本で日常的にあらゆる取引に用いられているお金とは少し違う性質」とありますから、この**問五**では、〈フェイの用途面の性質〉について考えていきます。

　そこで「用途」という内容から、**【文章Ⅰ】**の、第1段落最後の「主として婚礼などの儀式における贈答、家屋の建築への謝礼、紛争解決などに用いられます」という部分に注目します。ただし、この部分は求める内容を満たしてはいるものの、具体例を列挙しているだけなので、性質として説明するのにはやや不十分です。さらに性質について一般的な説明がされている箇所を探すと、第6段落の「特定の目的のための経済的・社会的富の象徴である」が一般的な性質としてまとまっていますが、やや字数が足りません。続けて探していくと、第11段落に「ヤップ島のフェイのように」として「ある共同体の内部でだけ富や名誉の象徴として通用し、特定の財やサービスの取引に使われる」という四十二字の説明があります。字数指定からも、ここが解答として適切です。

問六　**問五**とは違い、参照範囲が**【文章Ⅰ】【文章Ⅱ】**の両方にわたっていますが、考え方は**問五**と変わりません。同じように波線部ⓑの直前から読むと「本質的な部分では共通する性質」とありますから、今度は〈お金の本質的な性質〉に着目すればよいのです。

【文章Ⅰ】におけるお金の本質とはどのようなものでしょうか。本文中にはっきりと「本質」という言葉で示されているわけではありませんが、第11段落の最初に「お金とは物理的な『もの』だけではなく……社会的な『こと』」であると書かれています。この内容は**【文章Ⅰ】**のまとめといえる重要な部分ですから、まず、ここを押さえましょう。そこで改めて**【文章Ⅱ】**を見ると、**問三**でも確認したように**【文章Ⅱ】**でも「紙切れ」は「何の実益性もない」とされており、お金の「もの」としての側面を重視していないことがわかります。また、**【文章Ⅱ】**では〈お金の本質が記憶にある〉とされています。この理論はやや難解なものですが、「記憶」が「もの」ではなく「こと」＝「観念」に該当するということを把握しましょう。したがって、**【文章Ⅱ】**で述べられている紙切れの本質も、「もの」だけではなく「こと」である、としてまとめることができそうです。

　これをわかりやすく、両方の文章に共通する性質としてまとめるように注意しましょう。「もの」だけではない、という要素については、**【文章Ⅰ】**から「それが何であるかは関係ない」「素材が何の価値もない」を用いても、**【文章Ⅱ】**から「何の実益性もない」を用いてもかまいません。ポイントは「こと」である、という要素をどうまとめるかです。**【文章Ⅰ】**で押さえた、第11段落の「慣習や伝統、信念や観念に支えられた社会的な『こと』」の部分と、ウの空欄補充で考えた「こと」の説明から着目するのは、**【文章Ⅰ】**中の「社会的」と「関係」です。これらの言葉を利用して、「お金の価値は社会的な関係によって決まる」のようにすると、〈お金は「こと」である〉という本質をわかりやすく説明することができます。

◆解答◆

問一　ア＝④　イ＝②　ウ＝③
問二　（ある社会でお金として）流通している（かどうか）
問三　④　**問四**　③
問五　最初＝ある共同体　最後＝に使われる
問六　素材によって価値が決まるのではなく、それについての人々の信念や記憶といった社会的関係によって価値が決まるという性質。（58字）

コラム 10

貨幣の性質

一万円相当のラジオは音楽やニュースを聞くという点で役に立ちますが、一万円相当のお米と交換できるとは限りません。音楽やニュースを聞くという役割のラジオは、その欲求をもたない人にとっては価値がないからです。一方で、貨幣は具体的な使用価値をまったくもたない代わりに、誰とでもどのようなものとでも交換できるという極めて強い交換価値を有しています。それは、その貨幣を用いている人々が皆、「この貨幣は誰とでもどのようなものとでも交換できるはずだ」と信じているからです。本文では、こうした〈信用〉こそが貨幣の本質であると主張されています。

では、貨幣の「もの」としての側面は私たちにとって問題とならないかというと、そうでもないのが貨幣の面白いところです。プレゼントについて考えてみましょう。一万円の価値のある品物は、例えばネックレスであればネックレスの、カバンであればカバンの、それぞれの具体的な使用価値しかありません。プレゼントを受け取る相手がどのような使用価値を欲しがっているのかが明らかでない場合、具体的な一万円の品物をプレゼントするよりも現金で一万円をプレゼントする方が合理的であるように感じられます。しかしどうでしょう？　友達や恋人から現金をプレゼントされるという場面を想像すると、妙に「なまなましい」感じがして抵抗感を覚えるのではないでしょうか。こうした心理的抵抗感を覚える人が多いことは、実験でも確かめられており、同じく交換価値しかもたないものでも、現金ではなく商品券の類になると、抵抗感は減少するという事実も確かめられています。

貨幣は確かに単なる「もの」ではなく「こと」として成立しています。しかし、こうした抵抗感が貨幣のもつ広範な交換価値や、人々の貨幣に対する強い信用ゆえに引き起こされているとしたら、逆に貨幣の「こと」としての性質が、「もの」としての貨幣に特別な価値を付与していると見ることもできるかもしれません。

本文では、単なる「もの」ではなく「こと」である、つまり素材としての価値がなくても社会的な関係性によって貨幣の価値が決定されるという側面が説明されていました。電子マネーなども、「もの」ではなく「こと」としてのお金の性質が現れたものと考えることができますし、ビットコインなどの暗号通貨（いわゆる仮想通貨）も、貨幣の「こと」としての性質を利用した仕組みだといえます。

第6回

第2章 テーマ別攻略編

〔現代社会〕2
若林幹夫（わかばやしみきお）「メディアと市民的公共性」

出典 若林幹夫「メディア社会と市民的公共性」（出題：学習院大学 文学部）
若林幹夫 一九六二〜。専攻は社会学・都市論・メディア論。主な著書に『地図の想像力』『社会学講義』『熱い都市 冷たい都市』などがある。

本文解説

現代は「情報化社会」「メディア（＝媒体）社会」と言われますが、情報技術の発達は、便利さと効率をもたらした反面、メディアの発する情報と人間との関わり方をめぐってさまざまな問題を投げかけています。本文では、メディア社会にひそむ「怪物」が問題にされています。

第１段落

A 池沢夏樹「マシアス・ギリの失脚」
B 小林信彦「怪物がめざめる夜」
この二冊の小説は［ア］私たちの社会と（マス）メディアとの関係を考えるうえでの★C好一対の材料を提供

「好一対（こういっつい）」とは〈組み合わせとして好ましいもの・よく似合った一対のもの〉ということです。どのようなところが「好一対」なのかが**問二**で問われていますので、〈私たちの社会と（マス）メディアとの関係〉という点に注意して文脈を追っていきます。**ヒントや答になる部分が離れたところにある場合でも、あわてず冷静に読んでいく姿勢が大切です。**ここでは、第9・10段落で「好一対」のあり方が判明することになります。

第2・3段落

「マシアス・ギリの失脚」――バルタサールのベンチ＝重要な情報交換と世論決定の場

他方

「怪物がめざめる夜」――四人の男女がメディアの中に作った架空の「スーパーマン」――やがて自己主張を始めて、大衆を扇動し、四人に対する復讐を開始する

第2・3段落は、「〜他方、――」という論理展開で、二冊の小説の要点について述べています。前者は、直接的な対話によって世論がつくりだされていく社会を示し、後者は、「怪物（＝大衆を扇動する力）」を内包している現代のメディア社会を示しています。後者は、一種のSF小説ですが、人間がマスメディアを操作しているというよりも、マスメディアという巨大な力が人間を操作しているかのような現実の状況を暗に示しています。そして、マスメディアの力には、大衆を扇動するという危険な「怪物」性が備わっているということです。

第４段落

「メディア社会」―― かつてないほどのメディアに囲まれ、かつてのどんな社会よりも
　　　　　　　　　　 イ な情報が行き交う
↓
情報やメディアと共にある社会を◆D 客観的にとらえる 眼を失っている
E 一度そうした◆ 社会の外に立つ ことが必要なのだ

「客観的」という言葉には、〈多くの人によって認められる性質〉の意もありますが、ここでは、〈距離を置いて対象を冷静に認識する〉の意で用いられています。いわゆる〈情報の氾濫〉の中で冷静な判断力を見失いがちな現代人の姿が示されているわけです。そして、「そうした（＝メディア）社会の外に立つ」ことが必要なのは、失われた「客観的にとらえる眼（＝見方）」を回復し、メディア社会にひそむ「怪物」（第３段落）をめざめさせないためであると読み取れます。したがって、傍線部ＤとＥは密接に結びついているわけです。Ｄは、ここでの文脈と関連する文脈に注意しながら、「言い換え」の表現を探していきます。ここまで読んできた範囲では、「バルタサールの（広場の）ベンチ」が関係しているのではないか、と気づいてもよいところです。

第5・6段落

（かつて）――バルタサールの広場のベンチのようなメディア＝様々な言葉を交わし、意見を述べ、社会の意思を作る

⟷ ［だが］

より大きく複雑な社会――そのような機能は［ウ］……専門機関にゆだねられないことには果たされない

←

［かくして］マスメディアが、バルタサールの広場のベンチが果たしている役割を社会の中で果たす＝人々が［公衆］たりうることを保証

十八、十九世紀の市民社会――マスメディアの成立→一つのメディア社会

←

［だが］、そのようにしてメディアとともに社会が広がっていくと、

人は……F公衆であった自分たちが……［それ］（＝公衆）とは※［異なるあり方］をしていることに気づく

その時

▼［「怪物」がめざめる］――例――ニュース番組形式のラジオドラマ「宇宙戦争」が［エ］報道する火星人襲来の「ニュース」が、アメリカ中をパニックに陥れた

第5段落は、「――。だが――。かくして……。」という論理展開。広場のベンチが果たしていた役割をマ

スメディアが広範な社会の中で果たし、それが人々に「公衆（＝メディアを通じて世論を担う人々）」たりうることの保証を与えるようになったことが語られています。

第６段落は、第５段落を「だが」で受けて、メディア社会の広がりが「公衆」とは異なるあり方を生みだしてしまうことが語られます。そして、その時、「怪物」がめざめるわけですが、ここから、「宇宙戦争」の中での「ニュース」が「アメリカ中をパニックに陥れた（31・32行目）」という事例は、B「怪物がめざめる夜」の中で「スーパーマン」が「大衆を扇動し（11〜13行目）」た例と対応していることが見えてきます。次の第７段落以降も、同様に、「公衆とは異なるあり方（※印）」と「『怪物』がめざめる（▼印）」ことの結びつきに注意して点検していきます。

このラジオドラマの例は特殊なケースですが、私たちは、気づかないうちにマスメディアの流す情報を鵜呑みにしてものごとを判断してしまう傾向にあります。ニュース番組もドキュメンタリー番組も、取材する側の〈解釈〉によって〈編集〉されているのですが、マスメディアは、それを〈事実そのもの〉であるかのごとくに伝える力をもっているからです。伝達力というよりも、伝染力ともいうべき力。だからこそ私たちは、「客観的にとらえる眼」を回復する必要があるわけです。

第７・８段落

かつて――顔を合わせての情報や意見の交換、意思の形成

←

メディア社会としての現代――直接顔を合わせることなく、

※不特定多数の人々（＝大衆）をとらえてゆく社会

「マスメディアによるこのようなコミュニケーションが孕む［構造］←

市民的公共性の普及→人々の［公衆化］

［が、同時に］

※［人々を大衆へとネガティブに転態させてしまう］

メディアの中の▼［「怪物」の出現］←

G私たちの社会のマスメディアがもつ［構造的な属性］に由来している

メディアを通じて得た知識や情報であるという自覚の欠如←

→※［情報をそのまま事実として受け入れてしまう］時

▼［私たちは眠った「怪物」たちとともにいる］（＝「怪物」の出現の可能性）

現代のメディア社会では、印刷物や放送によって広められた情報を通じて、人々は主体的に世論をつくり出す「公衆」となるわけです。しかし、こうした情報は不特定多数の人々に向かって流されたものですから、同時に人々を「大衆」へと転態させてしまいます。このような〈構造＝G構造的な属性〉が「怪物」の出現（▼印）を引き起こすことになる、と語られているのです。したがって、Fの「それ（＝公衆）」とは異なるあり方」とは、この「構造」における「大衆」の受動的あり方だとわかります。

また、第８段落でも、〈眠った「怪物」のめざめ〉につながるあり方として、「情報をそのまま事実として受け入れてしまう（※印）」状態が語られています。これを大衆のあり方の説明として把握しておくことが必要です。

第９・10段落

このような「怪物」を生みださないためには、
←メディアを読む能力――メディアに対する◆批判的なスタンスが必要
（＊スタンス＝姿勢。立場。かまえ）
←メディア報道に対する相互批判や自己検証――評価できる

が
そのようなメディアによる批判そのもの
――※大衆によって無根拠に事実として受けとられ、スキャンダル化される時がある
←メディアに対する◆批判的な機能をメディア自体の内部にもつことは重要だが、そこにすべてを求めることには限界と危険性がある
←

そうであるならば、私たち自身のなかにバルタサールの（広場の）ベンチのような場所をもつしかない
マスメディアを捨てて広場に戻れ、ではない↓広場だけではやってゆけない
にもかかわらず
メディアを監視する広場（＝A）を、マスメディアという眠れる怪物（＝B）に対する◆批判的公共性の場として持ちつづけることが必要
C＝★

第9段落は、まず、「怪物」を生みださないための方策として、「メディアに対する（私たちの）批判的なスタンス」の必要性が語られます。ここで傍線部D・Eとのつながりが読み取れます。「客観的にとらえる眼（＝D）」と「社会の外に立つ（＝E）」ことが必要であったのは、「怪物」をめざめさせないためであったからです。「批判的」な姿勢を取るということは、メディアの流す情報をそのまま受け入れるのではなく、疑いの眼をもって受けとめるということですから、それは〈冷静な客観的認識〉のあり方とつながってくるわけです（この「批判的なスタンス」は、このあと、ほぼ同じ「言い換え」が二箇所あります（◆印））。ついで、メディア自体がその内部に「批判的な機能」をもつことの重要性が語られますが、その限界と危険性が指摘されています。「限界」とは、マスメディアも〈利潤追求〉を目的としていますから、販売部数や視聴率に影響するような批判は避けようとするからです。「危険」とは、文中に示されているように、自己批判的な報道が、冷静な眼を欠いた大衆によってスキャンダル化される恐れがあるからです。たとえば、〈ストーカーまがいのカメラマンの存在〉や〈ヤラセの報道〉を批判するような報道番組を流した場合、うわさ話の好きな大衆によって醜悪な事件に仕立てあげられ、メディアに対する信用が失墜してしまうというようなことです。

したがって、第10段落で語られているように、私たち自身が一人一人、「広場のベンチ」のような場所をもつしかない、ということになるわけです。すなわち、知人や友人、そして地域の人々との直接的な対話の場をつくりだしていくことによって、一人一人が「大衆」から脱し、〈批判的な眼〉をもった高度な「個人」をめざしていかなければならないということです。

最後の一文は、第1段落で問われていた〈AとBとが好一対である＝C〉ことの意味が明示されています。ここまでの文脈でも、「広場」のもつ意味が「怪物」出現の防止策になるのではないかという推察は可能でしたが、最後の一文によってはっきり理解できます。

設問解説

問一 第1章で学んだ空欄補充問題とは少し異なり、すべての空欄に対して複数の候補があげられています。こうした場合には、語句の精確な理解と前後の文脈の点検が正解を導く鍵となります。

ア **前後の文脈からは、入るべき語句の見当はつきません。そのような場合は、選択肢を代入して意味の通るものを探します。**③「はからずも〈＝思いがけなくも〉」が正解です。二冊の小説は「好一対の材料」を提供してくれますが、続く文脈を見てもこの二冊がそうなるように〈図(はか)って〈＝意図して〉〉書かれたものだということは読み取れません。つまり、偶然に生じた〈好ましい組み合わせ〉であったということです。①「なんとなく」（〈わけもなく・何をするということでもなく〉の意）では、文意が通りません。「好一対の材料」である〈理由〉はあるからです。②「ともすると」は〈どうかすると・そのようになりがちだ〉の意。ここは「好一対の材料」になっている、という文脈です。④「まともに」は〈真正面から・きちんと〉の意。「論文」スタイルの本であれば、誤りとはいえないにしても、ここは、フィクション仕立ての「小説」ですから、「まともに」は不適です。

イ 「かつてないほどのメディアに囲まれ、かつてあったどんな社会よりも［イ］な情報が行き交う」という文脈ですから、イに入る語句は〈多量・多彩〉を意味すると考えられます。③「多種多様」が正解です。①「不得要領(ふとくようりょう)」は〈要領を得ない・よくわからない〉の意。②「荒唐無稽(こうとうむけい)」は〈根拠のないでたらめなこと〉の意。インターネットの時代では、〈詐欺まがいのインチキな情報〉もいろいろと紛れこんでいますが、「メディア」の発する「情報」の多くは、「事実」を根拠にしていると思われます。④「大同小異」は〈ほとんど同じ・たいして変わりはない〉の意。

ウ 「そのような機能は［ウ］……果たされない」という文脈ですから、「否定（打ち消し）」の語と呼応する語が入ると見当がつきます。①「もはや」が正解。大きく複雑になった社会においては、かつての広場のベンチが果たしていた機能は、「もはや〈＝もう・今となっては〉」専門機関にゆだねられないことには「果たされない」ということになります。④「よもや」も〈よもや（まさか・いくらなんでも）～ない（まい）〉というように、否定の語と呼応しますが、ここでは文意が通りません。②「ちなみに」は〈ついでに〉、③「まして」は〈なおさら〉の意。ともに不適です。

エ「報道」の仕方が問われています。たとえば、「今、火星人の乗った円盤の群れが上空をゆっくり旋回しています。あ、その中の一機が急降下していきます……」というような「報道」の仕方だと理解できるでしょう。④「刻一刻」が正解です。②「時おり」では、人々が「パニック」に陥っていくという〈緊迫感〉が生じません。①と③は論外。ここは、ドラマとして話が連続しているところです。

問二 主旨と関わる設問です。本文解説 で述べた点を整理すると、次のようになります。

> A「広場」＝批判的公共性の場
> ←監視（批判）
> C「好一対」＝
> B マスメディアに潜む「怪物」（＝危険な扇動性）

Bは、メディアに潜む「怪物」の出現を物語った小説ですが、その「怪物」の出現を食いとめるためには、Aの小説で語られていた「広場」の機能が必要になります。つまり、〈Bに対してAが批判的な役割を示している〉ところが「好一対」であるわけです。メディア社会に生きる私たちにとっての問題点と対策を考える上で、両者の組み合わせは格好の材料であるということです。

解答の骨組みは、**「Bが語る〜に対し（〜を語るBに対し）、Aが批判的な役割を示しているところ。」**のように設定しましょう。「Aがメディアを監視する広場であるのに対し、Bはメディアという眠れる怪物について語っているところ。」という答え方では、AとBとの関連〈＝組み合わせのあり方〉が見えず、不十分です。それぞれの説明自体が正しいだけでなく、「どのようなところが『好一対』なのか」という「問い方」に応じた「答え方」でなければなりません。

> 〔解答〕 現代のマスメディアに潜む危険な怪物性（扇動性）を語るBに対し、Aがその怪物性を批判（監視）する役割（機能）を示しているところ。（50字）

〈比喩〉ないし〈比喩的表現〉は一般的な言い方に直して説明するのが「説明問題」における原則です

が、柔軟な対処も必要です。ここは、本文で、「怪物」がキーワードとして繰り返し用いられていますので、「怪物」という言葉を使用してもよいでしょう。ただし、そういう場合は、〈危険な怪物性〉のように、適切な言葉を補ってわかりやすくしていくことも必要です。ここでの「怪物」とは〈大衆を扇動する力〉のことですから、「扇動性」という言葉を使えば、よりわかりやすくなります。

問三 本文解説 で見たように、◆印を付した「批判的なスタンス」「批判的な機能」「批判的公共性の場」の三つが正解の候補です。「批判的」という語は共通していますから、「客観的にとらえる眼」という表現との対応を考えていきます。「眼」とは〈見方〉のことですから、「機能〈＝働き〉」や「場〈＝場所・空間〉」よりも、「スタンス〈＝姿勢・立場・かまえ〉」の方が適切です。

問四 本文解説 で述べたように、EはDの「客観的にとらえる眼」と密接に結びついています。つまり、メディア社会の「外に立つこと」とは、〈メディアを監視する広場＝批判的公共性の場〉に身を置くということであり、そこでこそ「批判的なスタンス」を取ることができるのです。③が正解です。

◆選択肢チェック◆

① マスメディアが、×バルタサールの広場のベンチのような役割を果たしていること。
「マスメディア」を監視するための「広場」ですから、「マスメディア」には「広場」の役割は果たせません。

② メディアに対する批判的な機能を、×制度化された専門機関にゆだねること。
メディア（専門機関）自体の内部における「批判的な機能」の重要性は語られていましたが、ここでは「広場」が問題にされています。

③ メディアを監視する広場を、批判的公共性の場として持ちつづけること。
○先の説明の通り、③が正解です。

④ マスメディアを通じてもたらされた×知識に応じたスタンスをとること。
「知識に応じたスタンス」ではなく、「批判的なスタンス」が求められているのです。

⑤ 人々が、情報交換や意思形成を×顔を合わさずに行うこと。
「顔を合わさずに行う」のは、「メディア社会」のあり方です。

問五 「それ（＝公衆）とは異なるあり方」とは 本文解説 の第７・８段落で述べたように、〈大衆のあり方〉のことでしたが、「人々がネガティブな大衆へと転態してしまうこと。」という答では「大衆のどのようなあり方」であるかが判明せず、不十分です。

すなわち、45行目と51行目の※印部分への着眼が必要であったのです。以上から、「大衆と化すことで、情報をそのまま無根拠に事実として受け入れること。」という答を導き、二十五字以内でまとめ直します。

問六　本文解説 で整理したように、「構造的な属性」とは、〈市民的公共性の普及による公衆化〉と、〈ネガティブな大衆への転態〉という相反する二つの性質を意味しています。したがって、②と⑤が正解です。

◆選択肢チェック◆

① 人々をパニックに陥れるドラマやニュースが、×マスメディアに求められていること。

「マスメディア」には大衆を扇動する力がありますが、人々は「マスメディア」に対して「パニック」状態を期待しているわけではありません。

② ○マスメディアによって与えられた情報が、あたかも事実として受けとられること。

問五で考えたように、「ネガティブな大衆」のあり方の説明になっています。

③ ×マスメディアの側の相互批判によって、事実のスキャンダル化が防がれていること。

③の内容は、ここでの「構造」と関わるものではありません。また、51・52行目の記述内容と矛盾しています。

④ ×マスメディアが、情報を客観的に分析する能力を養うこと。

マスメディアの発達によって人々が「客観的にとらえる眼」を失っている状況と、矛盾した内容になっているので不適です。

⑤ ○マスメディアの発展によって、市民的公共性が広範に普及していくこと。

⑤は「公衆化」をもたらす状況の説明になっています。むろん、この「公衆化」は「大衆化」へと「転態」してしまうのですが、その「転態」を防ぐ道として「広場」の役割が語られていたわけです。

⑥ ×人々の語り合いによる情報交換や意思形成が、マスメディアによって促進されること。

前半の内容は〈広場のコミュニケーション〉のことですから、それが「マスメディアによって促進される」という言い方は不適となります。

◆解答◆

問一　ア＝③　イ＝③　ウ＝①　エ＝④

問二　153ページに掲載。

問三　批判的なスタンス　**問四**　③

問五　大衆と化し、情報をそのまま（無根拠に）事実として受けとること。（25字）

問六　②・⑤（順不同可）

コラム 11

「情報」との関わり方

本文では、「メディア社会」に潜む「怪物」への対策として、「批判的な眼」の養成が述べられていましたが、情報技術（＝IT）の発達とともに、「メディア」が発する情報は、多種多様なだけでなく、その伝達速度を速めていて、それへの対処法も問われるようになっています。しかも、パソコンやスマートフォンの普及によって、今や「メディア発」だけでなく「個人発」の情報も飛び交っているのですから、「情報」との関わり方は「人生」に直結する問題となっているわけです。

私たちは種々の情報機器によって便利さと速さの恩恵を蒙っていますので、その点を棚上げにしての批判はできませんが、便利さと速さが人間存在に及ぼす影響には危険なものが含まれています。中国の荘子は「便利な道具を使えば、人はさらに便利なものを求め、その欲望にはキリがなくなる」ということを見ぬき、不便であってもゆったりと生を味わうことの大切さを説きましたが、人類は「便利」と「速さ」への道を選択し、今日に至っています。もはや逆戻りはできないでしょう。だとすれば、問題は、情報や情報機器との関わり方ということになるはずです。

哲学者の黒崎政男は次のように語っています。「自分との対話をじっくりと重ねながら学び味わったものは、いわば〈体得〉されたものとして、私に染みついているが、早わかり方式で仕入れた情報は、私になんの痕跡も残さず、あっという間に消え去ってしまう」（『デジタルを哲学する』）。

むろん、不要になった「情報」は消え去ってもよいでしょうが、便利さと速さの重視は、じっくり時間をかけて体得すべき知識や情報までも「早わかり方式」で片づけてしまうような悪しき傾向を生みだしてしまうわけです。「早わかり」——受験生にとっても誘惑的な言葉です。しかし、じっくり時間をかけて読んだり考えたりするという行為こそが知識や情報を血肉化し、成熟への道をつくりだしていくのです。哲学者のハイデガーは、そのことを「時熟（＝時間の成熟）」と名づけました。「時熟」を味わう生き方を自覚的に試みなければならない時代であるということです。スピーディーな社会のテンポに振りまわされることなく、スローなテンポによる思考や経験の時間を生活の中に意識的に組み入れ、そのバランスを保っていく努力が要請されているといえるでしょう。

第２章　テーマ別攻略編

第７回

〔文明／科学〕１

矢田部英正（やたべひでまさ）『坐の文明論』

＊ここに注意！＊
・「共通点」「相違点」を答える際のまとめかた

出典　矢田部英正『坐の文明論』（出題：中央大学　法学部）
矢田部英正　一九六七～。体操選手時代の姿勢訓練の経験をもとに、日本の伝統的な身体技法を研究している。主な著書に、『椅子と日本人のからだ』『たたずまいの美学』などがある。

本文解説

ヨーロッパにおける「文明」という言葉の起源から始まり、日本の文明観の特殊さを説明した文章です。文明と関わるものとして、やや唐突に「道具」についての説明が挿入されたり、一文が長く主語と述語の対応がつかみにくい箇所もあったりする文章ですが、何度も繰り返される内容に注目しながら、論の大きな方向性をつかんでいきましょう。

第１段落

ノルベルト・エリアス……ヨーロッパ社会における礼儀作法の起源は中世から発生している
＝
中世において騎士的な性格をもつ「宮廷＝cour」的な振る舞いを意味するものとして「作法＝courtoisie」が形成された
↓

一七世紀頃、武人貴族が消滅すると、作法形式が教会を通じて庶民一般へと広まる
←
「courtoisie」という言葉の代わりに「市民＝civil」を意味する「civilité」が使われるようになる

まず、作法の起源と発展について説明されています。もともと宮廷的な性質をもっていた作法が、教会を通じて庶民へと広まることで、宮廷のものというよりも市民のものという性質が強化され、呼び方が変わったのです。

第２〜４段落

civilitéとは、都市で生活する市民の振る舞いに由来する言葉である
←
安定的な市民生活を実現するためには、都市を異民族の侵入から守る軍事力の強化が必要
←
戦闘に勝利することが、「文明＝civilization」化した生活のための前提
例：古代ギリシア……有事においては身を賭して市民を守るオリンピアの戦士像
中世ヨーロッパ……異端との対立・拡張戦争を通して民族としての自意識を高める
←
A 言葉のニュアンスにおいても「文明（civilization）」という響きのなかに、闘争のイメー

ジを宿すようになった

第3段落で「文明」という言葉が登場しますが、第4段落で「文明（civilizaiton）」と書かれていることで、第1段落からの議論がつながってきます。civilization は civilité の派生語です。つまり、「文明＝civilizaiton」という言葉は〈作法＝civilité＝礼儀正しい〉から派生した言葉だと考えられますが、そうした civilité な都市生活を維持するためには、外敵との戦闘に勝利することが必要になります。したがって、civilité から派生した〈civilization＝文明〉という言葉にも、そうした闘争のイメージが残っている、と筆者は主張するのです。

第5〜7段落

現代においても、戦勝国と敗戦国との間で「文明＝civilizaiton」という言葉の意味合いに、大きな隔たりを生み出している

戦勝国（英＝civilization・仏＝civilisation）……人類の進歩と自国民の誇りを物心の両面にわたって総括的にあらわす

＝

敗戦国（独＝Zivilisation）……物質的な発展に対してもちいられ、精神的な「Kultur（文化）」の方が重要とされる

→

文明の利器（＝毒ガスや航空機などの近代兵器）が、戦勝国には富をもたらす

⇔敗戦国には物質的にも精神的にも苦渋を強いることとなる

第４段落までは中世ヨーロッパ世界における文明の話でしたが、ここから現代に話が移ります。戦争に勝った国（＝イギリス・フランス）においては、文明の利器（＝物質）が勝利とそれに基づく富をもたらしたために、「文明」は素晴らしい進歩と誇りの象徴とみなされました。それに対し、戦争に破れた国（＝ドイツ）においては、文明の利器は財政破綻や多額の賠償金をもたらしたものという苦い記憶が染みつき、反対に精神面での発達こそが重要な「文化」であるととらえられ、「文明」よりも「文化」の方に重要な価値が与えられるようになったのです。

第8段落

日本語の「文明」という言葉のなかに、欧州語のcivilizationに含まれる「礼儀」「丁寧なふるまい」といったcivilitéのニュアンスは想像しづらい

→「文明開化」の名の下に、主に物質的・技術的な発展を代表する言葉として、「文明」という言葉が使用されてきた

ここまではヨーロッパの話をしていましたが、第８段落から日本へ話題が移ります。これまでに出てきた「作法」や「闘争」と結びついたものとしての「文明」という言葉に対して、日本では、物質的・技術的な発展が強調されて「文明」という語が使われてきたというのです。

第９〜12段落

日本における「文明」観

＝

進歩的な未来への希望が安易に描かれ、他者の犠牲を踏み台にして、はじめて成り立つ利己的な進歩思想であることを黙殺している

←具体的には

福沢諭吉による「文明」の意味の説明

・文明とは人の身を安楽にし、心を高尚にするものである
・文明とは結局人の智徳といえる

←しかし、実際には

「人の身を安楽」にする技術が、兵器にも転換する二面性をもっていたことや、そうした便利な技術に大幅に依存した社会をつくり上げたということは、近代史からも明らか

「黙殺」とは〈無視〉という意味です。第７段落までで見てきたように、「文明」とは戦闘に勝利した側が得るものです。戦闘に勝利するということは、当然敗者もいるということであり、その意味で「文明」には必ず「他者の犠牲を踏み台に」するという側面が存在します。「文明化」という名目でドイツに対して戦争を行い、勝利したイギリスやフランスには他者を犠牲にして進歩するという自覚はあったでしょうし、敗戦したドイツにはイギリスやフランスの進歩の踏み台にされた、という苦い記憶があるはずです。しかし、日本においては、そうした他者との闘争という側面が無視され、ただ「人の身を安楽にし」「人の智徳」を表すもの、そしてその結果「技術」の成果に依存する形として「文明」という言葉は普及していったのです。

第13・14段落前半

「人の身を安楽に」する「文明」……人の身を怠惰にすることも、危機に陥れることもある

↑

物事の「道理」を「具える」ための「道具」に秘められた身体性から、日本における「文明」は乖離する

＝

文明の利器類を発展させてきた技術思想と、日本語の「道具」があらわす技術思想とは、真逆の身体観の上に成り立つ

「『道理』を『具える』ための『道具』に秘められた身体性」という表現に着目すると、〈道理を具える主体は身体である〉と言い換えることができます。これは、道具を用いることで、それを用いる身体が何らかの道理を身につける、ということでしょう。そしてその「『道理』を『具える』」ことと「人の身を怠惰にもすれば、危機に陥れもする」ことが大きく乖離しているというのですから、ここでの「『道理』を『具える』」とは、〈勤勉な姿勢で道理を身につけてきた〉という方向性です。つまり、〈道具を用いることで使用者の身体をよりすぐれたものにする〉ということでしょう。一方で、文明の利器は、生活を進歩させるもので「人の身を安楽にする」ものですが、決して人の身を向上させることはありません。第12段落で挙げられている蒸気機関・発電装置・通信機器といった具体例からも、そうしたイメージがつかめるのではないでしょうか。

すなわち、「真逆」とは次のような形で示すことができます。

・文明の利器を発展させる技術思想＝人の身を安楽にする・危機に陥れる

⇔

・日本語の「道具」があらわす技術思想＝物事の「道理」を「具える」ための道具に秘められた身体性
（道具の使用者の身体をよりすぐれたものにする）

第14段落後半

ルロワ＝グーラン……「技術とは、人間の自然に対するはたらきかけ」

・技術は人間と自然の関係そのもの（＝自然に対する人間の態度）を客観的にあらわしている

←

B こうした自然に対する人間の態度は、つくられた物のデザインや制作過程を吟味すると、書物に記された言葉よりも遥かに正確に、つくり手の意図と生き方を雄弁に語る

直前の「日本語の『道具』」に対する注釈で示したような自然と人間との結びつきは、日本に限らず技術思想一般にあてはまるという趣旨のことが述べられています。つまり、日本の文明観が特殊であったり、従来の道具の身体性から乖離したものであったりすることは、単に文明のとらえ方という問題にとどまらず、自然に対する向き合い方にも関わっているのだ、と議論をより高次元のものへと導こうとしているのです。

設問解説

問一　第2段落で「文明」という言葉が市民的な振舞いを意味することが示されたあと、そうした「安定的な市民生活を実現するためには、……軍事力を、常に強化しておくことが必要であった（13・14行目）」と書かれてあり、「文明」と「軍事（＝闘争）」の関係が示されています。それを受けて、第3段落ではヨーロッパ人の抱く人間像として「古代ギリシアの彫刻群」の説明が展開され、戦士の像が崇拝の対象になっていた理由が「戦闘に勝利することが、文明化した市民生活を成立させるための前提となっていたから（18・19行目）」だと述べられています。そして「文明」の語源からも、「『闘争に打ち勝った……という意味合いが含まれている」とあり、「文明」とも結びつけられて説明されています。この文自体は、古代ギリシアという特定の地域・時代の人々の考え方を示したものですが、続く第4・5段落に「こうした考え方は、中世のヨーロッパにおいても同様で、……」「それは現代においても、……」とあることから、同じ考えが古代→中世→現代と時代を超えてヨーロッパで継承されていることがわかります。つまり、ヨーロッパの人々の根底には、古代ギリシアにおける〈戦闘の勝利＝文明の前提〉、という思考が存在し、だからこそ現代に至るまで「闘争」と「文明」とが結びついてイメージされてきた、ということになるのです。すなわち解答は、「戦闘に勝利することが、文明化した市民生活を成立させるための前提となっていたから」が該当し、「四十字以内」という指定字数にも合致します。また、本問は、理由を問う問題なので、「～から・～ので・～ため」といった理由を表す表現で示されている点も、解答を見極めるポイントとなります。

問二　「civilization という欧州語の起源を遡るならば」という表現に続く言葉を選ぶので、まずは本文における civilization の語源を確認しましょう。ところが、**本文解説**でも確認したように、civilization には〈礼儀や作法に関わる〉という点と、〈闘争に関わる〉という点の二つの要素が存在していて、そのうちのどちらを答えるべきなのかが空欄直前とのつながりだけでは判断できません。そこで注目したいのは、空欄直後の一文です。「しかし」という逆接の接続詞を伴って、日本語の「文明」という言葉のなかには「礼儀」を意味するcivilitéのニュアンスが想像できない、という趣旨のことが書かれていることから、ここで取り上げられているcivilizationの性質は〈礼儀や作法に関わる〉という点の方だとわかります。したがってその旨を反映した選択肢を選ぶことになりますが、直接「礼儀」「作法」「丁寧さ」といった文言を含む選択肢がありません。そこで改めて、civilitéについて書かれた第1・2段落を読んでみると、作法とは「身につけなければならない」「振る舞い」だと書いてあります。身につけるべき振る舞いこそが「文明」なのだとすれば、「文明は身体のなかにある（④）」と考えることができそうです。①や⑤はまったく文章中で触れられていない内容です。②は、第3・4段落にある「文明」と「闘争」との関わりを説明した選択肢のように見えますが、第3段落では〈戦闘に勝利することが文明の前提〉とされていたため、「文明」と「闘争」との関係性が逆転してしまっています。②の表現だと〈文明がなければ戦闘に勝利することはできない〉という意味になりますが、本文では、「戦闘に勝利することが、文明化した市民生活を成立させるための前提」と書かれています。また、③の〈進歩的な側面〉は、日本において強調された側面であり、ヨーロッパのcivilizationの起源の説明にはなっていません。

問三 まずは傍線部Bの表現の意味をかみくだいていきます。「つくられた物のデザインや制作過程」とは、そのものをどのようにしてつくったのか〈技法と考え方〉、ということですから、本文中の言葉だと「技術」や「技術思想」が該当します。また、「つくり手の意図と生き方」は、それを制作している人間のあり方を表します。このように考えると、傍線部の内容は、第14段落の『技術とは、人間の自然に対するはたらきかけ』。つまり、人間と自然の関係そのものをあらわす客観的な資料（81・82行目）」という部分とほぼ同義となります。さらに、「書物に記された言葉」は、簡単にいうと〈文字〉、少し固い表現を用いれば〈言語化されたもの〉ということです。以上を踏まえて、各選択肢を検討していきます。

◆選択肢チェック◆

傍線部Bでは「書物に記された言葉よりも遥かに正確」とあり〈情報の正確さ〉を問題にしているのであって、〈古さ〉を考えているわけではありません。

① 物のデザインや制作過程において、背景にどのような身体観にもとづく技術思想があるのか明らかになるので、×書物において言語化された自然観より古い、太古の自然

観が表れているから。

思想の具体的な内容として「人の身を安楽にする」か「人としての品位を実現する」か、と示されているのみで、「自然」についての言及がされていないため誤りです。

②　言葉で書かれた書物より、人の身を安楽にする利器という技術なのか、人としての品位を実現する技術なのか、という思想の違いが物のデザインや制作過程に表れているから。

傍線部の内容について正しく説明できています。

③　一般に、物のデザインや制作過程の背景にある技術思想は、言葉で書かれた書物よりも、つくり手である人間の自然に対する態度を誤解の余地のないほどに明らかにするから。

④　言葉は他の人間に働きかけるものだが、人間ではなく自然そのものに働きかける技術は、物のデザインや制作過程のなかでつくり手の意図や生き方として言語化されるから。

「書物に記された言葉よりも遥かに正確」とあるのですから、ここでの正確さは〈言語とは別次元のもの〉ととらえます。

⑤　自然と人間の関係は、暴君が民衆を支配する態度や女性や小児と接する態度、といったように通常は言葉ではなく、人間関係の比喩として物のデザインや制作過程に表現されることになるから。

「人間関係の比喩」として表されるというのは議題を外れています。ここでは「つくり手の意図と生き方を雄弁に語る」理由を求められているのですから、全体的に傍線部と異なる内容になってしまっています。

問四　ドイツと日本の「文明」観についてまとめる問題です。

＊ここに注意！＊

共通点または相違点は、本文の中から該当する箇所を探し、箇条書きでまとめて整理します。

今回の問題は、共通点にせよ相違点にせよ、本文中には直接ドイツと日本とを比較して書かれている箇所が存在しません。そのため、自分で性質をまとめていく必要があります。まずどちらか片方の性質要素を箇条書きにしてまとめてみるとよいでしょう。ドイツの文明観が書かれている第５～７段落の内容をもとに、ドイツの文明観をまとめます。

★ドイツの「文明」観

a　主に物質的な発展に対してもちいられる

b　精神面での発展をあらわす文化とaとは区別される

c　「文明」より「文化」の方に重要な価値が置かれる

＝文明という言葉に二次的な価値しか与えない

→

d　文明化の名において対ドイツ戦争が起こり、ドイツはこの戦争に敗戦したこのようにドイツの文明観の性質をまとめた上で、対応する性質が日本の文明観を説明した箇所で出てこないかを確認します。すると、第８段落に「主に物質的・技術的な発展を代表する言葉として、『文明』という言葉が使用されてきた感は否めない」とあります。これはドイツの文明観のａと共通します。次は相違点ですが、同じく第８段落の「『文明』という言葉が……進歩的な生活を照らす意味ばかりが強調されて普及した」という記述や、第11段落で示される福沢諭吉の文章からすると、〈日本において「文明」は、生活を進歩させる素晴らしいものとして導入されていた〉ということがわかります。これは、「文明」にあまり大きな価値を認めないドイツのｃと対立する内容ですので、相違点としてはこの点を取り上げましょう。以上の内容を指定字数内でまとめますが、もう少し字数の余裕があれば、ドイツと日本との違いを生んだ原因として、〈ドイツでは敗戦の記憶が影響している（ｄ）のに対し、日本では他者を犠牲にする側面は黙殺された（第９段落）〉という点まで解答に盛り込みたいところですが、今回問われていることは〈「文明」観の共通点と相違点〉です。〈「文明」観＝文明をどのようなものと考えているか〉という内容を書かずに、〈どうして「文明」観の違いが生じたか〉のみを書いてしまわないように気をつけましょう。

問五　本文と選択肢とを丁寧に比較していきます。

◆選択肢チェック◆

①　ほぼ第１段落の内容に相当し、作法の発生と展開について正しく説明されています。

○ヨーロッパにおける礼儀作法は中世国家が安定した頃、騎士的な性格をもつ宮廷から生じたが、一七世紀頃になると作法は教会を通じて庶民一般へと広まっていったため、宮廷的な意味ではなく市民的な意味をもつ言葉が礼儀作法を表すものとして普及するようになった。

②　〈闘争的な文明観 対 キリスト教の文明観〉という対立構造でとらえている点が誤っています。キリスト教も異端との対立という闘争的な要素をもっており、それによって中世の文明が形成されているのです（第４段落）。

古代ギリシアの戦士である若者のたくましい彫刻は、戦争で命をかけて市民を守る若者の理想像を示していて、闘争的な文明観の象徴であるが、他方で×安定した市民生活の前提となる平和を求めるキリスト教の精神的な文明観があり、両者はヨーロッパで長らく争ってきた。

③　〈毒ガスや航空機といった兵器＝物質〉に関することを「文化」ととらえている点が誤りです。**問四**でも解説したように、ドイツにおいては〈物質＝文明、精神＝文化〉と考えられています。

ドイツにおいては、第一次世界大戦でイギリスやフランスなど文化的に進んだ連合国に敗北することになったため、×戦場に投入された毒ガス、航空機、戦車、潜水艦などで連合国にドイツが劣っていたことも、文化的な遅れのためと考えられ、文化が強調されるようになった。

前半部分は、第9段落冒頭の記述の通りですが、後半部分が本文と合致しません。『道理』を『具える』」という記述は第13段落にあるものの、これが西洋の道具観であるのか日本の道具観であるのか直接は書かれていません。しかし、「『道理』を『具える』……身体性からは、大きく乖離する形で西洋文明は導入され」とあることから、「『道理』を『具える』……身体性」と、導入された「西洋文明」とは対立するものとして書かれているのです。したがって、〈日本に導入された西洋文明における道具が身体性を強調していた〉と述べる④は、本文と合致しないと判断できます。

④　人間の使う道具とは人間の身体の延長物として生み出され、人間の能力を外に向かって拡大させることを目指すものであるが、×日本に導入された西洋文明における道具は、物事の「道理」を「具える」ための道具という身体性が強調されていたという点で、日本語の「道具」とは対照的であった。

第10～12段落に示された、日本における「文明」という語の浸透過程に合致します。第12段落に「二面性」という言葉があるため、「二面的な」という言葉が気にかかった人がいるかもしれませんが、〈実際には「人の身を安楽に」すると同時に「兵器へと転換することのできる」という二面性があるのに、日本では前者ばかりが（二面的に）強調された〉というのが本文の趣旨ですので、「二面的な『文明』観から……」という記述は正しいものです。

⑤　○「文明開化」という文明と開化をつなげる明治時代の風潮を背景にして、「文明」は利器類など「人の身を安楽」にするものであると考えられたが、そのように二面的な「文明」観から進歩的な機械類の便利さに大きく依存する日本社会がつくられるようになった。

◆解答◆

問一　最初＝戦闘に勝利　最後＝ていたから

問二　④　**問三**　③

問四　両者ともに「文明」という言葉を主に物質的な発展を表すものとして用いたが、ドイツが文明に二次的な価値しか与えなかったのに対し、日本では文明は進歩的な生活をもたらすものとして重んじられた。（92字）

〔別解〕どちらの国でも、「文明」という言葉が主に物質的な発展を表す点では共通しているが、ドイツでは文化より劣るものとしてとらえられたのに対し、日本では進歩的な生活を照らす意味ばかりが強調された。（93字）

問五　①＝A　②＝B　③＝B　④＝B　⑤＝A

コラム 12

「文明」と「文化」

意外なことですが、「文明」と「文化」という言葉が何を意味するかについては、国や論者によって違いがあり、はっきりと定義されていません。本文中のイギリスやフランスのように、「文明」と「文化」とをとくに区別せず一元論的にとらえる考え方もあれば、ドイツのように「文明」と「文化」を異なる概念として二元論的に把握する考え方もあります。そして、二元論的にとらえる場合でも、その定義の仕方はさまざまです。

例えば鈴木董（ただし）は『文字と組織の世界史』の中で、「文明」を「人類の、マクロコスモスすなわち外的世界と、ミクロコスモスすなわち内的世界についての、利用・制御・開発の能力とその諸結果に対するフィード・バックの能力の総体とその所産の総体」と定義し、「文化」を「人間が、集団の成員として後天的に習得する、行動のあり方、ものの考え方、ものの感じ方の『クセ』の総体とその所産の総体」と定義しています。鈴木氏は、このように定義することで「文明」を、時空間を超える普遍的なものとして、「文化」を、一定の集団内で共有される特殊なものとしてとらえることが可能になると言います。また、「文明」について「その外的側面は、どちらがより有効性が高いかで客観的に比較優位、比較劣位を問いうることとなる」とも述べています。

一方で、ポーランド出身の社会学者であるジグムント・バウマンは、著書『リキッド化する世界の文化論』の中で、〈近代の文化は、まず上層階級が大衆を啓蒙し社会全体を国民国家へと改良していくという役割をもっており、国民国家が成立したあとは、そのシステムを維持するための「定常装置」の役割を果たすようになった〉ということを述べています。つまり、「文化」とは国民国家を成り立たせるために大衆が広く獲得すべきすぐれた行動や思考の様式であったというわけですが、これは鈴木氏の定義によれば、普遍性や比較優位・劣位といった言葉で説明される「文明」に近いものを表しているように思われます。

このように、「文明」と「文化」の定義は一つに定めることはできません。文明論・文化論に数多く触れて教養を蓄えつつ、今読んでいる文章ではどのように定義されているのかを丁寧に読み解いていこうとする意識を身につけましょう。

第8回

第2章 テーマ別攻略編

〔文明／科学〕2

村上陽一郎（むらかみよういちろう）『近代科学を超えて』

＊ここに注意！＊
・同義語における注意
・自分の立場を論じる際の注意

出典 村上陽一郎『近代科学を超えて』（出題：中央大学 文学部、津田塾大学 学芸学部）
村上陽一郎 一九三六〜。専門は科学史・科学哲学。主な著書に『科学者とは何か』『安全と安心の科学』『死ねない時代の哲学』などがある。

本文解説

「自然」と「人間」の問題です。他の問題でも言えることですが、〈言葉の定義（規定）の仕方〉によって問題の見え方が異なってくるということです。

第1・2段落

保護され保存される自然や環境を一体どのように規定すればよいか

今日の議論――※トンボや……絵はがきのごとき姿としての「自然」
（個人的には郷愁を感じる）

↔ しかし

そのような（＝絵はがきのごとき）「自然」
↓
いつも実現されていたわけではなく、
むしろ見つけることのできない※観念のなかで ア された「自然」

※こうした観念化された「自然」からは★ 洪水や……肺炎 が抜け落ちている
（＊かんばつ＝日照り）

終戦直後＝
空はたしかに今より碧く……
しかし同時に★ 冬は暖房もなく……あかぎれに泣いた

「絵はがき」のように観念化された（＝頭の中でつくられた）「自然」（※印）に対して、筆者は郷愁を感じつつも、そうした「自然」からは★印のような「現実」が抜け落ちていることを指摘しています。筆者は厳しい〈現実〉としての「自然」を強調しているわけです。

第３段落

★ そうした状況 からの脱出において払った代価（＝犠牲）の一つが水俣病や四日市ゼンソク――その痛ましい事実は「痛み」として噛みしめるべき

※観念化された絵はがきの自然像には、★自然のなかで生きている人間存在が欠落
←だが

水俣病や四日市ゼンソクなど、いわゆる「公害」が招いた痛ましい事実が語られています。「そうした状況（＝厳しい自然環境）（★印）」から脱出して、「人間」の生活を安全で豊かなものにしようとしてきた結果が、皮肉にも、科学技術による悪影響を招いてしまったということです。しかし、だからといって、「自然」を観念化された絵はがきのように美化することは、自然のなかで生きている人間存在を欠落させてしまうことになります。もちろん、人間は自然から恵みを受けて生きていますが、今でも地震や洪水やウイルスなどによる被害はあり、そうした厳しい面をも含んだ自然のなかで人間は生きているのだと筆者は語っているのです。

第４段落

そしてこのことはただちに次の点を探り当てる
＝
自然は元来人間をも含んだ概念だということを、ともすれば忘れがちだという点
←

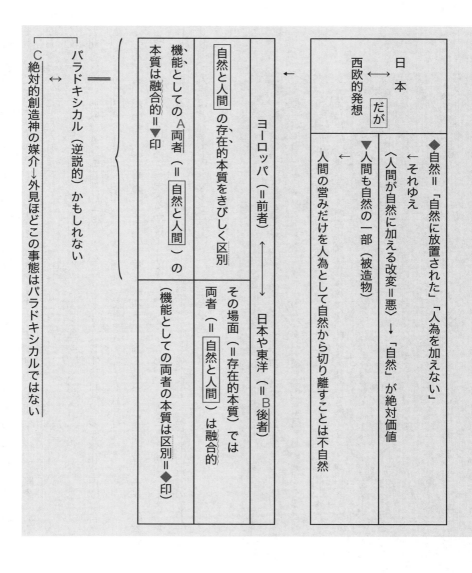

日本	西欧的発想
◆自然＝「自然に放置された」「人為を加えない」 ←それゆえ 〈人間が自然に加える改変＝悪〉→「自然」が絶対価値	▼人間も自然の一部（被造物） ← 人間の営みだけを人為として自然から切り離すことは不自然

日本 ⟷ 西欧的発想　だが

←

ヨーロッパ（＝前者） ⟷	日本や東洋（＝B後者）
自然と人間の存在的本質をきびしく区別	その場面（＝存在的本質）では両者（＝自然と人間）は融合的
機能としてのA両者（＝自然と人間）の本質は融合的＝▼印	（機能としての両者の本質は区別＝◆印）

＝

パラドキシカル（逆説的）かもしれない

↔

C絶対的創造神の媒介→外見ほどこの事態はパラドキシカルではない

第4段落冒頭の「このこと」は「次の点」を探り当てているのですから、直前の一文を受けていると理解できます。〈観念化された絵はがきの自然像には人間存在が欠落→自然は人間をも含んだ概念であることを忘れがち〉ということになります。

続く文脈では、〈自然と人間〉のとらえ方について〈日本と西欧〉を対比させて語っています。〈日本は自然と人間を区別、西欧は人間も自然の一部〉ということです。〈日本は自然との一体化、西欧は自然との対立〉というような図式で了解していた人は、少し戸惑ってしまったかもしれません。

しかしながら、次の23〜26行目の一文を読むと、「区別」か「融合」かという問題は、「存在的本質」と「機能的本質」のどちらに照準を当てるかによって異なってくるものだということが判明します。そして、ヨーロッパにおけるあり方を「パラドキシカル〈＝逆説的〉」としながらも、「絶対的創造神の媒介」を考え合わせれば、外見ほどパラドキシカルではないということを述べています。

ここでの「西欧的発想」とは、「絶対的創造神」とあるように、キリスト教的な発想のことです。「創世記」で語られている〈神による万物（自然）の創造〉〈人間と自然の機能的本質＝融合〉と〈人間は神に肖せて創られた特別な存在であること〉〈人間と自然の存在的本質＝区別〉との二つの面がここで指摘されています。近代以降は科学技術の発想とともに、〈人間存在を特別視して自然と区別していく〉面が強調されてきましたが、一方では、人間の身体組織や身体機能に自然との類似点を見出すような研究や作業が続けられてもきたのです。一見矛盾した状態、パラドックスです。が、そこに「絶対的創造神」を媒介させると、人間は神に肖せて創られた特別な存在であるとはいえ、神によって創られた自然の一部（被造物）ということになり、外見ほどパラドキシカルではないということになるわけです。

日本や東洋の場合は、老荘（老子と荘子）の「無為自然」と記されていたように、〈人為を排して宇宙の真理としての自然にゆだねようとする〉傾向がありますが、それは「人間と自然との区別」であるとともに

〈人間存在を自然と融合させる〉ことでもあります。パラドックスはこちら側にもあるわけです。しかし、「自然」の背後に「自然」を在らしめている一種の「神」を想定すれば、この事態も外見ほどパラドキシカルではないということになります。

第5段落

「文化」の西欧的起源＝人間を含んだ「自然」を「耕す」こと
←とすれば
実は、D「文化」＝人間を含む「自然」が果たした自然な変容
↓「自然」の外にあるものではない
←とすれば
人間存在自体が必然的に「自然」を自然に変容させる
←
言葉本来の意味での「バーバリズム〈＝野蛮〉」は、人間存在とともに絶対不可能な虚辞〈＝そらごと〉となった

筆者は、「人間も自然の一部（被造物）」という西欧的発想と「文化」の西欧的起源とを結びつけながら論を展開しています。すなわち、人間も自然の一部であるとするならば、その人間が「人間を含む『自然』」を耕してつくった「文化」は、「人間を含む『自然』が果たした自然な変容（D）」ということになり、そこ

には〈文化と自然との対立〉はないということになります。とすれば、今日言われているような〈自然を壊す人間の野蛮な行為〉は絶対にありえないことになってきます。自然の一部である人間の営みは、「自然」が果たした自然な変容であって、「自然」の外から「自然」を改変しているのではないということになるからです。

一般的には、〈人間は自然的存在であると同時に、人間的視点から自然を改変していく反自然的な存在である〉という捉え方になるのですが、そうした見解に対して筆者はあえて異を唱えています。本文のあとに続く文章で筆者は「私は、あえて西欧的見解の側に立つと答えざるを得ない。そのことが、危機の克服にも有効だと信ずるからにほかならない」と述べていますが、科学技術を反自然的な〈悪玉〉と見なすよりも、「人間も自然の一部」という認識のもとに科学技術を建て直していくという方向に未来への展望を見出しているわけです。むろん、そうした営みは本当に「自然な変容」たりうるのか、そこが問われることになってきます。

設問解説

問一 「観念のなかで［ア］された『自然』」の「言い換え」部分（※印）に着眼するとともに、観念化された「自然」から抜け落ちている★印部分との対比関係を踏まえて考えます。すると、〈厳しい現実としての自然のなかで生きる人間存在を欠いたものであり、美しい面や郷愁を誘うような面を選びとってつくった絵はがきのごとき自然〉ということになります。①「理想化され固定化」が正解です。美化された一種のユートピア〈＝理想郷〉のような「自然」が、「絵はがき」のように観念化されて〈＝頭の中で固定的に描かれて〉いるということです。

②と④は、「抽象化」がひっかけになっています。空欄アの直後に「観念化された『自然』」とありますので、「観念化」の意味をもつ「抽象化」が入るように見えますが（59・60ページ参照）、２・３行目に「トンボやカブトムシ……」と記されていたように、「絵はがきのごとき姿」とはいえ、この「自然」は〈具体的な風景〉であって〈抽象画〉ではありません。ここでの〈対比関係〉は、〈観念←→現実〉の対比であり、〈抽象←→具象〉の対比ではないのです。

＊ここに注意！＊
「同義語」であっても、文脈の中での「反対概念」との関係を踏まえて考えることが必要です。

③は、「個別化」が不適（④は、その点でも不適です）。「個別化」は「多様化」につながり、理想としての自然のイメージが定まらなくなってしまいます。ここは、頭の中で理想的な自然のイメージを「絵はがきのごとき姿」として観念化（固定化）しているという文脈です。多少の個人差はあるとしても、「トンボやカブトムシ……」のような「自然」が一つの典型としてあるということです。

問二 傍線部Ａ・Ｂを含む一文の構造は入りくんでいますが、「ヨーロッパ」と「日本や東洋」とを比較しながら、「存在的本質」と「機能としての本質」という二つの観点から〈自然と人間〉のあり方を語っているところです。本文解説で整理しておきましたが、少し説明を加えておきます。

Ａの「両者」は、「その場面では両者を」の「両者」と同じであると考えられますから、〈その場面＝存在的本質という場面においては、ヨーロッパは自然と人間を区別するが、日本や東洋は両者（＝自然と人間）を融合的に取り扱う〉というように理解できます。

Ｂの「後者」は、「後者よりも」と比較の文脈になっている点に着眼し、この一文の主語が「ヨーロッパ」であるという点を考慮すれば答が見えてきます。すなわち、「……ヨーロッパが、……日本や東洋に対して……を、後者よりも……」という文脈ですから「後者」＝「日本や東洋」ということになります。したがって、②が正解です。

①は、「後者」を「自然」としている点が不適。〈自然よりも融合的に見なす〉では文意が通りません。ここは〈自然と人間〉の「区別」と「融合」について語っている文脈です。③・④は、「両者」を「ヨーロッパと東洋」としている点が不適。〈その（＝存在的本質の）場面ではヨーロッパと東洋を融合的に取り扱う日本や東洋〉という文意不明の表現になってしまいます。

問三　パラドックス（逆説）は〈一般の予期に反する、一見矛盾した真理〉でした。「逆説」の構造を明らかにした形で、ここでの文脈を整理しておきます。

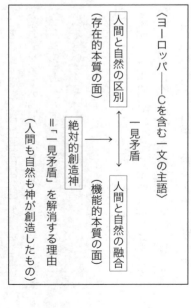

〈ヨーロッパ――Ｃを含む一文の主語〉

人間と自然の区別（存在的本質の面） ←一見矛盾→ 人間と自然の融合（機能的本質の面）

絶対的創造神 → ＝「一見矛盾」を解消する理由（人間も自然も神が創造したもの）

「パラドックス」といっても、それは〈一見矛盾〉を解消する理由が明らかにされれば、〈論理的な整合性〉をもつことになり、外見ほどパラドキシカルではないということになるわけです。なお、本文解説で触れたキリスト教の考えについては、「西欧」理解の基礎として理解しておきましょう。

本問は、与えられた一文中の空欄を「本文中の語句を用いて」埋める形です。文意が通るのならば、本文からの抜き出しでも構いません。

空欄イは、「［イ］においては、」となっていますので、〈パラドキシカルに見える事態〉が関わる場（場所）が入ることになります。「ヨーロッパ」または「西欧」「西欧的発想」が正解です。空欄ウは、「絶対的創造神の媒介」によって導かれる〈人間と自然のあり方〉が入ります。〈神によって創造されたもの〉ということです。本文中では、そのことを「人間も自然の一部（被造物）」と記していました。「被造物」が正解です。

問四　傍線部Dにおける筆者の考え方について「賛成」か「反対」かを、その理由も付して答える問題です（ここは、どちらの立場で書いてもよいのですが、選んだ立場とは異なる立場をも了解し、その対立を超えて〈あるべき〉方向を探っていくという姿勢を身につけておきましょう）。

〔一　そのとおりだと思う〕の立場——筆者の立脚点（＝前提となる思想的基盤）に即してまとめればよいということになります。すなわち、〈「文化」＝人間を含む「自然」が果たした自然な変容〉が可能であるためには、人間の営みが自然な行為であることが必要になりますが、それを支える前提として筆者は「人間も自然の一部（被造物）」と語っていたわけです。〈人間も自然の一部→「文化」とは人間を含む「自然」を耕したもの＝「自然」の一部としての人間による自然な変容〉ということになります。異なる立場にも配慮すると、ここでは、筆者の考えに反する立場は〈文化（人間）と自然とを対立させる考え方＝文化とは人間が外から「自然」を人為的に変容させたものだと考える立場〉ですので、この点を含めてさらにわかりやすい説明にします。〈人間も自然の一部→「文化」は〜ではなく、——ことになるから。〉というような解答の形にするのがよいでしょう。

> **＊ここに注意！＊**
>
> 「賛成」か「反対」かという問い方であっても、自分の立場とは異なる考えにも配慮することは必要です。異なる考えと対比させたり、または、異なる考えを一面で認めたりしながら、立体的に解答を構成していきます。

〔二　そうは思わない〕の立場——〔一〕で見たように、Dの考えに反対するためには、〈人間と自然との対立〉を前提とし、そこから〈文化＝（反自然的な）人間によって自然を人為的に変容させたもの〉という考えを導いていきます。ただ、「人間も自然の一部」という考えは全面的に否定できるものではありませんので、その考え方は一面で認められるものとして記した方がよいでしょう（事実として人間の身体は自然物であります）。〈人間も自然の一部↓しかし同時に人間は反自然的な存在↓文化には自然な変容だけでなく、人為的な変容も含まれる〉のような解答の形になります。

なお、自分の見解の妥当性を根拠づける「理由」には、「ものの見方や考え方」だけでなく、事実としての具体例も含まれます。ここでは、今日の〈環境破壊・環境汚染〉の事例が思い浮かびますが、字数に余裕があれば組み入れてもよいでしょう。

〔二〕の〔別解〕として、「人間も自然の一部」という考えを支える大前提としての「絶対的創造神」の権威が弱まっていることを指摘する論じ方もあります。「近代」は〈神話から科学へ〉をスローガンにし、そして科学技術の発達につれて今日では〈人間が神にとって代わる〉ような状況を生み出しています。筆者の考えが説得力をもつためには、「絶対的創造神」との強い結びつきが必要ですが、その結びつきが弱まっているところでは「自然な変容」にはならないという見解です。〈人間も自然の一部という考えは西欧の神が大前提↓しかし、近代以降は神を否定し、神に代わって人間が自然を支配↓人為的で破壊的な面が露呈〉といった解答になります（あえて筆者が、西洋的見解に立ったのは、〈神との強い結びつき〉が回復されるべきだという立場からなのです）。

◆解答◆

問一　①　**問二**　②

問三　イ＝ヨーロッパ（西欧・西欧的発想）

ウ＝被造物

問四　〔一　そのとおりだと思う〕

人間も「自然」の一部として存在するものである以上、人間を含む「自然」を耕したものとしての「文化」は、人間が人為的に「自然」を変容させたものではなく、「自然」の一部としての人間が「自然」と一体化して実現した自然な変容ということになるから。（118字）

〔二　そうは思わない〕

人間が「自然」の一部であるとしても、同時に人間は「自然」と区別された反自然的な存在でもある。したがって、「文化」には自然な変容とともに人為的な変容も含まれるはずであり、現に、自然破壊という名の人為的で不自然な歪みが問われてもいるから。（117字）

コラム13

科学の功罪

万有引力の法則を発見したニュートンは、同時に、神の研究者でもありました。ニュートンにとって、宇宙や自然の仕組みを解明することは、神の創造の秘密に迫るための一つの方法であったということです。そして今日では、望遠鏡や顕微鏡の発達によって、私たちは宇宙や生命の神秘的な姿を見ることができるようになっています。むろん、それが神の創造によるものであるか、大いなる偶然のなせるわざであるか、私たちに知るよしはありません。けれども、宇宙や生命の神秘的な姿は、私たちの創造力を豊かにするとともに、人間存在の意味を根底のところから考え直す一つの契機になっています。科学研究は芸術や哲学の領域にも大きな影響を及ぼしているということです。

しかしながら一方で、科学技術の飛躍的な発達は、環境破壊と環境汚染をもたらし、人類を含めた生命を脅かすような事態を招いています。もちろん、科学技術の発達は、宇宙や生命の神秘に迫るとともに、私たちに便利で安全な生活をもたらしました。その恩恵を軽視するわけにはいきません。ここに「科学の功罪」という厄介な問題があり、科学に対する私たちの矛盾した感情が生まれてもくるわけです。

少し前までは、「正しく使えば〈効用〉が得られ、誤って使えば〈罪業〉が現れる」という〈科学技術＝両刃の剣〉説が唱えられていましたが、今日では、科学技術の使用が「効用」と「罪業」を同時に生みだしてしまうという事態を踏まえての対策を講じなければならないところに立ち至っています。すなわち、村上陽一郎が言うように、「現在の社会のなかで、科学研究を推進する仕掛けそのもの、あるいは科学研究態勢の内部で自己展開する仕掛けそのもののなかに、〈効用〉と〈罪業〉の双方を生み出す本質的要素があり、それは言ってみれば、現代先進社会のなかの人間性の迎えた宿命」であるということです（「ヤヌスの顔」・学習院大で出題）。

たとえば、自動車は今や文明生活に不可欠のものとなっていますが、二酸化炭素の排出は環境を汚染し、地球温暖化の一因になっています。そこで人類は、太陽光や風力などで発電した電気を利用したり水素を燃料にしたりして、「環境に無害な車」への転換などを試みています。「科学技術」を建て直す道がいろいろと模索されているのです。人類は、大きな試練の場に立たされているといってよいのでしょう。

第9回

第2章 テーマ別攻略編

〔哲学／思想〕1

山崎正和（やまざきまさかず）『無常と行動』

＊ここに注意！＊
・「理解」を助けるものとしての具体例

出典 山崎正和『無常と行動』（出題：センター試験　追試）
山崎正和　一九三四～二〇二〇。劇作家・評論家。戯曲『世阿彌』の他、主な評論に『柔らかい個人主義の誕生』『演技する精神』『不機嫌の時代』などがある。

本文解説

「時間と人間」の問題です。私たちは「時間」の経過を「過去」「現在」「未来」に分けて考えますが、その実態はどのようになっているのかについて述べています。

第〔I〕段落

A―実存主義者たちの楽天主義
- ★ あたえられた時代のなかにうまれあわせた ＝選択の場所＝自由にならない過去の時間
  （くっきりと区別され得る）
  →
- ※ 未来を自由に選びとろう ＝選択の自由意志＝自由に選びとれる未来の時間

← そうして **もし** これが真実だとすれば↓人間は根本的に自由

なぜなら

B
未来を自由に選びとる
← あたえられた過去にも逆に新しい意味を投げかえすことができる
← あるていど、過去そのものをさえ自由に選んだことになるのであるから

まず、実存主義者たちの楽天主義的な考え方が語られます。私たちは、自分の生まれる場所を選択することはできませんので、「過去」は外的に制約された不自由なものということになります。とすれば、「未来」も制約されたものになりますが、実存主義者たちは「過去」と「未来」を明確に区別し、「未来」は〈内的な自由意志〉によって選びとることができると考えているのです。傍線部Aでは★印と※印との〈対応関係〉と同様の関係にあるものが問われていますので、「言い換え」部分に注意して文脈を追っていきます。

そして、「もしこれ（＝実存主義者たちの考え）が真実だとすれば」→「人間は根本的に自由」ということになります。その理由は傍線部Bにある通り、未来を自由に選びとったとすれば、実現したその未来から過去を振り返ることで、その未来と密接に結びつく過去を新しく意味づけることが可能になり、それはあるていど、過去そのものをさえ自由に選んだということになるからです。

たとえば、「自分が役者の道を選んだのは、幼稚園児の時に『白雪姫』の劇を演じたことと深く関わっていて、それは『演じる』ことの充実感を自分が欲していたからだ」というように考えることです。自分の選んだ人生の道と結びつく過去にスポットを当て、自分の過去を新しく意味づけ直すのです。むろん、こうした幼少時の経験には、親や先生の影響もあるでしょうから、「自由に選んだ」過去といっても、「あるていど」という条件はつくのです。

＊ここに注意！＊

具体例は「理解」の助けになりますが、具体例が示されていない時は、文脈に応じた適切な具体例を想起して考えるようにしましょう。

第〔Ⅱ〕段落

実存哲学の公式による時間のあり方（**問三の甲**）

人間＝ ★ 投げ出されて ―― 過去
　　　 ※ 企てる ―― 未来

←（明晰な峻別）

←《現在》というあいまいな時間を認めない
（＊峻別＝厳しく区別すること）

←《現在》＝すでに存在しない過去と、いまだ存在していない未来＝二重の空白

むしろ この純粋な空白↓人間の選択を純粋なものにし、人間の自由を保証
←
もしも過去がつねに未来のなかにめりこんできたら、人間の自由はきわめて限られたものになる
←
たしかに ※ 選びとる自由意志（未来）のなかへ、★ 選択の外的な条件（過去）がめりこんできたら、選ぶということの根本的な意味が失われる

第〔Ⅱ〕段落の冒頭で述べられている「実存哲学の公式」は傍線部Aの「言い換え」になっています。「過去と未来の明晰な峻別」（11行目）とあり、「ある時代（過去）のなかに投げだされて、しかも次の時代（未来）を企てる」（12行目）という説明が続いているからです。そして、その「公式」に従うと、《現在》は「二重の空白（すでにない過去といまだない未来）」としかいいようのない時間になるのですが、それゆえにこそ、人間の選択は純粋なものになり、そこに人間の自由が保証されるです。

実存主義の代表的哲学者であったサルトルは、この「空白」状態を「一種の眩暈（めまい）」と呼んでいます。支えのない宙ぶらりんの状態であるからこそ〈自由〉といえるわけですが、そこには〈不安〉も伴っているということです。「いまだ存在していない未来」へ向かって、多くの可能性の中から一つを選び取っていくという「企て」。それは、迷いながらも何かに自分を賭けるということなのです。

次の「もしも」で始まる一文は、「実存哲学の公式」と対立する時間のとらえ方を述べています。〈過去が未来のなかにめりこんできた〉状態です。そして、そのとらえ方を「たしかに」で受け、その〈めりこんできた状態〉においては、自由に選ぶということが成立しなくなると語っています。「選ぶ」という行為が、「選択の外的な条件（過去）」に制約されるからです。「たしかに」で始まる一文中の「選びとる自由意志」と「選択の外的な条件」は、傍線部Ａの※印と★印の言い換えとして読み取ることができます。実存主義者たちが区別した「過去」と「未来」。ここは、その区別がなくなってしまうことを語っている文脈です。

第〔Ⅲ〕段落

けれども

過去と未来とをそんなにあざやかにきりわけることはできない

←

実際には私たちは、《現在》というとらまえどころのない、あいまいだがそれだけにいきいきとした時間のなかで生きている

←

たえず過去が未来のなかへめりこみながら、現在にむかって収斂してゆく動的な時間

──激しく生きようとすればするほど、こうした〈充実した現在＝ひとつながりの濃密な現在〉のなかに生きている

↓筆者みずからの考える時間のあり方（問三の乙）

第〔Ⅲ〕段落冒頭の「けれども」は、直前の一文「たしかに」を受けていて、「たしかに～けれども――」という論理展開です。「たしかに」で始まる一文では、〈過去が未来のなかにめりこむ〉と〈自由な選択〉ができなくなるとありますが、ここで筆者は、同時に、実存主義の考え方にたてば、〈過去と未来の区別〉があるということを語ってもいたわけです。それに対して筆者は「けれども」以下で、〈過去と未来の区別〉がはっきりしない「ひとつながりの濃密な現在」という時間のあり方を主張します。これは第〔Ⅳ〕段落に「そして、こうした充実した現在の……」とつながっていきますので、続く文脈も点検しておきましょう。

第〔Ⅳ〕段落

そして、こうした充実した現在のなかに生きているかぎり→自分の選択か、運命によって運ばれているのか、絶対に見わけることができない

←

もちろん かたちのうえでは、行動の全体をまえもって選んだといえる

だが ― C

論理的には選びきれないもの を選んだと思いこんでいるだけ

なぜなら 人間は **行動の完結としての《成功》** をまえもって選んだり決意したりすることはできないから

←

人間の選択におけるふしぎな逆説

もっとも主体的であろうとする

←かえって（＝予想に反して）

徹底的な自己抛棄に身をまかせなければならない

「充実した現在」とは、〈過去が未来のなかへめりこんでいる状態〉ですから、自分がなにかを選び取って動いているのか、生まれ育った時代や環境などの外的条件によって動かされているのか、その見わけがつかないということになります。「運命」という言葉が使われていますが、遺伝的なものも含めて与えられた外的条件が人間に及ぼしている影響の強さというように理解すればよいでしょう。

傍線部Cは「もちろん〜だが、――」という論理構造の中に置かれていて、その理由をも含んだ文となっています。「行動の全体」はまえもって見通しを立てられますが、〈行動の完結としての《成功》〉をまえもって選ぶことはできないということです。かりに「《成功》」したとしても、それは選び取ったということではなく、運命に運ばれて良い結果が導かれたということになります。途中で放棄したり、失敗に終

わったりする場合もありうるわけですが、人間の運命にはそうした負の要素も含まれているということです。こうした人間のあり方を筆者は〈人間の選択における逆説〉、すなわち「もっとも主体的」→「かえって徹底的な自己抛棄（＝運命に運ばれる）」と述べています。

たとえば、ゴッホは「人の役に立ちたい」という内的促しに従って教師や伝道師の仕事に就きましたが、潔癖な性格や度を超した献身ぶりが認められずに挫折しました。やがて、以前から興味があった絵画を通して〈人の役に立とう〉としたのですが、ゴッホの描きぶりは、まるで何かにとりつかれていたかのような感があったとされます。自分という存在を何かに賭けていくと、逆に自分を超えた運命に巻きこまれていくようになるということでしょう。ゴッホの絵は、生前にはたった一枚しか売れなかったのですから、世俗的には《失敗》ですが、〈画家としての運命を生き抜いた〉という意味では「《成功》」したといってよいのでしょう。死後の名声は、ゴッホには関わりのないことです。

第〔V〕段落

ひとつの時代に忠実に参与すること――そうした激しい生きかたのひとつ
←　だとすれば
時代に参与しようとすればするほど、時代を選びとることがむずかしくなる
←

戦時中の生き残った特攻隊員――新しい（生死の）覚悟はいつも一段階まえの決意に含まれていて、ほんとうに死を選びとったという自覚の瞬間は一度もなかった

←

一段階まえの決意をさらにさかのぼると、主体的な決心とあたえられた状況とが見わけようのない一点にまでいたる

――→そのひとがある時代にうまれあわせたという、動かしようのない 運命 につきあたる

←

もちろん …人間は外側の条件から一方的に決定されるものではなく、自由な意志として環境に対峙する（＊対峙＝向かい合うこと）

ただ ……人間を特定の環境にめぐりあわせる機会そのものを、ひとは選びとることができない

「そうした激しい生きかた」とは、前段落の「逆説」で語られていた〈主体的であろうとするとかえって自己拋棄に身をまかせなければならない〉という「生きかた」のことです。その「ひとつ」として「時代への忠実な参与」の生きかたが例示されていて、〈主体的に時代に参与する＝生死の覚悟を決める↓時代を選びとれない＝動かしようのない運命につきあたる〉という「逆説」的あり方が読み取れます。末尾は、「もちろん〜ただ――」の論理構造。人間は自由意志によって環境と向かい合い、環境に働きかけているのですが、自分の生まれた時代の状況や生育の場としての家庭・共同体を選びとることはできないということです。

設問解説

問一　本文解説で述べたように、傍線部Ａを含む前後の文脈を把握し、★印と※印との「対応関係」が示されている「言い換え」部分に着眼しましょう。①と③が正解です。〈あたえられた外的条件（制約）としての過去〉と〈自由意志によって未来を選び取ること〉との対応関係ということです。

②は、「純粋な空白」→「人間の選択を純粋なものにし、人間の自由を保証する」という文脈の中に置かれていて、どちらも「未来を自由に選びと」ることの意を表すので不適となります。④は、後者の「自分がなにかを選びとっている」は適当ですが、前者の「運命によってなにかへ運ばれている」が不適です。52・53行目に「そのひとがある時代にうまれあわせたという、動かしようのない運命につきあたる」と記されていますので、「運命」とは、〈外的条件としての過去が人間を導いていく力〉のように理解できますが、この「運命」は「過去が未来のなかへめりこんで」いくところに働いている力のことです。したがって、「運命」という考え方には〈過去と未来をくっきりと区別する〉考えは含まれないことになります。★印と※印との対応関係は、両者の「区別」を前提としていたのです。⑤と⑥も、④と同様の理由で不適です。⑤の「なにかに誘いだされてのびてゆく」は「運命によってなにかへ運ばれている」の言い換えとして読み取ることができますし、⑥の「徹底的な自己抛棄」は「ひとつの時代に忠実に参与する」生きかたと結びつき、「運命につきあたる」ものであるからです。

問二　「逆に新しい意味をなげかえす」とは、〈選びとられた未来の時点〉から「あたえられた過去」を振りかえることで、その「過去」に〈新しい意味を付与する〉ということが読み取れます。すなわち、〈自分の選んだ人生の道と結びつくように過去を意味づけ直す〉ということです。本文解説で示したような具体例を想起することができれば、より理解が深まるでしょう。②が正解です。〈新しい意味を付与する〉のですから、〈過去の意味の改変〉になるはずです。

①は、「明確なものとしてとらえる」が不十分。ここは、単に〈未来と過去とのつながりを明確にする〉だけでなく、〈過去に新しい意味が付与〉されなけれ

ばなりません。③は、「過去の意味を定着させる」が不十分。これも〈過去を新しく意味づけ直す〉という文脈をとらえられていません。④は「何者かによって与えられていた」が、文脈からズレた言い方なので不適です。⑤は、〈過去に新しい意味をなげかえす〉ことの説明になっていない点において不適です。また、「前もってすべてを自らが自由に選んだのだとみなす」も不適。「過去を自由に選んだ」ことにはなりますが、それは「あるていど」という条件がついていました。「すべて」は言い過ぎです。

問三 **本文解説** の第〔Ⅱ〕・〔Ⅲ〕段落で「**問三の甲**」「**問三の乙**」として枠で囲っています。両者の「違い」が問われていますので、整理しておきます。

★甲

過去と未来を明晰に峻別する

↓

《現在》というあいまいな時間を認めない

↓

過去も未来も存在しない二重の空白としての《現在》→純粋で自由な選択ができる

★乙

過去と未来はきりわけられない→過去が未来のなかへめりこんでいく

↓

あいまいだが、いきいきとした《現在》という時間のなかで生きる

↓

（過去・現在・未来が）ひとつながりになった濃密な現在＝充実した現在

以上から、①が正解となります。本文の記述内容を十分に盛りこんだものではありませんが、他の選択肢と比較すれば、最も適当であると判断できます。

◆選択肢チェック◆

① ○ 先の説明の通り、他の選択肢よりも適切です。

甲では、過去と未来の間の現在というあいまいな時間が認められないのに対し、乙では、現在が過去と未来のあざやかなきりわけのできないところに存在し、そこで人間のいきいきとした生が営まれる、という違いがある。

甲は、空白における自由な選択を認める考え方であり、また、過去さえ自由に選んだことにさせる未来の選択を可能にする、と述べられています。

② 甲では、過去と未来の間の空白な現在が人間を背後から押し出し、×自由な選択の意味を失わせるのに対し、乙では、実在する現在を足場に未来を選択することで、×過去さえも自由に選ぶことを可能にする、という違いがある。

「純粋な選択」は甲に属するもので、乙の説明としては不適です。

③ 甲では、過去と未来の二重の空白が人間の選択を純粋なものにするのに対し、乙では、×そうした純粋な選択は、実在するポジティブな現在によって保証される、という違いがある。

乙のあり方は〈過去が未来のなかへめりこんでいる〉状態です。

④ 甲では、過去と未来の間の現在というあいまいな時間が認められないのに対し、乙では、×過去と未来をきりわける充実した現在を認めることで、人間の跳躍が保証される、という違いがある。

甲においては〈過去と未来の二重の空白が人間の自由を保証する〉ことになるので、不適です。

⑤ 甲では、過去から未来への時間の流れが×人間の自由を保証する条件をもたないのに対し、乙では、その流れが激しく生きようとする人間の充実した現在を内包している、という違いがある。

問四　ここは、「もちろん〜。だが――。なぜなら……。」という論理構造になっています。かたちの上では「行動の全体」を選び取れるとしながらも、それは「論理的には選びきれないもの」を選んだという思いこみにすぎないとされています。なぜかというと、人間は〈行動の完結としての《成功》〉をまえもって選ぶことはできないからです。つまり、「なぜなら」以下で〈選んだという思いこみ〉が否定されていると読み取れるので、〈論理的には選びきれないもの＝行動の完結としての《成功》〉ということになります。これは、かたちだけでなく内実をも伴った「行動の全体」というようにも理解できます。④が正解です。

◆選択肢チェック◆

「論理的に選んだと思いこむ」ことが「成功という完結」をもたらす保証はありませんので不適です。〈まえもって《成功》を選ぶことはできない〉という文脈です。

① ひとつながりの行動は、×人がそれを論理的に選んだと思いこむことによって、成功という完結がもたらされるのである。

たとえ「成功すると思いこ」んだところで、まえもって「《成功》を選びとることはできません。

② ひとつながりの行動は、人が前もって論理的に成功を選ぶことができないから、×成功すると思いこむことが必要とされるのである。

途中で放棄したり、失敗に終わったりすることもあるでしょうが、成功がもたらされることもありうる以上、「完結した意味」をもちうることになります。

③ ひとつながりの行動は、人がその企てに成功するか否かを前もって選ぶことができないから、×その行動はいつまでも完結した意味をもつことはない。

先の説明の通り、筆者の主張と一致します。

④　ひとつながりの行動は、○人がその企てに成功したとき、はじめて完結するのであるから、前もって成功を選ぶことは論理的に不可能である。

⑤　ひとつながりの行動は、×人がその企てに成功し完結したとき、はじめて自主的にその行動を選んだことが論理的に証明されるのである。

⑤は〈《成功》をまえもって選ぶことはできない〉としても、〈成功したら、その行動を選んだことが証明される〉ということを述べていますが、ここは〈まえもって《成功》を選ぶことの不可能性〉を問題にしている文脈です。〈成功した段階で、その行動を選びとったと考えた〉としても、それは「まえもって」の選択ではないわけです。

問五　「筆者の見解」に最も合致するものを選ぶ問題です。

◆選択肢チェック◆

①　×人間は、過去と未来との明らかな区別を前提として未来を自由に選びとり、同時に過去に新しい意味をなげかえすことのできる根本的に自由な存在なのである。

第〔Ⅰ〕段落の内容と合致しますが、これは実存主義者の考えであり、「筆者の見解」とは異なります。

②　人間は、現在のなかに生きているかぎり、選択するということの根本的な意味を問うことは不可能であり、×自己拋棄に身をまかせることで主体性を喪失した生を営むのである。

第〔Ⅳ〕段落で語られていた「筆者の見解」における「逆説」は、〈もっとも主体的→かえって徹底的な自己拋棄〉となっていました。〈自己拋棄→主体性の喪失〉という論理ではありませんし、これでは「逆説」にはなりません。

「筆者」の説く「運命」は、「自由意志」よって選びとれるものではなく、外的条件としての過去が未来のなかへめりこんでいくところに働いているものです。

③　人間は、自由に分断することのできないひとつにつながった現在という時間のなかで、×自らの自由意志によって運命を選びとって生きて行くのである。

「人間は自由な意志として環境に対峙する（54・55行目）」とありますので、〈常に自己を拋棄→環境に対峙〉は「筆者の見解」に反します。

④　人間は、その選択の営みに困難がつきまとうゆえに、ひとつの時代に忠実になろうとすれば、×常に自己を拋棄することによって環境に対峙するほかはないのである。

「未来に向けて行動を選ぶことはできても」という言い方は、**問四**で考えた〈《成功》を前もって選ぶことの不可能性〉という点を踏まえるとやや不十分ではありますが、「主体的」に未来へ向かっていくと考えれば、認められる内容です。そして、45・46行目に「時代」を選びとることの難しさが述べられており、52・53行目に「ある時代にうまれあわせたという、動かしようのない運命」、55・56行目に「人間を特定の環境にめぐりあわせる機会そのものを、ひとは選びとることができない」とそれぞれ記されていますので、⑤は「筆者の見解」として妥当であると判断できます。

⑤　○人間は、未来に向けて行動を選ぶことはできても、その選択の足場としての時代などを選ぶことはできず、すでに特定の選択の場所に送りこまれているのである。

◆解答◆

問一　①・③（順不同可）　**問二**　②

問三　①　**問四**　④　**問五**　⑤

コラム 14

時間と人間

「時間」は目に見えるものではありません。けれども私たちは、時間の経過を感じて生きています。たとえば電車に乗っている時、さっき見た海を想い出しているとします。あの海辺に佇んでいた自分は今、電車に乗っている、だから〈時は流れた〉と。

しかしながら、哲学者の大森荘蔵は『時は流れず』という本を書いています。過去の「いま」が現在の「いま」へと流れてきたわけではない、というのです。「時の流れ」とは、〈過去→現在→未来〉という客観的な順序を前提にしたところから生まれてくる考えですが、じつは、過去と未来の時間順序は現在の思考経験のなかで思われているものであって、過去の「いま」が現在から未来へと移動していくのではないと述べています。先の例でいえば、海を見ていた自分は電車の中へと空間的に移動してきたのですが、海を見ていた過去の「いま」が電車に乗っている現在の「いま」へと移動してきたわけではないということです。海を見ていた過去は、電車に乗っている自分の現在経験の中で〈思われている〉のであり、それは〈現在時において想起された過去〉ということになります。

したがって、本文で語られていた「ひとつながりの濃密な現在」とは、〈現在経験のなかで思われている過去・現在・未来のからみあい〉ということになります。もちろん、その「思われ」方は無意識的な場合もあるでしょうが、いずれにせよ、過去や未来は〈現在〉において〈思われる〉ことによって意味を帯びてくるということです。

「アウグスティヌスは、過去・現在・未来という三つの時があり、そのなかで『在る』のは現在だけだという考え方に反対して、『三つの時がある。それは、過去についての現在、現在についての現在、未来についての現在』といっている」（中埜肇『時間と人間』・島根大で出題）――「三つの現在」のからみあいの中で私たちは生きているということです。そして大切なのは、時間の感じ方です。「旅は人生を長くする」と語った人がいますが、旅でなくとも、「時計」の時間から解放された現在経験は、遠い過去や遠い未来とつながった時間を味わわせてくれるでしょう。人間の一生の時間は限られていますが、人間は〈永遠的〉なものを感じることができるようにも造られているということです。

第10回

第2章 テーマ別攻略編

〔哲学／思想〕2

竹田青嗣（たけだせいじ）『自分を知るための哲学入門』

出典 竹田青嗣『自分を知るための哲学入門』（出題：筑波大学 前期）
竹田青嗣 一九四七〜。思想家。主な著書に『現代思想の冒険』『意味とエロス』『現象学は〈思考の原理〉である』などがある。

＊ここに注意！＊
・「違い」が問われた時の注意

本文解説

「ロマン」と「現実」の問題です。誰もが自分の抱いた「ロマン」を生きてみたいと思うのですが、「現実」は冷厳な事実をつきつけてきます。「ロマン」をどのように処理するか、そこが問われることになるのです。

第1・2段落

誰でも自分自身に対して★ロマンを持つ
★自分が何であるかについての憧れを伴った像

↕（抗う）

自分が何であるかについて冷厳な事実をつきつけてくる現実

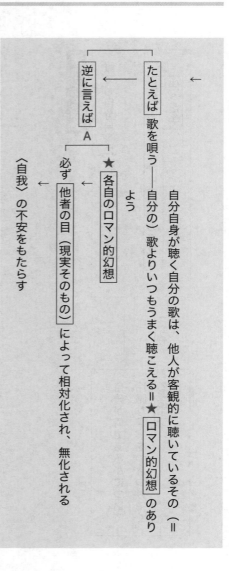

← 自分自身が聴く自分の歌は、他人が客観的に聴いているその（＝

たとえば　歌を唄う——自分の）歌よりいつもうまく聴こえる＝★ロマン的幻想のあり

よう

← 逆に言えば

A

★各自のロマン的幻想

← 必ず他者の目（現実そのもの）によって相対化され、無化される

← 〈自我〉の不安をもたらす

まず、「ロマン」とはどういうものであるかが示されます。「ロマン」とは、「現実」に抗う（＝反抗する）ように抱かれるものであり、「自分が何であるかについての憧れを伴った像（★印）」であるということです。第2段階は、その〈ロマン＝ロマン的幻想〉の具体例を示し、「逆に言えば」という形で論理を展開しています。**「逆に言えば」とは、〈同じ事態を逆の角度から見た言い方をすれば〉ということです。**

「歌を唄う」ことについての具体例は誰もが経験しているものでしょう。〈ナルシシズム（＝自己愛）〉が「ロマン的幻想」を支えているということです。自分が自分の言動に酔っている状態です。しかし、そのロマン的幻想は、逆の角度から見れば、無化されてしまうことになります。すなわち、「他者の目（現実そのもの）」がロマン的幻想をぐらつかせてしまうのです。自分よりも能力のある**他者との関係・比較のなかに置かれる（＝相対化される）**ことによって、ロマン的幻想が崩れ去り、〈自我〉の不安がもたらされます。

問一は「自分自身の経験」に即した説明が求められていますが、誰にもそうした苦い経験はあるはずだと思われます。

第3・4段落

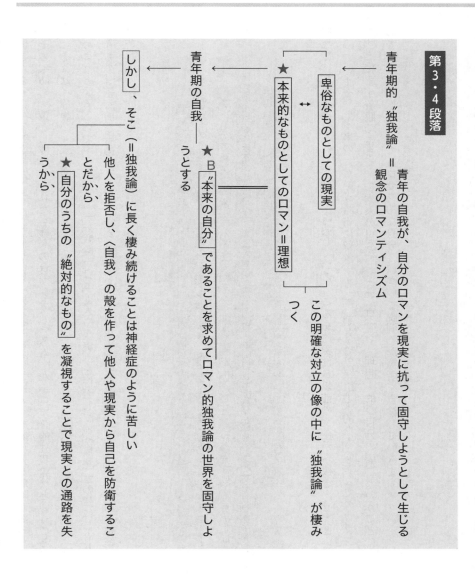

青年期的〝独我論〟＝青年の自我が、自分のロマンを現実に抗って固守しようとして生じる観念のロマンティシズム

↓

卑俗なものとしての現実 ↔ ★本来的なものとしてのロマン＝理想

この明確な対立の像の中に〝独我論〟が棲みつく

↓

青年期の自我――★B〝本来の自分〟であることを求めてロマン的独我論の世界を固守しようとする

↓

しかし、そこ（＝独我論）に長く棲み続けることは神経症のように苦しい

- 他人を拒否し、〈自我〉の殻を作って他人や現実から自己を防衛することだから、
- ★自分のうちの〝絶対的なもの〟を凝視することで現実との通路を失うから、

第３・４段落は、〈青年期的〝独我論〟〉＝「ロマン的独我論」について語っています。第２段落で読み取ってきたように、「ロマン的幻想」は「他者の目（現実そのもの）」によって崩れ去る危険があったのですが、その「防衛」策としてつくられた「観念のロマンティシズム」が「ロマン的独我論」ということになります。それは「理想（＝本来的なものとしてのロマン）と現実」との対立の像の中に棲みついて、「理想」を求めようとするものです。しかし、「独我論」は「他人や現実」を拒否して「〈自我〉」の殻にこもり、自分のうちの〝絶対的なもの〟（＝理想）を凝視することで現実との通路を失ってしまうため、「神経症のように苦しい」状態を招くことになってしまいます。

「神経症」とは、不合理だとわかっていながら現れる強い不安や強迫観念・ヒステリーなど種々の症状によって自分自身が苦しむ精神障害のことです。「独我論」は「他人や現実」を拒否して「理想」を守ろうとしているのですが、日々の生活の中で直面する「他人や現実」は冷厳な事実をつきつけ、自分の「理想」を崩そうとします。だからこそ、「他人や現実」を拒否して〈自我〉の殻にこもろうとするのですが、それは不安と闘いながらの苦しい状態になるのです。

問二は、「〝本来の自分〟」を詳しく説明しているところを傍線部**B**以前の文中から抜き出せ、という問いになっています。「本来の」という語句に留意すると、第３段落の〈本来的なものとしてのロマン＝理想（★印）〉にまず着眼できます。「〝本来の自分〟」とは〈ロマン（理想）的な自分の姿〉ということになりますので、文脈を振り返って〈ロマン的な自分〉について説明した箇所を点検していきます。

第5・6段落

ところでしかし ― ひとはすべてこの〝独我論〟をうまく抜け出るような道を持つわけではない

↓

文芸や思想を仕事にしているひと ― ロマン的世界は現実の原理から脅かされない可能性があるので、ロマン的独我論は生きつづけることがある

またもう一方では

多くの場合 ― 自分のロマンが※現実生活の中では背理的なものだという理由でロマンの方を徹底して噛み殺す（＊背理的＝道理や理屈に合わないこと）

↓

ロマン的なもの＝※非現実的なもの・単なる夢想

←

ロマンの断念や挫折

〝独我論〟は〈自我〉の殻にこもった観念的ロマンティシズムですから、そこからの脱出が必要です。しかし、うまく抜け出るような道をすべての人がもつわけではありません（「ところで」は、話を〝独我論〟からの「脱出」の方向へと切り換えていく文脈になっているからです）。「ところでしかし」の

文芸や思想を仕事にしているひとの場合は、自分の「理想」の探求が現実の仕事と結びついていますので、ロマン的独我論の世界が生きつづけることになり、「他人や現実」から遊離した営みになってしまう危

険があるということになります（現に、現実から遊離した学術論文が産出されているのですが、そうした〝独我論〟から抜け出すためには、第9段落で語られているように、「他人（現実）」との関わりを通して「〈自我〉」を刷新していく試みが必要になります。「他人」との生きた関係を通してこそ〈自分の理想〉は血の通ったものになるということです）。

「またもう一方では」に続く文脈は、多くのひとの場合、自分が何であるかについて冷厳な事実をつきつけてくる現実世界のなかで、自分の「ロマン」を〈非現実的な夢想〉と考え、「ロマン」を断念していくと語られています。「ロマン的独我論」の崩壊です。筆者は〝独我論〟から抜け出す道を探っているのですが、それは「ロマンや理想」を捨てるということではなく、「〈自我〉」の殻から出て「ロマンや理想」を生かす道が求められるということになるのです。

第7・8段落

だが、そもそもロマンとは何か

←　わたしの考え＝C

ロマン──★　人間が〈自己自身や世界＝生〉を意欲しつつ憧れるという心性

↔　※単なる夢想ではない

←　ロマンを失う──→〈事実としての人間＝生きるために生きる人間〉に落ち込む

←

ロマン＝★ 幻想を本質とする人間にとって不可欠のもの
↑それがゆえに
ロマンを自分の中でどのように処理するかという面倒な難問が生じる
↓
「ロマンを他者や現実と対立させ、自分だけの信念とする＝自分の認識の絶対化」→ロマン的〝独我論〟に陥る
逆に
「現実の論理の前でそれ（＝ロマン）を噛み殺す＝客観的現実だけを信じる」→事実としての人間に落ち込み、自分自身を失う
容易に解き難い矛盾

第7段落の冒頭は、多くのひとがロマンを断念する時に考える〈ロマン＝単なる夢想〉（第6段落）を「だが」で受けて、「そもそもロマンとは何」かと問いかけています。そしてすぐさま「わたしの考え」が示され、「ロマン」とは〈単なる夢想＝非現実的なもの（※印）〉ではなく、「人間が……憧れるという心性（★印）」であることが語られます（第1段落の「自分が……憧れを伴った像（★印）」という部分と結びつく「ロマン」の定義です）。

そして、「ロマン」は「幻想を本質とする人間にとって不可欠のもの（★印）」であるがゆえに、「ロマン」を各自が自分の中でどのように処理するか」という面倒な難問が生じてくることになります。「ロマン」を

絶対化すれば、「ロマン的〝独我論〟」に陥ることになるし、逆に「客観的現実」だけを信じて「ロマン」を捨てれば、単なる「事実としての人間」に落ち込んで自分自身を失ってしまうことになります。この「矛盾」をどのように克服するか、その道すじが第9段落以降で、「ひとつしかない」道すじとして語られています。

人間はなぜ「幻想」を本質とするのでしょうか。それは、世界や存在には〈絶対的な根拠〉がないからです。心理学者の岸田秀(きしだしゅう)は「唯幻論(ゆいげんろん)（＝いっさいは幻想であるという立場）」を唱えていますが、それは、世界や存在の仕組みが解明されたとしても、なにゆえに地球は太陽のまわりを回転し、なにゆえに人は死ななければならないのかという問いに対する〈究極的な解答〉を見つけることはできないからです。だから人間は〈神仏〉や〈自分にとっての憧れの姿〉を幻想することで、一回限りの自分の生を豊かに支えようとするのです。

「主観―客観（認識―現実）」の難問というのは哲学における課題の一つですが、「自分（主観）」があるからこそ「他人や現実（客観）」も意味を帯びてくるのですから、ここは〈主観と客観との関係のあり方〉こそが問題であると考えるべきでしょう。〈自分と他人（現実）との関係〉を通して〈あるべき自分〉を探っていくこと。そのプロセスの中でこそ「ロマン」は磨き直されていくのでしょう。本文の筆者もそのように考えていると思われます。

第9〜11段落

自分のロマンや理想を生き延びさせる道すじ——じつはひとつしかない

【問四】

◆他人との間で、その（＝ロマンや理想の）「妥当」を探ること＝自分のロマンや信念を他人の中で試すことで〈自我〉のありようを絶えず刷新すること

←この「妥当」——事実の認定だけでなく、ものごとの「ほんとうとうそ」「よし悪し」「美醜」にかかわる

←【問四】

◆自分のうちに生じたロマンをどう〝処理〟するかという課題
——深く結び合っている
自分が他人とどのように了解を通じ、そのことを通してまた、自分をどのように了解しなおしてゆくかという課題

最後に、「自分のロマンや理想を生き延びさせる道すじ」が「ひとつしかない」ものとして語られます。

◆印を付した部分（二箇所）が、その「道すじ」ということになり、ここが**問四**の答になります。「ロマン的独我論」に陥ることなく、また、単なる「事実としての人間」に落ち込むこともなく、「自分のロマンや理想」を生き抜いていくための道すじということです。

設問解説

問一 まず傍線部Aの意味を明らかにします。**「相対化」は〈他との関係・比較のなかで捉える〉**の意、「無化」は〈無と化す〉の意です。したがって、ここは、「他者の目（現実そのもの）」が関わってくることによって、〈自分のロマン的幻想〉が「他者や現実」と比較され、崩れ去って無と化していく、という意味になります。「他者や現実」との比較によって、〈自分のロマン＝自分が何であるかについての憧れの像（★印）〉が幻想だったとして自信を喪失するということです。

文脈上では、直前の「逆に言えば」がヒントになります。〈自分自身が聴いてうまいと思っていた自分の歌〉が、「他者や現実」との比較によって、たいしてうまくもないことに気づかされる、と読み取れます。「自分自身の経験に即して」とありますから、この「歌」の例を参考にして、〈自分ではうまいと思っていたこと（各種のスポーツや芸術行為など）→自分よりも能力のある他者との比較によって（厳しい現実を思い知らされ）自信を失う〉のようにまとめていけばよいでしょう。

全体のまとめ方は、まず自分自身の経験を示し、そのあとで一般的説明を加えていけばよい（〔本解〕）のですが、ここは、自分自身の経験と一般的説明を重ねながらまとめることも可能です（〔別解〕）。

問二 本文解説で述べたように、「〝本来の自分〟」とは、直前の一文中にある「本来的なものとしてのロマン（＝理想）（★印）」の「言い換え」と理解できます。したがって、「ロマン」について詳しく説明した部分（二十字以内）を傍線部B以前から探し出します。「ロマン的独我論」ではなく、「本来的なロマン」です。2・3行目「自分が何であるかについての憧れを伴った像（★印）」が正解です。

問三 「ロマン（★印）」と「単なる夢想（※印）」との違いが問われています。それぞれの「言い換え」部分に着眼するとともに、「ロマン」と「ロマン的独我論」との違いにも注意します。また、第9〜11段落で「ロマンを生き延びさせる道すじ」が述べられていましたので、そこもヒントとして押さえておきましょう。整理すると、次のようになります。

★ロマン
・現実（他者）に抗って抱く幻想（理想）
（第1段落）
※独我論は現実の拒否・信念の絶対化
・幻想を本質とする人間にとって不可欠のもの
・他人や現実の中でその「妥当」を試すべきもの
★単なる夢想
・客観的現実だけを信じる立場から、「ロマン」を〈現実生活の中では背理的なもの＝非現実的なもの（＝単なる夢想）〉と見なす考え

設問文を見ると、「当てはまるものをすべて選んで」となっています。したがって、選択肢相互の比較作業は必要なく、本文中の記述内容と合致するかどうかを考えます。

◆選択肢チェック◆

「立脚」とは〈よって立つ場を定める〉の意ですが、本文では〈現実に「抗う」〉となっていました。「抗う」は、独我論の「拒否」とは異なり、「現実」を前提にした上での〈反抗〉ということです。しかし、〈反抗〉は「立脚」とまったく同じであるとはいえません。ここで第9～11段落の内容を踏まえると、確かに「ロマン」は〈現実に「抗う」〉ものとして定義されていましたが、「ロマン」が生き延びていく道すじは「他人（現実）」の中で「ロマン」の「妥当」を探ることです。つまり、「他人（現実）」の中でしか「ロマン」が生き延びる道はない以上、「ロマンは現実に立脚」しているといえることになります。

① ○単なる夢想は非現実的なものだが、ロマンは現実に立脚したものである。

「単なる夢想」は、「ロマン的独我論」の崩壊によって〈ロマン＝単なる夢想〉になります。選択肢後半の「ロマンはそれ（＝ロマン的独我論）を打ち破ったもの」は、〈ロマン的独我論からの脱出〉と解釈すれば誤りとはいえないものの、前半部分が明らかな誤りです。

② ×単なる夢想はロマン的独我論の中にあるものだが、ロマンはそれを打ち破ったものである。

後半の〈ロマン＝認識的幻想〉について、第8段落で「主観―客観（認識―現実）」と述べられていますので、〈ロマン＝主観的幻想〉と言い換えることが可能です。すると、〈単なる夢想＝主観的幻想〉との違いがなくなってしまいます。「両者の違い」を問う問題ですので、不適です。

③ 単なる夢想は主観的幻想であるが、×ロマンは認識的幻想である。

「自分の認識を絶対化」も「自分の信念の絶対化」も「独我論」につながるものです（第8段落）。

④ 単なる夢想は×自分の認識を絶対化したものだが、ロマンは×自分の信念を絶対化したものである。

「ロマンは不可欠なもの」は第7段落に記されていました。「単なる夢想は人間にとって不可欠なものとは言えない」という記述は文中にはありませんが、「ロマンとは単なる夢想なのではない」のですから、「単なる夢想」は「不可欠なものとは言えない」と読み取ることができます。

⑤ ○単なる夢想は人間にとって不可欠なものとは言えないが、ロマンは不可欠なものである。

＊ここに注意！＊

「AとBとの違い」が問われた時には、単にA・Bそれぞれの説明が正しければよいということではなく、両者の「違い」が明確になっていることが必要です。「記述式」の場合も注意しましょう。

問四 本文では「他者の目（現実そのもの）」「他人（他者）や現実」のように、「他人」と「現実」はほぼ同義の語として用いられていました。したがって、「ロマンと現実の間をどのように生きる」かという問題は、「ロマンと他人の間」の問題として考えてよいわけです。第9段落で、その問題が〈ロマンを生き延びさせるたったひとつの道すじ〉として語られていました。◆印を付した部分です。そして、その「言い換え」表現が第11段落にありましたので、それらを踏まえて解答の骨組みと方向性を考えると、次のように整理できます。

自分のロマン（や理想）
↓
他人との間でどのように「妥当」するかを探る＝他人の中で試す　＝　他人との了解
↓
〈自我〉のありようを絶えず刷新する　＝　自分を了解しなおしてゆく

ただし、「ロマンと現実の間を……」と問われていますので、「客観的現実や他人（他者）との間で（の中で）……」のようにするのが適切です。「ロマン」の方は、「客観的現実」に対して「自分の主観的ロマン（主観的幻想としてのロマン）」のように肉づけすればよいでしょう。

なお、ここは、〈〝独我論〟に陥ること〉や〈事実としての人間に落ち込む〉ことを避けての「道すじ」ですから、「ロマンを絶対化したり、客観的現実だけを信じたりするのではなく、――べきだ。」のように対比的にまとめる形も考慮すべきですが、字数制限や説明としての重要度を踏まえて対処します。ここでは、対比的にまとめると、重要度の高い後半の説明が不十分になってしまうので、「あるべきあり方」だけを説明すればよいでしょう。

◆解答◆

問一　私の画家への憧れは、自分よりも絵の上手な他者を知ることで崩れていったが、そのように、他者との比較によって人は自分の能力の程度を知り、憧れを実現することの困難さを認識していくのだということ。(94字)

(別解)私にはプロのサッカー選手への憧れがあったが、高校時代のサッカー体験によって、自分よりも能力のある人たちが多く存在するという厳しい現実を思い知らされ、憧れが崩されていったということ。(90字)

問二　自分が何であるかについての憧れを伴った像　(20字)

問三　①・⑤(順不同可)

問四　自分の主観的ロマンが客観的現実や他人との間でどのように「妥当」するかを探り、そうした他人との了解を通して絶えず自分を了解(刷新)しなおすべきだ。(68字)

コラム 15

「ロマン」とともに

一回限りの人生ですから、誰もが自分の理想や憧れを実現して生きたいはずです。しかし、他者や現実は自分についての冷厳な事実をつきつけてきます。ましてこの情報化時代には、才能ある人たちの仕事ぶりを数多く知らされ、自信を失いがちになるわけです。

しかしながら、「ロマン」がほんとうに自分の生を支え、そこに本来の自分が息づいているのならば、その「ロマン」を生き延びさせる道を探さなければならないでしょう。断念できる「ロマン」であるなら「断念」してもよいのですが、断念してしまったら〈自分にとっての生の意味〉が崩れてしまう「ロマン」であるなら、職業にしえなくとも、その「ロマン」を磨いていくということです。

宮沢賢治は、音楽の才能をもった自分の教え子にあてて「告別」という詩を書いています。厳しい励ましの詩です。「けれどもいまごろちゃうどおまへの年ごろで／おまへの素質と力をもってゐるものは／町と村との一万人のなかになら／おそらく五人はあるだらう／それらのひとのどの人もまたどのひとも／五年のあひだにそれを大抵無くすのだ／生活のためにけづられたり／自分でそれをなくすのだ／すべての才や力や材といふものは／ひとにとゞまるものではない／ひとさへひとにとゞまらぬ」――「ひとさへひとにとゞまらぬ」という一節はグサリと突き刺さってくる言葉ではないでしょうか。ただ、賢治は、最後にこう語っています――「もしも楽器がなかったら／いゝかおまへはおれの弟子なのだ／ちからのかぎり／そらいっぱいの／光でできたパイプオルガンを弾くがいゝ」と。

ここには、「ロマン」のもつ根源的な意味が示されているように思われます。重要なのは、楽器を奏でたり、絵を描いたりしている時に、その人が感じた充溢感であり、その充溢感が世界や存在の深部に触れた感触があったかどうかということです。したがって問題なのは、他者との比較ではなく、自分自身の探究ということになります。自分自身を探究する場において他者や現実が関わってくるというように考えるべきであるのでしょう。もちろん現実は厳しく、運不運もあります。しかしながら、演奏家になれなくとも、「光でできたパイプオルガンを弾く」道は開かれていて、自分の〈内なる音楽〉を保つ道はあるということです。〈もっとも大切な自分〉をどのように抱えていくか、そこが問われているのです。

第11回

第2章 テーマ別攻略編

〔小説〕1

北杜夫（きたもりお）『幽霊』

出典 北杜夫『幽霊』（出題：京都産業大学 経済、経営、法学部等）
北杜夫 一九二七〜二〇一一。小説家。歌人の斎藤茂吉を父にもち、精神科医となる一方、多くの小説を発表し、『夜と霧の隅で』で芥川賞を受賞。入試出典としてたびたび用いられ、今回の『幽霊』は過去のセンター試験にも登場している。

本文解説

今回の出典の箇所は、思春期に入った主人公の、少女への淡い思いを書いた一節です。主人公は少女を美的な対象として眺めて観念的な思索にふけるだけで、会話を交わすといったような発展はありません。

少女への思いと憧憬、眩暈の意識（第1・2段落）

ひとつの印象にしても、度重なるにつれ、次第に色褪せてゆくものと、その逆のものとがあるだろう

＝

はかないもの、移ろってゆくもの、限りなく深いもの、確実に把えることができぬもののみが、その都度あたらしい面を人に示してくれるのだ

↓

決してまじわることのない異質の世界が、そのような憧れの源なのであろうか

・ぼくは、以前惹きつけられたひとびとの姿を彼女のなかに見いだす
・X1〈自然〉自体をそこに見た

＝

＝

この眩惑は、彼女を見ることが度重なるにつれ強まった

たしかにA憧憬というものは無知の所産だ

⇔

どれほど認識をつみかさね、陶酔の領域がせばまったとしても、最後にのこる眩暈というものもある

「あの音楽のさなかから立ちあらわれた少女——一瞬にぼくの心に刻みつけられてしまった少女（5行目）」とあり、「ぼく」はひとりの少女に出会いました。その少女は強く心に残ったのです。

画家の個展での少女との出会い①（第3～7段落）

ぼくは自分のすぐ横に……忘れもしないいつぞやの少女が佇んでいるのに気がついた

←

彼女はそれほど美しくは見えなかった

Bおどろきはあまりなかった

彼女がそこにいることが、定められた極く当然の事柄のように思われた

彼女は実際うつくしく感じられなかったので、ぼくは大胆にじっとその横顔をながめやった

⇔

なにげないＸ３〈自然〉が注意ぶかい観察者にだけそのふところを示してくれるのと同じように、その小ぢんまりした顔立ちが次第に輝きをましてくるのを、ぼくはおびえたように波うつ鼓動とともに意識した

彼女は言おうようなく美しかった！

これ以上よくできている造形物はなかった

「彼女はそれほど美しくは見えなかった」「おどろきはあまりなかった」という部分から、画家の個展で再び見た時には、初めて少女に出会った時の衝撃に比べて冷静さが増していることが読み取れます。ところが注意深く観察するうちに、少女の美しさに改めて感動していくのです。

画家の個展での少女との出会い②（第８～12段落）

彼女は焦点の定まらぬ視線を上方に放ったが、そのときあらわれる漆黒の瞳孔ほど、なんの奇もないその姿を周囲から判然と区別しているものはなかった

それは人々の背後にあるぼくの視線を制御し、思わず目を伏せさせるほどの力をもっていた

←

影のなかに退いて、光のなかのえりぬかれた像、もっとも個性的な類型の美をみつめていること、けっして見られることなく対象のみを見つめていること、――このことほど

Ｃ〈精神〉と〈生命〉との嘲弄的な関係をあらわしていることはないように思われた

なんの関わりもなく、識ることのみあって知られることはなく、ただ隠れて心ふるえながら観なければならぬという惑わされた宿命感が、ぼくの顔をこわばらせた
⇔
なんとかして近づく方法はないものだろうか。あたりまえに気持よく、ちょっとした言葉でも交せないものだろうか

少女を美的対象として眺めるだけではなく、〈近づく方法はないか、ちょっとした言葉でも交せないものか〉というように、現実的な欲望が少し入り、「ぼく」の少女への思いも変化してきています。言い換えれば、プラトニックで〈精神〉的な恋心の中に、〈生命〉的なもの・肉体的なものが入り込んできたといえます。

その後の少女との街での出会い（第13〜17段落）

E 一切が不確かであり漠然としすぎていた
=
そのような霧の帳が、時とともにぼくの憧憬をつのらせ、その姿をさらに神秘化させていった
←
その予期できぬ邂逅は、少年の日の、まだ名も知らなかった美しい蝶たちとの関係にも似ていた
←
彼女は会うたびに変化した。天候が、衣服が、おそらくその日の気分が、このうすい(イ)匂や

かな皮膚につつまれた生物を微妙に変貌させた
←
彼女は、すれちがうときに一瞬こちらを見あげたが、上目使いに瞠かれた瞳のきらめきが、
F このときほど〈精神〉と縁どおく思われたことはなかった
←
そのしなやかな項を、ほっそりとした腕を、若さそのもののような肢をぼくは見た
⇔
にもかかわらず、ぼくはそれ以上彼女に近づこうとはしなかった。まして言葉をかけるなど
思いもよらぬことであった

不意に現れる少女は謎の存在ですが、それが前半でみた「憧憬」をつのらせます。昆虫マニアだった主人公は、いつ現れるかわからない少女の様子を珍しい蝶に例えます。さらに、絶えず変化し、成熟してゆく肉体を伴った「生物」のイメージを加えて認識していきます。「生物」は問二で考える「自然」とも言い換えられるもので、「精神」と対立する概念です。第11段落に〈影のなかから心ふるえて美をみつめる〉とあるように、精神性だけを意識してきた「ぼく」にとっては、そうした「生物」「肉体」を思い起こさせる少女に対してうまく対応できず、声をかけられないままの関係で終わってしまいます。

設問解説

問一 (ア)の「いぶかしい」は怪しく納得がいかない様子を表します。選択肢の中でこの意味に近いものは③「不思議に」です。少女に出会った時の「眩惑」が現在まで続くのは不思議なことだというのです。

(イ)の「匂やか」には、〈つやつやと輝くように美しいさま〉〈よい香りが立ちこめているさま〉という二つの意味がありますが、本文では少女の美しい様子を示しているので、①が正解です。ここは視覚を通して感じられる美を表す用法であることに注意しておきましょう。

(ウ)の「いたいけ」は「痛き気」が変化した語で、子供などの痛々しくていじらしいさま、さらに幼くてかわいい様子を表します。選択肢では①「清楚であいらしく」が最も適当です。②は「見苦しく」、③は「痛々しく」、④は「みすぼらしく」が不適当です。

問二 まず、X1の直前に「その髪も、その項も、その身体も……以前惹きつけられたひとびとの姿を彼女のなかに見いだすとともに」とあることから、「髪」や「項」、「身体」に見出される魅力的なものというように考えられます。X2は私たちが普段使っている、人工ではない自然という意味に近く、「風景」に含まれるものと考えられます。X3は、直後の「注意ぶかい観察者にだけそのふところを示してくれる」という表現に着目しましょう。X1〜X3を総合すると、

人工的なものではなく、注意ぶかい観察者にだけ見出される魅力的なもの

とまとめることができ、これに近い④が正解です。

◆選択肢チェック◆

① 〈注意ぶかい観察者にだけ見出されるもの〉という要素（X3）と矛盾します。
どことなく心惹かれる、気高い姿で×たしかにそこに存在しているいとおしいもの。

② 〈魅力的なもの〉という要素（X1）が欠けています。
人間の手の加わっていない、そのもの本来の状態で存在している×未知の荒々しいもの。

③ 〈髪や項、身体など、ひとびとの姿に含まれるもの〉という点（X1）から、「無機的」は不適当です。
人間的な要素を含まない、一般社会から隔絶された×無機質な美しさを備えたもの。

④ ○右の説明の通り、必要な要素をすべて含んでいます。
注意深い観察者だけが知覚できる、誰の手にも触れられていない美を含んだもの。

問三「憧憬」とは〈あこがれ〉のことです。第1段落に「決してまじわることのない異質の世界が、そのような憧れの源なのであろうか」とあることに注目しましょう。人間は未知のものにあこがれを抱きます。誰もが知っているものには興味を示さず、あこがれなどもたないでしょう。つまり、対象についての知識、認識が十分にあれば、あこがれるという気持ちは生まれないというのが常識的な見解です。この部分を核として記述をまとめましょう。ただしこうした見方に対して、「だが」と否定して、「ぼく」は、傍線部のあとで「どれほど認識をつみかさね、陶酔の領域がせばまったとしても、なお最後にのこる眩暈というものもある」といっています。「眩暈」は「憧憬」を言い換えた語だと考えれば、常識を否定して、自らの考え方（感覚）を主張している部分であるということになるのです。

問四 本文解説 でも指摘したように、画家の個展での少女との再会は最初、「定められた極く当然の事柄のように」思われました。そして、「彼女は実際うつくしく感じられなかったので、ぼくは大胆にじっとその横顔をながめやった」のですが、彼女は「次第に輝きをまして」きました。「ぼく」は、「言おうようなく美しかった！　どの部分すら、ぼくにとってこれ以上よくできている造形物はなかった」という新たな発見に驚かされてゆくのです。

◆選択肢チェック◆

彼女の美しさに改めて驚いただけで、「別人」のように見えたわけではありません。

① 以前出会ったときとは異なり、どこにでもいる普通の少女のようにじっくり観察することで、×突然別人のように感じてしまう自分の心の変化にうろたえてしまった。

彼女の現在の美しさを過去と比較しているとはいえません。

② 以前出会ったときも心惹かれる存在ではあったが、間近で少女を観察すると×これまでよりもさらに美しく成長しており、急に気持ちが高揚してしまった。

「絵画に出てくるような」という比喩表現には根拠がありません。

③ 以前出会ったときも心惹かれる存在ではあったが、間近で観察すると少女の姿が×絵画に出てくるような素晴らしい造形物のように感じ、自分でもとまどってしまった。

冷静に観察するに従い美しくなっていく彼女の様子を、適切に指摘しています。

④ 以前出会ったときも印象的な少女ではあったが、○じっくり観察するにつれ増していく彼女の美しさに圧倒され、自分でも驚くような心の高ぶりを感じてしまった。

問五 傍線部Cの〈精神〉と〈生命〉とは対比されるもので、〈生命〉は肉体や本能などと言い換えるとわかりやすいかもしれません。「嘲弄」とは〈相手をあざけってばかにすること〉です。傍線部C直後の「識ることのみあって知られることはなく、ただ隠れて心ふるえながら観なければならぬという惑わされた宿命感」、さらには次の段落の「なんとかして近づく方法はないものだろうか。あたりまえに気持よく、ちょっとした言葉でも交せないものだろうか」という部分に注目すると、

〈精神〉＝隠れて心ふるえながら彼女を観ている内面
〈生命〉＝彼女に近づこうとしている肉体、本能

という対比ができてきます。

◆選択肢チェック◆

① 彼女に恋い焦がれているのに、自分の気持ちがうまく伝わらず苦しく切ない想いでいること。
彼女に近づこうとしている〈生命〉の要素が欠けています。また、恋心を伝えようとしてもいません。

② 彼女に振り向いてほしいという想いがある一方で、交際を断られるのではないかと不安に感じる自分がいること。
「交際を断られるのではないか」という不安には言及されていません。

③ 彼女に近づきたいという想いがあるのに、それを抑制してしまう気持ちも同居していて困惑していること。
〈生命〉と〈精神〉の両面を正しく指摘しています。

④ 彼女への想いは募る一方なのに、見ているだけでもう一歩が踏み出せない自分にいらだっていること。
彼女に近づこうとしている〈生命〉の要素が不十分で、また、「いらだっている」わけでもありません。

問六 傍線部Dの「この嗤うべき迷妄」の「迷妄」とは、〈道理がわからず、事実でないことを事実だと思い込むこと〉。ここでは、傍線部D直前の「なんとかして近づく方法はないものだろうか……いいや、それは不可能だ。なぜなら彼女らの言葉はぼくらの言葉とはちがうし、彼女らは凡庸にかがやかしく生きているのだから」までの迷いや煩悶とそこから帰結される誤り（彼女に近づくことはできないという考え）を指しています。本問は、誤った判断をした理由として、〈彼女らの言葉はぼくらの言葉とはちがう〉という点を指摘できているかどうかがポイントです。

◆選択肢チェック◆

① 自意識過剰であるせいで、何度も訪れた男女交際の機会をみすみす逃してしまうという青春期に特有の思い込み。
少女との「出会い」は何回か記されていますが、「何度も訪れた男女交際の機会」は本文にはない内容です。

②　あこがれの少女に近づくことができないのは、自分が彼女たちとは住む世界が違うからだとする思い込み。
「迷妄」の原因と結果が適切に示されています。

③　普通の少女にも近づけないほど異性に対して臆病なのに、それを認めることのできない青春期に特有の思い込み。
「異性に対して臆病」かどうかは、話題になっていません。

④　男女交際もできないことを卑屈に思うことなく、それが当たり前であると自己を正当化しようとする愚かな思い込み。
「男女交際もできないこと」を当たり前とする認識はありません。

問七　傍線部Eの「不確か」「漠然」という内容は直後で「霧の帳」という語で表されていますが、その具体的な内容は第14・15段落に記されています。彼女との「予期できぬ邂逅」は、美しい蝶たちとの出会いに似ていて、どこかにいることはわかっていても捜し求める時はなかなか出会うことができず、ほんの何かの拍子に目の前に現れたりする、そして、彼女は会うたびに変化し、昆虫の多彩なヴァリエーションを見るような気分になる、というのです。とすれば、〈変化し続ける彼女の実体をつかむことができない〉ということが解答の核心になることがわかります。この時、自分の気持ちが本当の恋愛感情なのかどうか、とか、彼女が自分の愛情を受け入れてくれるかどうか、といった内容は無関係です。

問八　**問五**でみたように、〈精神〉は〈生命〉（肉体）と対比される概念です。「上目使いに瞠かれた瞳のきらめきが……〈精神〉と縁どおく思われたことはなかった（77・78行目）」とあり、その直後も彼女の項、腕、肢という肉体の部分の描写が続いていますから、傍線部Fは〈このときほど〈生命〉（肉体）を感じたことはなかった〉とも言い換えられます。

◆選択肢チェック◆

①　少女があまりにも美しすぎて、さえない自分にはとうてい手の届かない存在であると感じられたこと。
美しさではなく、少女の肉体に注目すべきです。

②　すれ違った際にそれまでの彼女に対する想いが一気に膨らんでしまい、気持ちの整理ができないと思ったこと。
〈精神〉と縁どおく」とは、気持ちの整理ができないということではありません。

③　少女を詳細に観察すればするほど、彼女を肉体を持つ女性として強く認識するようになってしまったこと。
〈精神〉と縁どおく」＝肉体をもつ女性として強く認識、という関係が適切に示されています。

④　彼女を性の対象として見てしまったことに罪悪感を抱き、これ以上近づくのはやめようと思ったこと。
「罪悪感」や「これ以上近づくのはやめよう」という思いは本文には書かれていません。

問九 本文は、少女との再会から別れ（近づくことの否定）までを思索に富んだ硬質な文体で描いているといえます。「かつてぼくを恍惚とならせたいくつかの美は、ぼくがそれに接近し認識するとともに、ぼくの目から消え去った（83・84行目）」と同じように、彼女も消え去ることを内省的な態度で受け入れたということになるでしょう。

◆選択肢チェック◆

① 少女との偶然の出会いで一瞬にして恋に落ちた純真な少年の姿を、二人の境遇の違いに苦しみながら、×その困難を乗り越えようとする少年の心の動きに寄りそって描いている。

「困難を乗り越えよう」では、恋愛を成就させようとする方向になってしまいます。

② 少女へのあこがれの気持ちが大きくなっていけばいくほど彼女を拒んでしまう複雑な少年の心境を、青年になった主人公の視点から○青春の貴重な思い出として内省的に描いている。

第2段落「すべての眩暈……現在まで」、第12段落「今となっても」「失われた青春」とあるように、現在から過去について思い、淡々とした心境で青春を語る主人公の様子が適切にまとめられています。

③ ×平凡な少女へのあこがれが会うたびに募っていく少年の恋心を叙情的な筆致で描き出すとともに、青春時代に特有の心の変化を主人公と等身大の言葉でいきいきと描いている。

後半で描かれた、主人公から見た少女の様子は、「平凡」とはいえません。

④ 少女との出会いを経て、徐々に深まる彼女への想いをうまく口にできないもどかしさに困惑しながら、×彼女を拒絶する根本の原因を探し求めて苦闘する主人公の姿を描いている。

「彼女を拒絶する根本の原因」を考えているとはいえますが、「苦闘する」とするのは言い過ぎです。

◆解答◆

問一 (ア)＝③ (イ)＝① (ウ)＝① **問二** ④
問三 あこがれは対象への認識が不足しているために生じるということ。(30字)
問四 ④ **問五** ③ **問六** ②
問七 偶然出会うたびに絶えず変化していく少女の姿を見ているのに、自分が彼女について何も知らずにいるから。(49字)
問八 ③ **問九** ②

コラム 16

子と父それぞれの恋愛体験

「人はなぜ追憶を語るのだろうか。どの民族にも神話があるように、どの個人にも心の神話があるものだ。」から始まる『幽霊』は、北杜夫の初期の長編小説であり、昆虫採集に興ずる少年の心をふとよぎる、幼い日に去った母親のイメージや美しい少女に寄せる思いなどを綴った作品です。副題に「或る幼年と青春の物語」と名づけられていることからわかるように、主人公の幼少年時代から青春にかけての一種の教養小説になっています。作品の前半には「子供が小さな大人でないように、幼児もまた決してちいさな子供ではないのだ。（中略）幼年期というものは、ただ育つことが大きくなることだけが目的なのだと。それならば、彼らが自らの成長にとって妨げとなるすべての体験、あらゆる記憶を、胎内のどこかにじっとおし隠してしまうというようなことだってあるかも知れない。」という一節があり、作品のモチーフにもなっていると考えられます。本文に登場する少女は、じつは幼年期に見た少女の面影を宿しているようです。

ところで、北杜夫の自伝的短編の『神河内（かみこうち）』には、旧制高校時代に、彼がそれまでは厳格で親しみを感じられなかった父親、斎藤茂吉（さいとうもきち）の歌集にも興味をもち始めたと書かれています。茂吉は「死に近き母に添寝（そひね）のしんしんと遠田（とほだ）のかはづ天（てん）に聞ゆる」という歌で知られるアララギ派を代表する歌人です。北杜夫の少年期に、茂吉は妻の私生活上の事件のため別居していましたが、茂吉には若い女性歌人との間に秘められた恋愛がありました。たとえば、茂吉が激しい恋情に揺さぶられていた頃の歌に「春彼岸の寒き一日（ひとひ）をとほく行く者のごとくに衢（ちまた）（＝街の中）を徒歩（とほ）す」というものがあります。社会的常識からみれば非難を免れない、社会秩序から逸脱した恋愛に悩み、「とほく行く者」のように現実と幻との間をさまよう複雑な心境が表出されています。

『幽霊』の主人公の「恋に目覚める頃」の心境と父の「老いらくの恋」の心境とは対照的にみえますが、世間的な打算などとは無縁で一途な、それでいて徒労に近い思いにふける、という点では親子でどこかしら共通点があるようにも思われてきます。

ちなみに、後年に北杜夫は、『青年茂吉』『壮年茂吉』『茂吉彷徨』『茂吉晩年』という茂吉評伝四部作を刊行し、高い評価を得ました。

第2章 テーマ別攻略編

第12回

〔小説〕2
山川方夫（やまかわまさお）『ゲバチの花』

出典 山川方夫『ゲバチの花』（出題：岡山大学 前期）
山川方夫 一九三〇〜一九六五。小説家。森鷗外や永井荷風をはじめ、多くの作家の発表の場だった『三田文学』を復刊し、編集長として活躍した。自らも小説を執筆したが、交通事故で早世した。主な作品に『夏の葬列』『海岸公園』などがあり、入試や教科書の出典としても採用されている。

本文解説

主人公の「彼」と老夫婦の、ひなびた港町での出会いから別れまでを描いた作品の後半です。家族の絆が薄れつつあるのを感じ、「彼」は家族の愛に飢えています。一方で、心を病んだ老夫婦は「彼」の出現によって、息子との再会を現実の世界の「外」で果たします。なお、題名にある「ゲバチ」とはムクゲの方言名です。盛夏を彩る花で、決して明るいとはいえない物語全体に華やかなアクセントを与えています。

I 老夫婦の家での目覚め

ふと目ざめて、しばらくは彼は自分がいまどこにいるのかが思い出せなかった
↓
彼は「ススム」として、粗末なその老夫婦の家で、ア[川]の字になって寝ているのだ
二人の規則的な鼾が、彼を、ひどくやすらかな、のびのびとした、A[ある安定した感覚]に誘っていた

狂った老夫婦とはいえ、彼への心づかいや愛情は、すべて心からの、せいいっぱいのもの

彼は、自分が和やかにそれに包まれているのを感じていた

「彼」が縁もゆかりもない老夫婦に勧められ、しかも息子役を強いられて老夫婦の家で一晩を過ごしたときの感想です。「いまどこにいるのかが思い出せなかった」とは、これまで味わったことのない不思議な体験をしたために生じた感覚でしょう。その感覚は、次の「**Ⅱ　東京の生家での様子**」と対照的です。

Ⅱ　東京の生家での様子

休暇をすごした東京の生家をおもった

←

帰京した彼は、自分が、すでにその生家での成員の一人ではないのを、いやでも知らねばならなかった

父が定年退職をしたいまでは、主は兄であり、さらにその兄を通し、一家を支配しているのは嫂でしかないのだ

←

彼がよくその木影で本を読んだ楠も、日当りを悪くするという理由から伐り倒され、

⇔

安っぽいパーゴラが、枯れた蔓薔薇をからませているのだった

彼は、その新しい家族構成のなかでは、完全によそものであり、せいぜい一人の「客」として寝泊りを許されているのにすぎなかった

←

自分が育ち、巣だと思いこんでいた同じ家が、ただの他人の家でしかない感覚

←

休暇がまだ一日あまっているのに、B東京の家を発たざるを得ない気持ちに追いこまれた

この部分は、「**Ⅰ 老夫婦の家での目覚め**」の場面より前の、生家に帰った時の回想の部分です。そこでは老夫婦の家とは対照的に居心地の悪さが際立ち、家族からの疎外感を味わっているといえます。そして、愛着のあった楠が伐り倒され、その代わりに蔓薔薇が植えられている、という部分は、風景描写でありながらも、生家での「彼」の立場を象徴しているといえるでしょう。兄夫婦が家の実権を握っているために、他人の家でしかないという感覚に耐えられず、休暇をまだ使い切っていないのに「彼」は家を出ることになります。

Ⅲ 再び老夫婦の家で

おれの欲しかったのは、この感覚、家族の一員として迎えられ、欠けていた穴をふたたび埋めるように、自分がその成員の一人である「家族」というもののなかに戻ることの安定だった、と彼は思った

自分専用の場所に、こうして背中をつけて睡るこの感覚こそ、彼は、三年ぶりで休暇に生家へ帰ることの意味だったたし、目的だったのだ

←
それは東京のあの生家にはなく、おれにはこの未知の土地の、子供を失くした狂った老夫婦の、ぶわぶわに膨れた畳の上にしかなかった

Ⅰの内容はⅡを経て、Ⅲでより深い考察となるという展開です。東京の生家と老夫婦の家との対比から、「彼」にとって本当の家族は老夫婦の家だという実感が湧いてきます。「欠けていた穴をふたたび埋める」とは、老夫婦のいなくなった息子の役を「彼」が担っているということで、そこから、家族の一員として、不思議な充実感も生まれてきます。

Ⅳ　老夫婦との別れ

老婆「こんどこそ忘れるんでねえぞ。ここに、父ちゃんと母ちゃんとが、いつでもお前を待ってるってこと」
←
彼「これ、夾竹桃かな。古い木だね」
「なにをいうだ、こりゃゲバチだ」と、すると老爺が口をとがらせて答えた。「ほら、夏にはお前、紫の大きな花をつけてよ。……お前、この花は大好きだ、っていつもいっていたでねえか」
←
突然、彼はふいにその木が緑の葉を生い茂らせ、その濃い緑の重なりのなかに点々と紫色の花をつけた、このゲバチの木の夏が目に見えるような気がした

⇔
東京の家の楠は、蔓薔薇のパーゴラにさえぎられて、どうしても昔のその木を目に浮かべることができなかった
⇔
C 何故かこのゲバチの木は、一瞬のうちにまだ見たこともない葉を群がらせ、大きな紫の美しい花をつけて、彼の目に浮かんできたのだった
←
老婆「今度は、このゲバチの花の咲くころに帰ってくるだぞ」

いよいよ老夫婦との別れの際にゲバチの花が登場し、場面はクライマックスを迎えます。東京の家の楠が切り倒されていることと、老夫婦の家のゲバチの木が鮮明に見えていることとの対比に注意しましょう。「彼」の脳裏には、息子が好きだったというゲバチの花の美しく咲いている姿が浮かんできます。ゲバチの花という媒介を通して、ここで、老夫婦の心境と同じように、「彼」の中でも心情が息子の気持ちと一体化したといえるでしょう。「ゲバチの花の咲くころに帰ってくるだぞ」という老婆の言葉にも違和感なく反応することができたはずです。老夫婦は別れを惜しみつつ、再会を願いながら彼を見送ります。

V 別れたあとの思い
彼は、おそらく自分が二度とこの町を、狂ったこの老夫婦を、訪れることがないのがわかっていた
新しくあの町を訪れた男に、「ススム」を見、たぶん、あらゆる努力をかたむけて泊めよう

とするだろうこともわかっていた

↓

自分のなかで、なにかが完全に終っているのに気づいた

終ったのは、ひとつの夜、ひとつの旅だったかもしれない

終ったと感じたのは、突飛な夢のような、昨日からの不思議な時間の連続だけではなく、こんどの休暇そのものかもしれない、と彼は思った

↓

その間の経験は、ひとつの奉仕でも、また、いわゆる愛のドラマとかいうものでもない

自分を過ぎて行ったものは、ある一日、といったようなもので、それ以上でも、以下のものでもない

⇔

ゲバチの木の緑と、その葉の群のなかに点々と散った美しい紫の花を、もう一度、必死に、あざやかに目にうかべた

老夫婦との別れが済んだということ、それは「彼」が老夫婦家族の一員から、また元の自分に戻ったことを意味します。しかし、老夫婦側では、誰か外部の人間を息子と見なすという、同じようなことを繰り返すことが予想されます。別れは一つのドラマの終わりを告げているはずですが、「彼」は単に「ある一日」の経験として納得しようとするのです。しかし、「彼」の心の中には、老夫婦との出会いの余韻はまだ残っているようです。それが末尾のゲバチの花のイメージを思い浮かべるシーンで、特別な日の特別な印象であることを示しています。このゲバチの花というように、具体的な事物が小説のタイトルにもなっているのは、この作品全体のモチーフ（家族愛の大切さ）を象徴するものだからでしょう。

設問解説

問一　アについて。空欄直前に「粗末なその老夫婦の家で」とあるため、老夫婦の家はそれほど広くはなく、「両隣で、鼾が聞こえている」ともありますから、「彼」の両隣には老爺と老婆が寝ているとわかります。さらに読み進めると、「闇のなかに老婆の荒れた手がのびる気配がして、黴くさい彼の掛蒲団を直す（36行目）」という老婆の描写もあるため、老婆との距離は手の届く範囲の近さだということになります。これらから、老夫婦と「彼」の三人は、「彼」を真ん中にはさんだ密接した状態で寝ていたことが想像されます。したがって、親子三人が仲良く「川」の字のように列を作って寝ることを示す「川の字になって寝ている」が適当です。「大の字になって寝る」という言葉もありますが、これは広々とした空間でなければならず、かつ、老爺と老婆と「彼」との位置関係を示していないため、不適当です。

次にイについて。空欄の前に「家の主は父だったが、その父が定年退職をしたいまでは……一家を支配しているのは嫂でしかない」とあり、家の実権を握っているのは嫂だとわかります。その嫂の機嫌に父も母も左右されていることになりますから、「おどおど」したり、「びくびく」したりするはずです。「おどおど」は〈不安や恐怖から心が落ち着かなくなり、態度にでるようなさま〉を表す言葉ですが、「びくびく」は〈これから起こることへの不安や恐怖のためにおびえたり恐れたりしているさま〉を示します。

「うかつに孫を可愛がることもできず」のように、嫂の態度に普段から気兼ねしている父母のことを考えるなら「びくびく」のほうが適当です。なお、「はらはら」となると、成り行きを危ぶんで気をもむ様子を意味し、〈嫂の不満がいつ爆発するかとはらはらしていた〉といった例では適当ですが、そうした心配が具体的になるまでには至っていません。

問二　「彼」は目覚めた瞬間はどこにいるのかわかりませんでしたが、老夫婦の鼾を聞いて、老夫婦の様子が思い出されてきます。傍線部のあとに「彼への心づかいや愛情は、すべて心からの、せいいっぱいのものに違いなかった。彼は、自分が和やかにそれに包まれているのを感じていた」とありますが、この部分からだけで解答を作成しようとはせず、本文解説でまとめたⅠ・Ⅱ・Ⅲの展開に注意しましょう。

Ⅰ　老夫婦の家での目覚め

⇔

Ⅱ　東京の生家での様子

⇔

Ⅲ　再び老夫婦の家で

となり、まずⅠはⅡと対比関係にあります。老夫婦の家での体験を、東京の生家での体験と対比をさせると、「安定した感覚」が生じてきた理由がはっきりしてくるはずです。東京の生家での体験は「家族の一員として迎えられるのを予期して帰京した彼は、自分が、すでにその生家での成員の一人ではないのを、いやでも知らねばならなかった（10～12行目）」という辛いものでした。つまり、

老夫婦の家…心づかいや愛情にあふれていた

東京の生家…家族の一員という自覚が得られなかった

となります。さらにⅠとⅢは類似関係にあり、老夫婦の家での体験は「結局、おれの欲しかったのは、この感覚、家族の一員として迎えられ、欠けていた穴をふたたび埋めるように、自分がその成員の一人である『家族』というもののなかに戻ることとの安定だった、と彼は思った。……なつかしいそこでのひとかたまりの連帯のなかに帰る意識。自分専用の場所に、こうして背中をつけて睡ることの感覚こそ、彼は、三年ぶりで休暇に生家へ帰ることの意味だったし、目的だったのだと思った（27～31行目）」という部分に、より詳しく述べられています。「ひとかたまりの連帯のなかに帰る意識。自分専用の場所に、こうして背中をつけて睡ることの感覚」こそが「安定した感覚」だといえるでしょう。以上の内容をまとめましょう。

問三　「彼」の「帰省体験」が述べられているⅡの部分をまとめます。ここでのポイントは、家族の一員として迎えられるという期待を抱いて生家に帰ってきたのに、「彼」が、家族の一員であるという実感をもてず、「よそもの」という意識を抱き始めたということです。なぜそのようになったのかといえば、

・家族たちの冗談や流行語が通じず、ひとつの歴史・わからない習慣がつくられていること

・家の主は兄であり、さらにその兄を通し、一家を支配しているのは嫂で、父母は急に老け込んだこと

・「彼」の四畳半の部屋は取りこわされ、木影で本を読んだ楠の代わりに、蔓薔薇が植えられていること

などが挙げられていますが、これらをまとめると、〈新しい家族構成のなかでは、完全によそもの〉という感覚を抱かざるをえなかったということになります。家族であっても、時が移り、嫂のような新たな人間が加わってきたなら、いつの間にか変化してくる、というのが宿命なのかもしれません。

なお、解答としては、直前の部分を利用した「そこで自分が育ち、巣だと思いこんでいた同じ家が、ただの他人の家でしかない感覚は、やはり耐えられなかった」からという内容だけではなく、設問の要求に従って、「帰省体験」を具体的に詳しく説明するようにしましょう。

問四　一番目の波線部の前には「老婆も目を赤く腫らした顔でいった」、二番目の波線部のあとには「老婆が声をふるわせながらいった」とあり、いずれも老婆の感情の高ぶりが感じられます。したがって、老婆は「彼」が本当の息子であり、親子の関係がこれからも続くことを熱い思いで願っていると考えられます。ただし、設問はそうした心情説明を直接問うものではありません。「作品世界における役割にふれつつ」とありますから、文章全体を踏まえて老婆の言葉をとらえ直すという要求が出されているのです。

そこで、老夫婦と別れたあとの「彼」の感慨を述べた部分まで視野に入れると、「彼は、おそらく自分が二度とこの町を、狂ったこの老夫婦を、訪れることがないのがわかっていた（67・68行目）」「彼はその間の経験は、ひとつの奉仕でも、また、いわゆる愛のドラマとかいうものでもないのだ、という気がした。おそらく、自分を過ぎて行ったものは、ある一日、といったようなもので、それ以上でも、以下のものでもないのだ（76〜78行目）」とあり、「彼」は冷静に状況を考えることができていることが読み取れます。そこで老婆と「彼」の心境を対比してみると、

老婆…自分たち夫婦と「彼」を含めた家族が本当の家族だと信じている

「彼」…老夫婦とは本当の家族ではなく、非現実に過ぎないことに気づいている

という違いになります。「彼」は帰省体験を経てから老夫婦と会うことで、本当の家族であるかのような愛に包まれ、安心を得ることができました。とはいって

も、その愛に酔うわけにはいきません。休暇が終われば、再び仕事が待っていて、現実の世界で人々と接触しなければならないからです。これらから考えれば、たとえそれが幻想や虚構であっても、一時的には、家族とともにいるという幸福な体験を、老婆も「彼」も共有することができた——老婆の言葉にはそうした点を浮かび上がらせる効果があると解釈できるのではないでしょうか。あるいは、この作品世界は家族愛をモチーフにしたものですから、老婆の言葉は、家族愛の典型的な形を示すことによって「彼」の心に大きな影響を与えたというように考えることもできるでしょう。これが、老婆の「作品世界における役割」ととらえられます。以上の点をもとに解答を考えると、老婆の言葉は、

《役割》本当の家族を求めていた「彼」に、たとえ非現実の世界の出来事であっても家族愛の大切さを教えることになった

《思い》しかし老婆は、ゲバチの花を好んだ息子だと信じている「彼」がまた訪れることを切望する思いを伝えている

——という方向になります。

問五　傍線部Cの場面をもう一度確認しておきましょう。「お前、この花は大好きだ、っていつもいっていたでねえか」と、息子がゲバチの花が大好きだったことが明かされて、「彼」は「このゲバチの木の夏が目に見えるような気がした。……東京の家の楠は、蔓薔薇のパーゴラにさえぎられて、どうしても昔のその木を目に浮かべることができなかった（60・61行目）」とあります。ここでも東京の生家と老夫婦の家との対比が大切で、

東京の生家…昔の木（楠）を目に浮かべることができなかった

老夫婦の家…紫色の花をつけた、このゲバチの木の夏が目に見えるような気がした

となり、ゲバチの花が目に浮かんでくる描写は、家族愛に包まれていることの象徴としてとらえることができるでしょう。さらにもう一点、ゲバチの花は「彼」と老夫婦の息子とを結びつける接点であるということが付け加えられます。息子が好きだった記憶を老爺が「彼」に押しつけてきた時、「彼」はそれに同調し、自分と息子を同一化し始めている、すなわち、老夫婦との結びつきを実感した、という理解が生まれてくるのではないでしょうか。そしてゲバチの花については、

末尾の部分でも、列車に乗ったあとで再び「彼は黒い窓をみつめて、あのゲバチの木の緑と、その葉の群のなかに点々と散った美しい紫の花を、もう一度、必死に、あざやかに目にうかべた」とありますから、〈ゲバチの花は強く胸に刻まれたイメージ〉であり、現実の世界に戻っていく「彼」にとって、一つの忘れられない思い出としてこれからも残っていくことを示唆しています。この作品のタイトルが『ゲバチの花』になっている理由もわかってくるでしょう。

◆解答◆

問一　ア＝川　イ＝びくびく

問二　東京の生家では家族の一員という自覚が得られなかったが、心づかいや愛情にあふれる老夫婦の家では、ひとかたまりの連帯のなかに帰ってきたような意識が生まれ、自らの居場所を感じることができたことから生じた安らぎ。

問三　久しぶりに帰省した生家だが、期待に反して、話題や習慣が異なり、父母ではなく兄夫婦が中心になっていて、自分の部屋は壊され楠も伐り倒されて、自分は家族の成員ではなくなっている現実を突きつけられたから。

問四　〔解答例1〕本当の家族を求めていた「彼」は、たとえそれが非現実の世界の出来事であっても、老夫婦との出会いによって家族愛の大切さを痛感することになったが、老婆は「彼」をゲバチの花を好んだ息子だと信じ、「彼」がまた訪れることを熱望する思いを伝えている。

〔解答例2〕家族という居場所を失った「彼」の辛さを癒やしてくれた老婆たちであったが、老婆自身も最愛の息子とともに家で暮らすことができなくなることの寂しさや悲しみを味わい、「彼」の再訪を熱望する思いを伝えている。

問五　東京の家では、愛着のあった昔の楠が倒され、「彼」がよそものでしかないことを意識させたのに対し、老夫婦の家のゲバチの花は、息子が好きだったという老爺の発言から老夫婦家族とのつながりを強く実感させて、「彼」の心を癒やす具体的で強く印象に残るものという意味をもっている。

コラム17

癒やしの物語

本文は前半が省略されているので、あらすじをもう少し詳しく述べましょう。――「彼」は東京の生家で何日か過ごしたあと、すさんだ気持ちで、あてもなく見知らぬ寒村で電車を降りた。そうした心を見透かすように、突然老爺が「ススムでねえか」と声をかけてきた。無理に自宅へと連れて行こうとする老爺の態度には狂気が感じられ、家にいた老婆に事情を話すと、息子は遠洋に行ったまま帰ってこないというが、老婆の記憶もまたおぼつかない。二人は「彼」に一晩泊まっていけと促し、歓待する――という内容です。

さて、老爺と老婆の症状は現代では「認知症」と呼ばれるものに当たると思います。見知らぬ「彼」を息子とみなすのは、自分たちが安心できる世界を再構成しているからだという解釈も成り立つでしょう。

認知症患者を長年みてきた阿保順子(あぼじゅんこ)は、著書『認知症の人々が創造する世界』の中で「私は、のめり込むように認知症の人々の生活世界に浸っていた。彼らが、虚構でありながらも現実をなぞっているような見事な別世界を創造していると思えたからである。知が侵されているのではなく、新しい知が創られていると感じていた」と書いています。作家の井上靖(いのうえやすし)は、認知症を患う母が、虫の音がすだく秋の静かな夜なのに「雪が降ってきた」と言うのを聞き、母親の様子を「状況感覚」という言葉で説明しています。『ゲバチの花』の老夫婦が息子と同じぐらいの年齢の「彼」を息子とするのも、一つの「状況感覚」なのでしょう。

一方で、それでは「彼」はなぜ、そのような老夫婦の家に一晩泊まったのでしょうか。それを考える手がかりを、認知症で入院している母親を抱えた時の困惑を描いた安岡章太郎(やすおかしょうたろう)の小説『海辺(かいへん)の光景』から探すなら、「顔を母のそばに近づけた。汗と体臭と分泌物の腐敗したような臭いが刺すように鼻についた。しかし、その臭いを嗅ぐと、なぜか、彼は安堵した気持ちになった。重い、甘酸っぱい、熱をもったその臭いが、胸の底までしみこんでくるにつれて、自分の内部と周囲の外側のものとのバランスがとれてくるようだった」という部分が見つかります。腐敗臭を放つ母でありながら、そこに安堵を見出すというアンビバレンツ(対立感情併存)、ここに秘密が隠されているのです。『ゲバチの花』が一編の「癒やしの物語」だとすれば、老夫婦は「彼」の登場によって癒やされ、「彼」もまた老夫婦に癒やされる、そうした構造が見られるのではないでしょうか。

MEMO

MEMO

MEMO

MEMO

正読現代文 ［入試突破編］

初版第１刷発行…………2021年３月10日
初版第３刷発行…………2023年５月10日
編者………………………Ｚ会編集部
発行人……………………藤井孝昭
発行………………………Ｚ会
〒411-0033　静岡県三島市文教町1-9-11
【販売部門：書籍の乱丁・落丁・返品・交換・注文】
TEL 055-976-9095
【書籍の内容に関するお問い合わせ】
https://www.zkai.co.jp/books/contact/
【ホームページ】
https://www.zkai.co.jp/books/
装丁………………………犬飼奈央
DTP………………………株式会社 デジタルプレス・大日本法令印刷株式会社
印刷・製本………………シナノ書籍印刷株式会社

ISBN978-4-86531-375-8　C7081

Z-KAI

正読現代文　[入試突破編]

問題

目次

第1回

第1章　設問別対策編

評論文の部分理解 1

滝浦静雄（たきうらしずお）『「自分」と「他人」をどうみるか』

倫理学
＊難易度＊
★★
＊本体ページ＊
p10〜19

次の文章を読んで、後の問いに答えよ。

　苦痛は、しばしば誤解されているように、快の反対なのではない。というのも、快はきわめて漠然としていて、それを身体の特定部位に定位させることが困難であるのに対して、苦痛は必ずどこかの痛さ、苦しみであるほかないからである。事実、われわれが何かをうまいと言うとき、うまさは舌の上にだけあるだろうか。おそらく、そのときわれわれは、舌にとろける感じや歯応え、のどの通り具合、時には腹にしみる感じなど、さまざまの感覚を楽しんでいるのであり、いわばそれらの全体がうまさなのではあるまいか。そして、快は何と言っても、或（あ）る欠如から生じた欲求の充足に伴う感情である。伴うと言っても、完全に充足されてしまえば、快そのものも消失してしまうわけであるから、快はP・リクールも意志に関する現象学的分析のなかで指摘しているように、「欲求のサイクルの最後から二番目の位相（欠如―欲求―快―充足）」だと言うべきであろう。そして、或るものがそれの与える快感のゆえに求められるというのは、実は、想像力によって先取りされた快感が欲求の充足そのものと混同されているからなのである。

　一方、苦痛には、快における欲求のような先行するものがなく、それはいわば突然にやってくるものである。A苦痛は、対象言語のレベルに属している。そのうえ、苦痛の反対ないし否定は、快というよりも、むしろ苦痛の［ア］、つまりわれわれの平常の状態なのである。

このように見れば、快や幸福よりも苦のほうがより実体を備えていることが分かる。われわれは、他人の幸福に手を貸すことはできないが、彼の苦痛には感情移入し、それに対して間接的にではあれ、手当てなどの対処をすることができる。もちろん、経験的に言うならば、その対処が他人の幸福の促進になるということはあるであろうが、常にそうだとは限らない。Bその意味では、われわれが他人と共生しうるのは、痛みを分かち合うことによってだ、と言うべきであろう。そして、この痛みの分かち合いにこそ、倫理の開始点があるのである。

もし、人間がそれぞれ全く孤立して暮らしているならば、幸福も不幸も、快も不快も各自の自由に任されるほかはないし、それ以上の何事も生じないであろう。周知のロビンソン・クルーソーは、無人島に漂着し、羊などを獲物にして暮らしたが、或るとき、怪我(けが)をした子羊の脚に手当てをしてやっている。もしこのとき彼が子羊に何らかの憐れみを感じたのであれば、彼はそこで［イ］をしていたことになる。哀れと言うとき、それが羊であるにもせよ、そこに苦痛の主体、「我」らしきものを認め、そして自分の痛みの［ウ］によって、C羊の痛みを除去されるべき或る悪とみなしていたに違いないからである。

問一　空欄ア・ウに入れることばとして最も適当なものを、次の①〜⑤のうちから、それぞれ一つずつ選べ。

①　緩和　②　移入　③　分かち合い　④　中止　⑤　分離

ア □　ウ □

問二　空欄イに入れることばとして最も適当なものを、次の①〜⑤のうちから一つ選べ。

①　欲求充足行為　②　倫理行為　③　医療行為　④　幸福促進行為
⑤　偽善行為

□

問三　傍線部Aで、筆者が「苦痛は、対象言語のレベルに属している」と考える理由として最も適当な部分を、本文中からそのまま抜き出し、二十五字以内で書け。

問四　傍線部Ｂの「その意味」とは、どのような意味か。最も適当なものを、次の①～⑤のうちから一つ選べ。

① 他人の苦痛には、自分自身の痛みとして、具体的に対処することができるという意味。
② 他人の苦痛には、「情けは人のためならず」を実践的に対処することができるという意味。
③ 他人の苦痛には、その人の幸福を阻害しているので、積極的に対処するべきであるという意味。
④ 他人の苦痛には、その人の幸福を促進するものとして、間接的に対処することができるという意味。
⑤ 他人の苦痛には、その人との対等な人間関係ができてはじめて、直接的に対処することができるという意味。

□

問五　傍線部Ｃにおいて、ロビンソンが「羊の痛みを除去されるべき或る悪とみなしていた」とすれば、ロビンソンと羊との関係はどのような状態と言えるか。本文中のことばを用いて、五字以内で書け。

□□□□□

第2回

第1章　設問別対策編

評論文の部分理解 2

桑子敏雄『生命と風景の哲学』

哲学論
＊難易度＊
★★
＊本体ページ＊
p20〜35

次の文章を読んで、後の問いに答えよ。

人は人生のなかで風景と出会う。「出会う」、「遭遇する」というのは、一つの出来事である。「出会う」という出来事は、人間という存在を理解するのに不可欠な要素である。すなわち、人間が存在するときに、自己が存在するということを了解するときに、Aその了解の契機となっているということである。ここで「了解する」というのは、たんに概念的に理解するということではない。あるいは、なにか現象から推論によって結論として獲得するということでもない。わたしたちが自己の存在を了解するとは、まず、自己の存在を感じること、実感することである。「自分という存在がこの世界に存在している、生きている」と感じ、また、そのことを意識することである。自己の存在を了解するということが、自己の存在の本質的契機である。風景との出会いは、そのような契機を提供する。

人間の存在は「与えられていること（所与）」と「選ぶこと（選択）」と、その間に広がる「出会うこと（遭遇）」の領域によって構成されている。

わたしたち人間は、人間としての身体をもって世界を知覚している。身体は、三次元の空間的存在であり、身体そのものは、さらにより大きな空間のうちにある。したがって、身体とは、B二重の意味で空間的存在である。空間が身体に対して、また、身体に属する感覚器官に対して感覚的に立ち現れるとき、そこに風景が出現する。風景とは、身体という空間的存在に立ち現れる空間の相貌（そうぼう）である。相貌の出現をわたしは「出会い」すなわち、遭遇の一つと考えるのである。

たしかに、わたしたちは、ある風景を見るために行為を選択することができる。紺碧（こんぺき）の海を眺めるために沖縄に行くことができる。「風景を見に行く行為を選択する」という意味で、わたしたちは行為を選択することができる。だから、風景を見ることは、選択の領域にあるようにみえるかもしれない。

人間は風景を見に行くことを選択することができる。ここで選択されるのは、見に行くという行為である。では、沖縄に行き、海岸の風景を見ることができたとき、見えた風景は選択されたのであろうか。わたしは、沖縄の海岸に海を見るために旅行を選択した。そして、海岸に立つことを選択した。そのとき、海は見えたのである。海は、わたしの視覚にその空間の相貌を示した。その時、その場所で、海はわたしにその姿を見せた。「海はその姿を見せた」というのは、行為の表現ではない。海は行為を選択することができないからである。それにもかかわらず、海がその姿を見せたから、わたしには海が見えたのである。海を見ようと目を開けることは行為であるが、目を開けたわたしの視覚に広がった海は、わたしにその姿を見せた。わたしが海を別の時間に、また別の場所で見たとすれば、わたしには違った風景が立ち現れたであろう。このことを、わたしは、「C人間は風景を選択するのではなく、風景と出会う」と表現するのである。

風景との出会いに感動があるというとき、「感動」とは、心が風景に感じて動かされることである。「感性」の「感」もまた、「動かされる」ということである。動かされるのは心であるが、動かすものは心の外にある。外界からの刺激によって心が動かされる。その刺激によって成立するのが空間の相貌の立ち現れであり、風景である。風景は、人間の外的環境と身体との出会いによって出現するのである。身体と環境のどちらが欠けても風景は出現しない。

わたしたちは風景と出会う。とすると、わたしたちは、特別な機会に風景と出会っているように思うかもしれない。［ア］、わたしたちは毎日沖縄の紺碧の海に出会っているわけではないし、窓外に雲上の富士山に出会っているわけでもない。しかし、わたしたちは、生まれたときから風景と出会っているのではないか。毎日、目覚めたときから風景のなかにあるのではないか。眠りにつくまで風景を見ているのではないか。その生を終えるまで風景とともにあるのではないか。その通りである。わたしたちの人生は、風景とともに始まり、風景とともにあり、風景とともに終わる。人間にとって存在するとは、「風景とともにある」ということである。

人間の生が死をもって終焉することを恐れた人びとは、宗教的な想像力をもって死後の風景を描きだした。地獄図は、悪人が死後に経験する苦痛に満ちた風景であり、極楽図は、成仏できた人間とともにあると想像される平安の風景である。しかし、よく考えてみると、地獄図の作者は、地獄に落ちた人びとが苦痛に苛（さいな）まれている姿を描いているが、実は、現世で来世の風景を想像する人びとが苦痛を感じることを期待して描いているのである。死後の恐ろしい地獄図は、死後でさえも、人間は風景とともにありたいという願望の表現とも考えられる。D それは、人間存在にとって一種の救いである。

たしかに死後に地獄の風景とともにあるのではなく、極楽の風景とともにあること、その意味で極楽に往生すること、このことが人間にとっての救済なのだが、地獄図の思想は、人間存在の終焉が風景の終焉でもあるという、恐ろしい思想をそのうちに秘めている。言い換えれば、地獄図の存在は、人間存在にとって風景の消滅がもっとも恐るべき事態であるという根源的な認識を示す。平安時代に阿弥陀信仰を広めた源信は、仏教の初心者に方便として極楽と地獄を描いたが、真の悟りの境地は、完全な無であり、そこでは、生にとっても死にとっても風景は存在しない。風景の存在しない境地こそが涅槃（ねはん）であるということであり、この仏教的真理に恐怖する人びとのために、極楽・地獄思想を説くのだと述べている。地獄の風景は、そして、極楽の風景でさえも、E究極の悟りに至る手段である。

人間の存在契機、すなわち、自己了解の契機は、風景とともにある自己の発見であり、自己の感覚である。ハイデガーによれば、人間は、「世界―内―存在」であるが、わたしの表現でいえば、人間とは、「風景―とともに―あるもの」である。「―とともに―」というのは、二つのものが一緒にあるという意味ではない。一方がなければ他方は存在しないという意味である。それにもかかわらず、自己の身体が身体を包む空間とともにあることを意識していないように、わたしたちは、自己と風景の存在をつねに意識しているわけではない。［イ］ほとんどの時間、わたしたちはそれを意識していない。わたしたちが意識するのは、風景のなかの人や物や出来事である。わたしたちは、空気を呼吸し、水分や食物をとり、どこかに移動し、仕事をし、生活を送る。そうした行為の積み重ねのなかで、自らの生を維持している。人や物や出来事を含む風景そのものに対しては、わたしたちは気にとめることなく生活している。そのような日常のなかでわたしたちが風景と出会うのは、まさに出会いのなかでこそ風景が風景として出現するからである。

日常的な習慣に埋没しているわたしたちが風景に出会ったことを実感するのは、日常から抜け出て、非日常的な遭遇を体験するときである。はじめて見た紺碧の海、荘厳な雲海、その雲海から昇る日の出、滴る血のような夕陽など、風景そのものによって感動を受けるときである。

［ウ］、毎日何気なく見過ごしている風景の存在に改めて気づくときも、風景の体験を提供する。見慣れた風景への出会いがどうして起きるかといえば、そのような風景に遭遇している自己の変化とともに風景が立ち現れるからである。健康なときには気にもとめなかった庭の花の様子が新鮮な生命力を宿していることに気づくときや、病気から回復して眺めた山の姿の落ち着きに対する感動など、風景の出現は、そのような出現を促した自己の変化とともにある。

だが、もう一つ人が風景と出会うときがある。それは、人間が「風景―とともに―あること」を自覚したときである。人生が風景とともにあるということを知るとき、人の生きているということが風景のうちにあるということを知るときである。そのとき人間は風景に出会う。風景について考えるということは、そのような体験の契機に出会うということである。風景についての考察を深めるということは、「風景―とともに―あること」としての人間の自己理解を深めることを意味している。風景について深く思索することは、自己の存在を深く思索することと同じである。

問一　空欄ア～ウに入れることばとして最も適当なものを、次の①～⑥のうちから、それぞれ一つずつ選べ。

①　しかし　②　したがって　③　そして
④　むしろ　⑤　たしかに　⑥　また

ア□　イ□　ウ□

問二　傍線部Ａ「その了解の契機となっている」とあるが、筆者はどういうことを言おうとしているのか。最も適当なものを、次の①～⑤のうちから一つ選べ。

①　きっかけがなければ、人と出会うことはできないということ。
②　出来事が一つもなければ、風景と出会うこともできないということ。
③　風景との出会いがなければ、人間は存在することができないということ。
④　自己の存在を感じているだけでは、自分を知ることはできないということ。
⑤　推論しているだけでは、出来事を概念的に理解することはできないということ。

□

問三　傍線部Ｂ「二重の意味で空間的存在である」とはどういうことか。最も適当なものを、次の①～⑤のうちから一つ選べ。

①　身体は三次元の存在であるが、それ自体が空間の中にあるということ。
②　身体は空間を感覚的に知覚するが、空間も身体を感覚的に把握しているということ。
③　空間は身体に働きかけるとともに、身体の感覚器官にも働きかけているということ。
④　身体はある空間の中では一つの相貌を示すが、別の空間では別の相貌を示すということ。
⑤　身体は空間の中に与えられたものであるが、人が意図して空間の中で動かすものでもあるということ。

□

問四　傍線部Ｃ「人間は風景を選択するのではなく、風景と出会う」とはどういうことか。最も適当なものを、次の①～⑤のうちから一つ選べ。

①　人間は自由に旅することは出来るが、あまりに広大な空間を移動するのは骨が折れるということ。
②　人間は旅の目的地を決めることは出来るが、実際にそこに行けるかどうかはわからないとい

うこと。

③ 人間は旅先での体験を楽しむことは出来るが、それを生き生きと思い出すことは難しいということ。

④ 人間は自由に旅程を組むことは出来るが、旅先でどのような空間が姿を現すかは事前には不明だということ。

⑤ 人間は美しい景色と遭遇することは出来るが、もう一度同じ場所を訪れる機会があるとは限らないということ。

問五 傍線部Ｄ「それは、人間存在にとって一種の救いである」とあるが、なぜそのように言えるのか。七十字以内でわかりやすく説明せよ（句読点等も字数に含める）。

問六　傍線部Ｅ「究極の悟り」とあるが、ここで筆者はどういうことを言おうとしているのか。最も適当なものを、次の①〜⑤のうちから一つ選べ。

①　地獄を逃れること。
②　極楽に往生すること。
③　風景とともにあること。
④　風景の存在しない境地に至ること。
⑤　自己と風景の存在を意識しないこと。

□

第3回

第1章　設問別対策編

評論文の部分理解 3

野家啓一『歴史と物語』

歴史学
＊難易度＊
★★
＊本体ページ＊
p36～46

次の文章を読んで、後の問いに答えよ。

そもそもヨーロッパ系の言語では、「歴史」と「物語」はギリシア語の「ヒストリア」に由来する同根の語であり、英語では後に"History"と"Story"とに分化してそれぞれ「歴史」と「物語」の意味を担うことになったが、フランス語、スペイン語、イタリア語などでは、今でも両者は同じ言葉によって表現されている。それゆえ、歴史叙述はその起源からも人間の「物語る」行為と不可分なのであり、その意味で「歴史」の出自は「科学」よりはむしろ「文学」と通底しているといわねばならない。

このように言えば、人は直ちに「歴史」とは「思い出」であると喝破した小林秀雄の『無常といふ事』の一節を思い浮かべることであろう。

［ア］

なるほど、「記憶」と「思い出」とは似ていて非なるものに違いない。「記憶」が巨大な水甕だとすれば、「思い出」はそのわずかな割れ目から滲み出した一筋の水滴にでもたとえることができる。その水滴は朝まだきの光に照り輝くこともあれば、夜の冷気に氷結することもあるであろう。小林秀雄は一滴の水が乾いた舌にしたたり落ちるその瞬間を捉えて、それを「歴史」と呼んだのである。

［イ］

それに対して、「思い出」の方は断片的であり、また間歇的である。あるいは、体験の遠近法によっておのずから枠取られていると言ってもよい。強烈な印象を刻みつけた出来事はクローズアップで大写しにされ、さほど印象に残らない些末な出来事は遠景に退いてゆく。それゆえ、「思い出」は過去の出来事のありのままの再現では決してない。記憶の水甕に蓄えられた水は、割れ目を通って人の心に滲み出す過程で、薫り高い美酒に醸成されるのである。記憶の布地が体験の遠近法に従って裁断される時にゆくりなくも浮かび上がる文様、それが「思い出」にほかならない。［Ⅰ］

しかしながら、思い出が単なる一過性の思い出に留まるならば、それは甘美な個人的感懐ではあっても、歴史ではない。思い出が歴史へと転生を遂げるためには、「物語る」という特徴的な言語行為による媒介が不可欠なのである。思い出には筋もなければ脈絡もない。薄暗い記憶の闇の中に忽然とスポットライトを浴びて立ち現れる一場面、それが思い出であろう。その断片性と間歇性とを補完し、思い出に一定の筋と脈絡とを与えるのが「物語行為」の役目にほかならない。体験の遠近法によって裁断され、断片と化した思い出は、物語行為の糸によって再び縫い合わされ、衣裳としての形を整える。［Ａ］、一篇の「歴史」として語り伝えられるのである。

物語行為の内実をいま少し敷衍（ふえん）するならば、まず第一に、それは思い出を「構造化」する。それは断片的な過去の出来事の間に因果の糸を張りめぐらし、起承転結の結構をしつらえることによって、「なぜ起きたのか」という素朴な疑問に答えつつ出来事の由来を説明する。［Ⅱ］

第二に、物語行為は思い出を「共同化」する。いかに個人的な思い出であれ、それが物語られる場合には、人々の間に流通する手垢にまみれた公共的な言語によって描写されるほかはない。個人的体験は、物語られることによって、共同的経験へと転成する。物語行為は過去を「共同化」することによって、来し方行く末を時間的に展望する手がかりを与え、それを通じて現在を生きるわれわれに自己理解の場を提供するのである。［Ⅲ］

［B］、「出来事の由来の説明」および「自己理解の場」という機能こそは、古来われわれが「歴史」の中に求めてきた当のものではなかっただろうか。そのように考えれば、「歴史」と「物語」とはいささかも対立するものではなく、両者は表裏一体のものとして捉えられねばならない。つまり、歴史叙述と物語行為とは、「科学」と「文学」に二極分解するものではなく、まさに「歴史」という一つのジャンルの中で合体しているのである。［Ⅳ］

たとえば、歴史物語の古典として知られる『大鏡』は、百九十歳の老翁が幼時からの来歴を振り返ってその見聞を聴衆に物語るという対話仕立ての形式をとっている。これなどは、歴史叙述と物語行為とが同根であったことを窺わせる典型的事例であろうし、また故老が炉端で子や孫に物語ったであろう「歴史」の原型的な姿をしのばせる。［Ⅴ］

いったいに、人間が「ホモ・ロクエンス（言葉を喋る動物）」である以上、「物語る」ことは人間の基本的欲求の一つである。人は自分が親しく見聞した出来事を他人に語り伝えないではおれない。それが耳目をそばだたせる常ならぬ出来事であればなおさらのことである。さらには、他人から伝え聞いた出来事であっても、それをまことしやかに語りたいのが人間のやみがたい習性というものであろう。そのような口承や伝承の連鎖が、やがては時間の波に洗われて美しい肌理（きめ）を浮き立たせ、あるいは時間の海の中に結晶体となって沈澱する。歴史とは、人間の「物語る欲望」が時間のたゆたいの中で昇華され、共同体の記憶となって結晶化したものにほかならない。

問一　次の①〜⑤の各文は、すべて『無常といふ事』に出てくる文章である。空欄アに入る文として最も適当なものを一つ選べ。

①　歴史の新しい見方とか新しい解釈とかいふ思想からはつきりと逃れるのが、以前には大変難かしく思へたものだ。さういふ思想は、一見魅力ある様々な手管めいたものを備へて、僕を襲つたから。

②　歴史といふものは、見れば見るほど動かし難い形と映つて来るばかりであつた。新しい解釈なぞでびくともするものではない、そんなものにしてやられる様な脆弱（ぜいじゃく）なものではない、さういふ事をいよいよ合点して、歴史はいよいよ美しく感じられた。

③　歴史には死人だけしか現れて来ない。従つて退つ引き（のっぴき）ならぬ人間の相しか現れぬし、動じない美しい形しか現れぬ。思ひ出となれば、みんな美しく見えるとよく言ふが、その意味をみんなが間違へてゐる。僕等が過去を飾り勝ちなのではない。過去の方で僕等に余計な思ひをさせないだけなのである。

④　思ひ出が、僕等を一種の動物である事から救ふのだ。記憶するだけではいけないのだらう。

思ひ出さなくてはいけないのだらう。多くの歴史家が、一種の動物に止まるのは、頭を記憶で一杯にしてゐるので、心を虚しくして思ひ出す事が出来ないからではあるまいか。

⑤　上手に思ひ出す事は非常に難かしい。だが、それが、過去から未来に向つて飴（あめ）の様に延びた時間といふ蒼（あお）ざめた思想（僕にはそれは現代に於ける最大の妄想と思はれるが）から逃れる唯一の本当に有効なやり方の様に思へる。

問二　空欄イには次の四つの文Ｏ～Ｒが一段落として入る。その段落構成の文の並び方として最も適当なものを、あとの①～⑤のうちから一つ選べ。

Ｏ　そこには、小林秀雄の言葉を借りるならば、「過去から未来に向つて飴の様に延びた時間といふ蒼ざめた思想」があるばかりだからである。

Ｐ　おそらく歴史家の夢は、過去の出来事を細大漏らさず蓄えることのできる完璧な記憶の水甕を作り上げることであろう。

Ｑ　だが、完全無欠な記憶に基づいて叙述された膨大な年代記があるとすれば、これほど無味乾燥で退屈な読み物もまたないであろう。

Ｒ　そこでは、あらゆる出来事が大小を問わず正確に記述され、時間的順序に従って隙間なく配列されているはずである。

① Q―R―O―P　② O―R―P―Q　③ O―P―R―Q
④ R―Q―O―P　⑤ P―R―Q―O

□

問三 空欄A・Bに入れるのに最も適当なものを、次の①〜⑥のうちから、それぞれ一つずつ選べ。

① しかし　② さらには　③ ところで
④ いかにも　⑤ ちなみに　⑥ すなわち

A □　B □

問四 空欄Ⅰ〜Ⅴのいずれかの段落末尾に次の一文が入る。最も適当な箇所を選べ。

それゆえ、物語行為は過去の「客観的再現」ではなく、現在の視点からする過去の「解釈的再構成」である。

□

第4回

第1章　設問別対策編

評論文の全体理解

岩井克人（いわいかつひと）『ヴェニスの商人の資本論』

広告論
＊難易度＊
★★
＊本体ページ＊
p47〜62

次の文章を読んで、後の問いに答えよ。

マルクスはどこかで、商品世界のなかにおける貨幣の存在は、動物世界のなかでライオンやトラやウサギやその他すべての現実の動物たちと相並んで「動物」なるものが闊歩（かっぽ）しているように奇妙なものだと書いている。貨幣とは、それによってすべての商品の価値が表現される一般的な価値の尺度でありながら、同時にそれらの商品とともにそれ自身人々の需要の対象にもなるという二重の存在なのである。

「広告の時代」とまで言われている現代において、広告とは一見自明で平凡なものに見える。だが、その実、広告というものも、貨幣と同様、いわば形而上学的な奇妙さに満ち満ちた逆説的な存在なのである。

英語のどの受験参考書にも例文としてのっているように、"The proof of the pudding is in the eating." すなわちプディングであることの証明はそれを食べてみることである。だが、分業によって作る人と食べる人とが分離してしまっている資本主義社会においては、プディングは普通お金で買わなければ食べられない。（買わずに食べてしまったら、それは食い逃げか万引きである。）プディングがプディングであることの証明、いや、プディングがおいしいプディングであることの証明は、お金と交換にしか得られない。

たとえば、洋菓子屋の店先でどのプディングを買おうかと考えているとき、あるいは喫茶店でプディングを注文しようかどうか考えているとき、人はプディングそのものを比較しているのではない。人が実際に比較しているのは、ウィンドウの中のプディングの外見であり、メニューの中のプディングの写真であり、さらには新聞・雑誌・ラジオ・テレビ等におけるプディングのコマーシャルである。これらはいずれも広い意味でプディングの「広告」にほかならない。すなわち、資本主義社会においては、人は消費者として商品そのものを比較することはできない。人は広告という媒介を通じてはじめて商品を比較することができるのである。

資本主義社会とは、マルクスによれば「商品の巨大なる集合」である。しかし、広告を媒介にしてしか商品を知りえない消費者にとって、それはまずなによりも「広告の巨大なる集合」として立ち現れるはずである。そして、この広告の巨大なる集合の中において、あらゆる広告は広告としていやおうなしに同じ平面上で比較されおたがいに競合する。

もちろん、広告とはつねに商品についての広告であり、その特徴や他の商品との差異について広告しているように見える。だが、人がたとえばある洋菓子店のウィンドウのプディングの並べ方は他の店に比べてセンスが良いと感じるとき、あるいは、ある製菓会社のプディングのコマーシャルは別の会社のよりも迫力に乏しいと思うとき、それは広告されているプディング同士の差異を問題にしているのではない。それは、プディングとは独立して、「広告の巨大なる集合」の中における広告それ自体のあいだの差異を問題にしているのである。

広告と広告とのあいだの差異——それは、広告が本来媒介すべき商品と商品とのあいだの差異に還元しえない、いわば「過剰な」差異である。それゆえそれは、たとえばセンスの良し悪しとか迫力の有る無しとかいうような、違うから違うとしか言いようのない差異、すなわち客観的対応物を欠いた差異そのものとしての差異としてあらわれる。

だが、広告が広告であることから生まれるこの過剰であるがゆえに純粋な差異こそ、まさに企業の広告活動の拠(よ)って立つ基盤なのである。

言語についてソシュールは、「すべては対立として用いられた差異にすぎず、対立が価値を生み出す」と述べているが、それはそのまま広告についてもあてはまる。差異のないところに価値は存在せず、差異こそ価値を生み出す。もし広告が単に商品の媒介にすぎず、広告のあいだの差異がすべて商品のあいだの差異に還元できるなら、企業にとってわざわざ広告活動をする理由はない。企業が広告にお金を出すのは、ひとえに広告の生み出す過剰なる差異性のためなのである。すなわち、広告とは、それが商品という実体の裏付けをもつからではなく、逆にそれがそのような客観的対応物を欠いた差異そのものとしての差異を作り出してしまうからこそ、商品の価値に帰着しえないそれ自身の価値をもつのである。

ところで資本主義においては、いかなる価値もお金で売り買いできる商品となるといえる。それゆえ、当然広告も商品となる。いや、実際、広告に関連する企業支出はＧＮＰの一パーセント近くも占めている。これは、現代ではあまりにも身近な事実であり、人をことさら驚かせはしない。だが、それはその実、本来商品について語る媒介としての広告が、同時にそれ自体商品となって他の商品とともに売り買いされてしまうという、まさにライオンやトラやウサギとともに動物なるものが生息している光景とその奇妙さにおいてなんら変わるところのない形而上学的な逆説なのである。

貨幣についての真の考察は、それが形而上学的な奇妙さに満ち満ちた存在であることへの驚きから始まった。広告が形而上学的な奇妙さに満ち満ちた存在であることへの驚き——それは、広告についての真の考察の第一歩である。いや、少なくともそれは、広告という現象の浅薄さをただ糾弾したり、広告という現象の華やかさとただ戯れたりする言説に溢（あふ）れている現代において、いささかなりとも差異性をもった言説を作り出すはずのものである。

問一　本文の内容と合致しているものを、次の①〜⑥のうちから二つ選べ。

① 形而上学的な現代は、広告の華やかさと戯れによって窒息状態に陥っている。
② 資本主義社会においては、プディングは広告の媒介によって等価交換される。
③ 商品同士の差異よりも広告同士の差異が、資本主義社会では問題にされる。
④ 広告の巨大なる集合の中には、客観的な商品それ自体の過剰な差異がある。
⑤ 差異性こそが商品の過剰なる価値を生み出し、企業の広報活動をうながす。
⑥ 商品世界における貨幣は、形而上学的な奇妙さに満ちた逆説的な存在である。

問二　本文の表題として最も適当なものを、次の①～⑤のうちから一つ選べ。

① 広告の形而上学
② 広告の付加価値
③ 広告の比較検討
④ 広告の経営戦略
⑤ 広告の商品価値

問三　本文の主旨を百字以内でまとめよ。

第5回

第1章 設問別対策編

小説の理解

藤谷治(ふじたにおさむ)『猫がかわいくなかったら』

小説
＊難易度＊
★★
＊本体ページ＊
p63～75

次の文章を読んで、後の問いに答えよ。

〔吉岡とその妻多恵子の近所の知人である望月さんが倒れ、飼い猫をアパートに残したまま入院した。吉岡夫妻は自宅に四匹の猫がいて引き取れないため、望月さんの猫の里親を探しながら猫の世話をしにアパートに通っている。〕

「こっちが気にしすぎなのかなあ」

Hアパートで猫の世話をひと通り終えて、多恵子は猫を撫(な)でながらしょんぼりと言った。憔悴(しょうすい)している、といってもいいくらいだった。

「結局こいつ、私たちの猫じゃないもんね。望月さんの猫だもん。望月さんがそれでいいっていうんだったら、私たちA口出しする権利ないんだよね」

「権利、ないだろうか」吉岡も疲れて、苛(いら)立っていた。「望月のおばさんはちゃんとした判断ができなくなってる。でもこの猫を大事にしてる。だったら僕たちがちゃんとした判断をするのは、大事なことだと思うよ、おばさんのためにも」

「だよね」この一件で吉岡たちに有益だった出来事は殆どなかったが、夫婦が一緒に闘ったということだけは、確かな経験になった。「私たちだって、身元の判らないところにこいつが行っちゃうなんて、いやだもん」

「まあ、里親に出すっていうのはそういうことだけど、でもその人はおかしいよ。クワハラさんかクワバラさんかも判らないなんて。電話番号も住所も知らないところには行かせられない。……僕はねえ、そのクワハラさんて人間が、実在するかどうかだって、半信半疑なんだ」

「おばさんの妄想かもしれないってこと?」

「そういう人はいるかもしれない。でも猫を貰うと言っているかどうか。おばさんが頭の中で、自分に都合よく話を作り上げているんじゃないか。おばさんは僕たちに申し訳ないって思ってるだろ。だから早く猫のことを片付けたくなっちゃって、それでそんなストーリーをさ」

　そこへドアホンが鳴った。

　大家が入ってきた。機嫌の悪そうな顔だった。

「ご苦労様です」大家は吉岡たちを睨みつけてきた。「どうなってますか。この家のことは」

「さあ、判りません」吉岡は答えた。実際この家の今後のことは、何も聞いていなかった。

「判りませんって、そうなんですか。そうですか」大家は言った。「私はね、ここの人たちには、とっとと出て行ってほしいんだ。もうずっと前からそう言ってるんだよ。おかしなことばっかり言って。こっちゃあ、こんな空家同然にされてほったらかされて、どうすりゃいいんですか。猫だってそうだよ。このアパートはペット禁止だって、契約書にちゃんと書いてあるんだから。それに判子捺して入ってるんだからね、ここの人は。それをこんな、猫だけ置いてかれて空家にされて、契約違反じゃないか。こないだだってそうでしょ。あなた見てたでしょ。（＊1）このドアをね、壊すって言うんだ。壊したらそれ誰が直すの。いくらかかるか判りゃしない。私は必死に止めましたよ。そしたら今度はチェーンを切られちゃって。これ、ね、ここにあったチェーン。これ直すんだってタダじゃないよ。誰が弁償してくれるんですか。私は区役所に何度も電話してるんだ。そのたんびにたらい回しですよ。待たされたり、え、かけ直したり、さんざんたらい回しにされてね、あげくの果てに個人情報だから教えられません、こちらじゃ関知しません、大家さんにその権利はありませんて、そんなことばっかり言われるんだ。こっちの身にもなってくださいよ。どうしてくれるんですかこれ。え、どうすりゃいいんですか」

「僕たちにどうすればいいかってことですか」限界だった。吉岡は爆発した。「僕たちは猫の世話をしているだけです。タダで。大家さんはご苦労なさっているかもしれないけど、今だってここの家賃は貰っているんでしょう。僕たちだってこの猫をどうにかしなきゃいけない、今のままでいいわけないと思って、手を尽くしているんですよ。猫がいたら困るとか、猫が嫌いだとか言うけど、大家さんはこの猫について、何かしてくれたんですか」

「だから、え、それが困るって言うんだよ」B大家は、吉岡の目には、明らかにひるんでいた。「猫の世話をする。そりゃ偉いと思いますよ。頭が下がります。だけどね、え、あなたらがそうやっていつまでも、ここの人たちを甘やかしているから、あいつらいつまでも出て行かないんじゃありませんか。あなたたちが猫の世話なんかできないって、鍵を返しちゃえば、それで済む話なんですよ。そしたら保健所にでも頼んで、あんな猫、え、持ってってもらえばそれで済むんだから」

吉岡は絶句した。きちんと考えることもできなかった。猫の世話を頼んできたのは望月さんばかりではない、警察や生活支援課からばかりでもない、大家自身からも頼まれたことだということすら、頭に浮かんでこなかった。

浮かんできたのは、この場を取り繕わなければならない、ということだけだった。アパートの住人である望月夫妻と違って、この大家とは今後も、一応は「ご近所づきあい」をしていかなければならない。遺恨を残してはいけない。

「そうですよね」吉岡は笑顔を作った。「大家さんのおっしゃる意味も判ります。だけどまあ、僕たちに言われたって困っちゃうじゃないですか。それに僕たち、何も仇同士ってわけでもあるまいしさあ。いがみ合ってるわけじゃないんだから」

「そりゃそうですよ」吉岡の口調が急変したので、大家は少し気味悪そうに吉岡を見た。

「僕たち、結局目的は同じですもんね。協力して、がんばんないとね。早く解決できればいいと思っています。猫のことも、すみません。もうちょっとで解決するかもしれないんで、できましたらご辛抱願いたいんですよね」

「まあ、別に今すぐどうこうってわけじゃないから」

大家はそう言って、さらにひとしきり愚痴をこぼして出て行った。

軽く後片付けをして家に戻るまで、多恵子はひと言も口を利かなかった。

「なんであんなこと言ったの」

　玄関のドアを閉めてから、多恵子は低い声で言った。

「だって喧嘩するわけにもいかないだろ」

「媚売ってたよね。あんなこと言われたのに」

「大したこと、言ってたわけじゃない」

「猫の世話してる私たちがいけないって言ったんだよ」多恵子は今にも悔し涙をこぼしそうになっていた。「毎日あの部屋の空気を入れ替えて、あれ以上臭くならないようにしてるのに。猫なんか死んだっていいって言ったんだよ。保健所で殺せばいいって」

「そうは言ってない」

「同じだよ。そしたらあなたは媚を売った」

「だからさ。Cそんなんじゃなくて。僕だって怒ってたんだよ。今だって怒ってるよ」

　多恵子は目を背けた。見るつもりのないテレビをつけ、声をかけても答えなかった。

　翌火曜日、多恵子は一人で大家の家に出向いた。

　猫の面倒を見るのはあと数日でやめようと思います。あの部屋の中で猫は死んでしまうと思いますがどうしようもありません。

　多恵子は大家に、自分の言ったこと、吉岡たちにぶつけてきたことを直視して貰うために、わざとそんな芝居をしたのだった。そうすれば大家も動揺し、動物に対する考えを少しは改めてくれると思ったのかもしれない。

だがその思惑は外れた。大家はそれを聞いて、そうでしたか、今までご苦労様でしたと、肩の荷を下ろしたような表情になった。

そうなればあの夫婦も部屋を空けるでしょう。大家は言った。猫というのは、どんなもんでしょうかね、二日もあれば死ぬでしょうか。

平然とそんなことを言って恥じることもなく、おのれの酷薄さにも無痛でいられる人間を目の当たりにして、多恵子は激怒し、茫然自失（ぼうぜんじしつ）するほど絶望し、吉岡の前で泣いた。

しかし多恵子から見れば、その吉岡も大家に媚を売った人間である。<u>Dこの時の彼女に、頼れるところはどこにもなかった。</u>

（注）＊１　このドアをね、壊すって言うんだ……施錠されたアパートの室内から望月さんを救出するために救命士がドアを壊そうとしたこと。

問一　傍線部Aに「口出しする権利」とあるが、それはどのようなものか。最も適当なものを、次の①〜④のうちから一つ選べ。

①　望月さんの希望を再確認する権利
②　今後も猫の世話をする承諾をアパートの大家から得る権利
③　猫への対応について公的機関と相談する権利
④　望月さんの探してきた里親がどのような人物か確認する権利

□

問二　傍線部Bに「大家は、吉岡の目には、明らかにひるんでいた」とあるが、それはなぜか。大家がひるむ理由として最も適当なものを、次の①〜⑤のうちから一つ選べ。

①　吉岡が猫の世話をしてくれたことをありがたく思ったため。
②　猫を保護していないことで警察に通報されるのではないかとおびえたため。
③　吉岡が言い返してきたことに驚いたため。
④　猫を元気にする方法がわからず迷ったため。
⑤　契約違反者である望月さんをかばう吉岡に怒っているため。

□

問三 傍線部Ｃに「そんなんじゃなくて」とあるが、吉岡の意図は何だったのか。「そんなん」の内容を明らかにした上で、四十字以内で具体的に説明せよ。

問四 傍線部Ｄに「この時の彼女に、頼れるところはどこにもなかった」とあるが、どういうことか。五十字以内でわかりやすく説明せよ。

第2章　テーマ別攻略編

〔言語〕1

田中克彦（たなかかつひこ）『ことばと国家』

文法論
＊難易度＊
★★★
＊本体ページ＊
p78〜92

次の文章を読んで、後の問いに答えよ。

文字を用いて書くことばは、それを使うためにはかならず、そのために特別の訓練をしなければならない。それは、学ばなくとも自然に話せることばとはまったく別物である。ところが、自分がふだん話していることばには文字がない、そんなふうな時代がごく最近までつづいていた。「書きことば」「話しことば」と言い、その二つには同じく「ことば」という共通項があてがわれてはいるけれども、それは近代になってからの新しい発見と言わなければならない。Ⓐ

だから、中世ヨーロッパにおいて書かれる唯一のことばであるラテン語は、ギリシャの伝統にしたがって「文字（グラムマ）の技術（ティケー）」と呼ばれたのである。「文字の技術」すなわち我々が「文法」と訳しているものは、その根本において自然ではなく、つくりものである。Ⓑ

つくりものの文字術言語は、誰にとっても母語ではないから、かならず、日常とはきりはなされた特別の勉強を要する。そのための莫大な時間を手にいれることのできる人は当時の社会では最上層の人だけであった。その人たちの支配的地位を確実にし、いつまでも安泰（あんたい）な状態を保つには、この文字の術が、なるべく複雑であればあるほどそれだけ都合がよく、文字そのものの習得に時間がかかれば

いっそう好もしいものになる。Ⓒ

したがって、文字の術＝母語によらない書きことばの術は、知識と情報の階級的独占が必要なところでは、いつでも頑固に保守されたのである。文字の術が一定の宗教儀礼と結びついたばあいには、この独占的［ア］に宗教的秘儀性が加わるので、神聖さを帯びた文字は決して日常に用いて汚(けが)してはならない。この感覚は、神社の護符ではなをかんだり、神聖視された人物の写真（天皇・皇族）を印刷した新聞紙で汚物を拭(ふ)きとることを犯罪とみなした、戦時中のあの感覚をもってすれば理解されるであろう。

日本におけるように、漢字やかなづかいという単なる手段の改変がその都度はげしい抵抗に出あうのも、慣れや有用性の観点からではなく、A<u>文字術の秘儀性に身をゆだねてしまった</u>、あの感覚の根がまだ生き残っているからである。

こうした感覚を頭のなかによみがえらせたうえでないと、(*1)ダンテが俗語で書こうと考えたその企(くわだ)ての途方もなさはとても理解できない。ことばの現象はいつでも「コロンブスの卵」であって、B<u>日常化されたもの</u>のなかから、その本然の姿をよみがえらせるには、一種の詩的冒険精神が必要になるのである。

さて、ダンテは、俗語を書く意味についてはラテン語で宣言しておいてから、俗語作品の製作にとりかかった。フマニスト（人文主義者）たちからは、C<u>下賤のことばで書いたせいで、さんざんこきおろされた</u>。ニコリという人物は、ダンテごときは「文人仲間からはずして、下司(げす)どものところに追放してしまった方がいい」と息まいたと言う。ダンテは、文人の身でありながら文字術の神聖を犯す

冒瀆人(ぼうとくにん)だったのだ。Ⓓ

しかし詩や文学だけでは俗語が秘儀の権威を打ちやぶるところまではまだまだ到達できない。ダンテが言うように、俗語は「すべての人によって用いられている」のに、文字術は一部の者だけが「二次的に」、つまり、つけ足しに学ぶ術だ。だから原理から言えば、俗語は文字術をはじめから圧倒しているはずなのに、文字術は幾重(いくえ)にも厚い防壁でまもられている。その防壁の最大のものは何であったか。「文法」である。Ⓔ

文法こそは文字の術の基底をなす、人類史最大の発明品の一つである。母語の話し手は、術の書きことばにのぼりつくために、この文法を手がかりとし、この術に携(たずさ)わるかぎり、最後のきわまで文法と離れることはない。なぜか、――それが［イ］ではないからである。

（注）＊1　ダンテ……ダンテは、それまで唯一の書きことばであったラテン語を使わずに、日常一般の人々が話しことばとして使っていることば、すなわち「俗語」を使って作品を書いた。そしてそれに先立ち、一三〇四年に「俗語について」という一冊の本を著して、自分がなぜ俗語で書くのかという根拠を説明した。

問一　空欄アに入ることばとして最も適当なものを、次の①～⑤のうちから一つ選べ。

①　階級性　②　普遍性　③　呪術性

④ 保守性　⑤ 閉鎖性

問二 傍線部A「文字術の秘儀性に身をゆだねてしまった、あの感覚」とは、どのような感覚か。文中で、具体的に述べられている部分の冒頭の五字を抜き出して書け。

□□□□□

問三 傍線部B「日常化されたもの」と筆者が述べているのは、この場合どのような「ことばの現象」をさしているのか。最も適当なものを、次の①～⑤のうちから一つ選べ。

① 文を日常使っていることばで書くこと。
② 日常使っていることばがどんどん変化すること。
③ 書きことばと話しことばの区別がなくなること。
④ 神聖さを帯びていた文字が日常的に使用されること。
⑤ 難解な書きことばが日常使われることばに変化すること。

□

問四　傍線部C「下賤のことばで書いたせいで、さんざんこきおろされた」とあるが、それはなぜか。最も適当なものを、次の①〜⑤のうちから一つ選べ。

① 文字を用いて、下賤な世界を描くことは悪と見なされていたから。
② 書きことばを用いて、下賤な世界を描くことは不道徳と考えられていたから。
③ ラテン語以外のことばを使って作品を作ることは、下賤なことと考えられていたから。
④ 文字はラテン語を書くためのもので、それ以外の日常に用いることは、文字やラテン語を汚すことと考えられていたから。
⑤ ラテン語だけが文字を持つ言語だったので、その他の俗語をその文字で表すことには無理があり、作品が理解されなかったから。

□

問五　空欄イに入るのに最も適当なことばを文中より抜き出し、漢字二字で書け。

□□

問六 問題文の段落の末尾に次の文を入れるとしたら、どこがよいか。本文中の段落の終わりにつけたⒶ～Ⓔのうちから最も適当な箇所を選べ。

文法＝書きことばは、我々の日常言語の外にあって、それをはるかに超越した別世界を形づくっている。

第2回

第2章 テーマ別攻略編

〔言語〕2

木股知史（きまたさとし）「心・言葉・イメージ」

言語論
＊難易度＊
★★
＊本体ページ＊
p93〜100

次の文章を読んで、後の問いに答えよ。

散歩の途中、名前の分からない美しい花が咲いているのを見つけた。帰って、家族に花のことを話すのだが、うまく伝えることができなくてAもどかしい思いをする。こうした体験は誰にでもあるだろう。視覚的なイメージは、具体像としてたちあらわれているのに、言葉は、概念によって抽象的に表現しなければならないからである。イメージを言葉で表現することのむずかしさにであっているわけだが、伝えにくいのはそのことだけではない。美しい花を見たときの心的経験の全体を言葉につくすことができないということも、伝えにくいということの中味なのである。このとき、イメージは、外部世界に属しているだけではなく、内部、すなわち心の世界にもかかわっているのだ。

電車に乗って、何となく車窓の外を流れてゆく風景を見ていることがある。風景のイメージは、言葉に関与することなく、心の表層に接するように通過してゆく。無為ではあるが、言葉や概念をはさまずに、心が世界にじかに触れているような気がする。そのとき、流れゆく風景のイメージは、心的世界のひとつのあらわれと感じられる。ここでは、イメージは、言葉にならない心的世界の表象としてあらわれているのである。こうした経験から、言葉は心的世界とどのようにかかわるのか、という問いを取り出してみることができる。言葉になる前の意識の存在を感じていると、言葉は心的世界と矛盾なく対応するという前提は、ほんとうは危ういものではないかと思われてくる。言葉が伝わらないという思いは、言葉と心の矛盾を含むかかわり方に根拠を持っているのではないだろうか。

心的世界と言葉のずれを示す、例をいくつかあげてみよう。京の（＊１）ぶぶづけという言葉がある。京都人の家を訪ね、帰ろうとしていると、「ちょっとぶぶづけでも」と声をかけられて、真に受けたところ、それはお愛想にすぎなかったという話である。言葉と心が裏腹になっているわけだが、それは、京都の文化的（＊２）コンテクストによるものだと説明できるだろう。卓球のラリーのようにゲームとしてのコミュニケーションを楽しむ文化的コンテクストに無知な者が、言葉につまずくというわけだ。ただ、京のぶぶづけのエピソードは、一般的には言葉の表の意味では相手の心をはかりがたいということを示すものとして受けとられている。

テレビの画面で、ある女性の相談者が聞き手に悩みを打ち明けている。実の母親が幼い頃から自分には過剰な厳しさをもって接してきたが、そのことがどうしても許せないのだと綿々とうったえる。悩みの聞き手は、その話には、応答しないで、「あなたは自分を大事にしすぎていて、そのことがあなたを駄目にしている」と発言する。虚をつかれたように一瞬ひるんだ相談者は、涙を流し、「母を許したい、いやほんとうは、とうに心の中では許していたのだ」と答える。悩みの聞き手は、相談者の言葉の裏にあり、言葉の意味するところとずれたところにある心的世界を言い当てたのである。相談者は、世間的な規範の影響を受けた発言の中では、なかば無意識に自分の心的世界をいつわってしまい、聞き手はその機微を見抜いたのである。こうしたことは、普通の日常会話や、演劇のせりふについても指摘することができるだろう。

これらは、心的世界と言葉の表層の意味が屈折したかかわり方をしている例だが、言葉が概念的意味を超えて、大きな心的世界を包含するように使われている場合もある。チャップリンの映画『街の灯』のラストの「You?」という言葉は、そうした場合の例である。目が見えない花売り娘とたまたま知り合った浮浪者は彼女を助けようとする。チャップリンが演じる浮浪者は富裕な紳士を装って、娘のためにつくすが、ある日、娘の目を治療するために大金を盗み、逮捕されてしまう。月日が流れ、浮浪者は刑務所から出所した後、偶然、娘と再会する。娘の目は治っていたが、この薄汚れた浮浪者を見てもかつての恩人だと気づかない。哀れな浮浪者に施しをあたえようとして、娘が手をとった時、娘の表情は変わる。サイレント映画なので、その場面には「You?」という字幕が入る。訳せば、「あなたなの?」ということになるが、「You?」という一語は、「この人が救ってくれたあの人だったのか?」「いやこの人こそがたいせつなあの人なのか?」という、娘の心に瞬時に交錯したはずの複雑な思いのすべてを背負っているのである。

誰にでも共有される、言語の概念化された意味の世界に、よりそうことのない心的世界がありうるし、概念化された意味からあふれる心の世界が言葉の背後には存在してもいるのだ。言葉や心の理論はこのことをどのように捉えてきたのだろう。

（中略）

（＊3）ヴィゴツキーの『思考と言語』は、表現された結果としての言語だけに目を奪われている者にとっては、虚をつくような視点を提示している。ヴィゴツキーは、「言葉の意味は、思考が言葉の中に具体化されている限りにおいて思考の現象であり、言葉が思考に結びつけられている限りにおいて言葉の現象である」という、思考と言葉の相互関係について考察している。ヴィゴツキーは、言葉と思考はそれぞれ別の起源から生まれてくると考え、心的世界の思考の全体が言語に具体化されるわけではないとした。ヴィゴツキーは、言葉と思考の矛盾をはらむ関係を説明するために、文学の表現をよく引用している。『思考と言語』の第七章には、アファナーシー・フェートの詩の「もし言葉なしに思いを話すことができたなら」という一節が引用され、章頭にはオシップ・マンデリシュタムの詩の次のような一節が（＊4）エピグラフとして掲げられている。

忘れてしまったかつて語ろうとした言葉
そして、言葉にならなかった思いは
影の部屋に帰ってゆく

いったん表現された言葉は、明瞭な顔立ちをして私たちの前に立っているが、じつは、心は、いつも言葉に躓（つまず）いているのである。思いは、全体として存在しているが、言葉はそれを分節化する。言葉には、つねに隠された思いがあり、思考が言葉に直接移行することは不可能である。それゆえ、思いが言葉になるときの不完全さについての B かなしみが、詩となるのだと、ヴィゴツキーは考えている。思考と言葉が出会う場所を内語と呼び、内語のプロセスでまだ言葉になっていない思いと、言葉の意味の間の相互作用が生まれると、ヴィゴツキーは指摘している。内語は、見えないが確かに存在している［C］なのである。「内語についての正しい理解を得るためには、それが独自の法則をそなえた特別の展開形式であり、他の言語活動の形式と複雑な関係を持っているという仮定から出発しなければならない」と、ヴィゴツキーは指摘している。心の思いとの関連を視野に入れたとき、表現された言葉の意味は心的世界のほうに拡大されるべきだと、ヴィゴツキーは考えた。グリボエードフの戯曲『知恵の悲しみ』のせりふの背後にある人物の心的世界をメモしたスタニスラフスキーの（＊5）サブテキストの試みを紹介している。京のぶぶづけのエピソードと同じく、言葉の背後には、言葉の表層の意味につくされない思いが深層のテクストとして隠されているというのである。他者の言葉を理解するためには、思考を知り、動機や感情や意志を探る必要があると、ヴィゴツキーは述べている。ヴィゴツキーは、フランスの心理学者フレデリク・ポーランの「言葉の意味（sense）は、言葉によって意識に生起する心理的な出来事の総体のことである」という言葉を引用しているが、辞書的な語義ではつくすことのできない心の動きそのものも、意味として考慮すべきだというのである。先にふれた『街の灯』のラストの「You?」という字幕の言葉も、複雑な心の動きをふくめてその意味を考えなければならないことになる。

（注）＊1　ぶぶづけ……茶漬け。
＊2　コンテクスト……文脈。
＊3　ヴィゴツキー……一八九六〜一九三四年。ロシアの心理学者。
＊4　エピグラフ……彫り込んだ文。刻文。銘文。

＊5 サブテキスト……文学作品の本文の背後の意味。言外の意味。

問一 傍線部Ａについて「もどかしい思いをする」のはなぜか、本文中の言葉を用いて、七十字以内で説明せよ（句読点も字数に含める）。

問二 傍線部Ｂに「かなしみが、詩となる」とある。かなしみが詩となる理由を、「～から。」に続くように本文中から四十字以内で抜き出し、最初と最後の五字をそれぞれ書け（句読点も字数に含める）。

最初＝□□□□□ 最後＝□□□□□ から。

問三　C に入る最も適した言葉は何か。次の①～⑤のうちから一つ選べ。

①「心の表層」　②「他者の言葉」　③「影の部屋」
④「独自の法則」　⑤「思考の矛盾」

□

問四　本文の内容に合致するものを、次の①～⑥のうちからすべて選べ。

① 人間の心の世界と言葉はずれてしまうことがあるが、優れた詩や文学、映画、演劇のように見事に一致することがある。
② 言葉になる前の意識や感情、動機を探り感じることができれば、言葉は心的世界と矛盾のないものとして理解できる。
③ 人間は自分の心的世界をいつわりながら言葉を選び、発言したり行動していることが多く、屈折した性格をもつ存在である。
④ 他者の言葉を理解するには、言葉の表層の意味につくされない思いや心の動きを考えることが大切である。
⑤『街の灯』のなかの娘の「You?」という一語は、言語により概念化された意味からあふれる心の世界があることを示している。

⑥ 京都のぶぶづけのエピソードやテレビで女性相談者が流した涙は、コミュニケーションの楽しさを表している。 □

第2章　テーマ別攻略編

〔文化／宗教〕1

福嶋亮大『厄介な遺産―日本近代文学と演劇的想像力―』

芸術論
＊難易度＊
★★★
＊本体ページ＊
p101〜111

次の文章を読んで、後の問いに答えよ。なお、［1］～［8］は段落番号を表す。

もとより、芸術の主要な仕事は、新しいコミュニケーションの手段をたえず創造し続けることにある。その見地から言えば、ほどよく美しく綺麗に整った舞台を、ほどよい知性と教養を備えた観客が毎回正しく距離をとって眺めるというコミュニケーションの作法は、二〇世紀において厳しく指弾されるようになった。極論すれば、二〇世紀以降の人間は、理想的な観客であることに失敗し、美への期待をこっぴどく裏切られるために劇場や美術館に赴くのだ。［1］

美しい（＊1）タブローがあり、それを心静かに一人熟視する観者がいるという伝統的な鑑賞モデルは、とっくにズタズタにされている。現に、今日のギャラリーには、作品を漫然と見て回る「気散じ」状態の観者が付き物ではなかったか？　彼らは美術館を歩きながら、自らの不意をつくショッキングな出会いが起こることを密かに願っている。観客の注意力は今や穴だらけだが、この統覚の陥没地帯にときに強烈な刺激＝ショックを侵入させることが、アートの新しい課題となるだろう。私たちはこの「気散じ」状態の観客に、アリストテレス的観照とは異なる新しいタイプの知覚を認めることができる。［2］

実際、(＊2)ベンヤミンの一九三六年の論文によれば、こうした「気散じ」と「ショック」は、二〇世紀のメディア環境において顕著になったものである。ベンヤミンは絵画と映画を比較しながら、観客の統覚の変化について論じる。絵画のキャンバスは世間の喧騒を断ち切り、たった一人の観者による静かで集中的な観照＝黙想（contemplation）を可能にした。それに対して、映画のスクリーンのイメージは（ちょうど建築を触覚的に受容するときのように）刻一刻と移り変わり、観客たちの思考を寸断してしまう。映画は個人的・精神的な内省＝観照の場を切り裂いて、集団的・身体的なショックと緊張をたえず作り出していく。アリストテレスの(＊3)テオリアが人間の至上の権利とされたとすれば、映画の気散じ的な知覚体験はこの人間中心主義を脅かすものでもあるだろう。3

A映画の野蛮な知覚体験は、絵画にとっても無縁ではあり得ない。メディア環境の変化とともに観客の統覚が動揺している以上、一分の隙もない美的なタブローを設立しようとしても、それがB正しく観照される保証はない。今日のギャラリーの観者は、慢性的な気散じ状態のなか、タブローの陳列をいわば映画のスクリーンないし動画のモニターのように見ているのではないか？ 逆に、一枚の絵画作品への熟視を復活させようとすると、日本の美術館におけるモネの絵画のように、ときに不自然なほどに「礼拝的」な展示方法が導入されることにもなる。4

こうしたメディア環境の変容の傍らで、二〇世紀後半にはアーティストの側も絵画を「見る」経験を大胆に書き換えていった。例えば、神智学者の(＊4)クリシュナムルティの影響を受けた(＊5)ジャクソン・ポロックは、絵画の平面にいわば物質的な神秘化を施した。イメージの反復が画面上にどんどん累積されていくポロックのオールオーヴァー（斉一）の平面では、始まり・中間・終わりという組織的な順序化がなされない。どこから見始めて、どこで見終わってもよい装飾的な絵画——、それは画面上を無限にさまよい続ける観者の眼差しを許容する。旧来の絵画の美的な「シーン」（情景／場面）が適正な距離をとって見ることを要求するのに対して、ポロックの絵画はこの種の距離とシーンの代わりに、迷宮的な模様のなかに観者の視線を取り込む。[5]

さらに、アメリカの抽象表現主義の旗手である（＊6）バーネット・ニューマンは、絵画が美を中心とすることに激しく抵抗した。「近代芸術を駆り立ててきた衝動は、美を破壊しようとするこの欲望であった。しかしながら、印象主義者たちは、美についてのルネサンス的な発想を放棄しながらも、崇高な伝達内容に取って替わるべき適切なものを欠いていた」。ニューマン以前のヨーロッパの実験的な画家（モネ、ピカソ、モンドリアン）は、なお伝統的な約束事に囚われていた。このヨーロッパの歴史の重荷を振りほどき、「野蛮人」たるアメリカの芸術家として絶対的な情動を組織すること——、それが彼の「崇高」のプロジェクトであった。この崇高な芸術は、気散じ状態の観客の知覚をも一気に凝縮するだろう。[6]

このように、気散じと崇高、相対的視線と絶対的視線のあいだで、二〇世紀の美と観客は激しく責め立てられ、徹底的に事情聴取される対象となった。してみれば、やがて観客のイメージが芸術的題材になったとしても不思議はないだろう。例えば、ウクライナ出身の現代アーティストである（＊7）イリヤ＆エミリア・カバコフの《Where is Our Place?》（二〇〇三年）は、まさに観客そのものを奇抜なインスタレーションの素材に変えてしまった。カバコフはギャラリーの壁にかけられたモノクロの写真と対比するように、天井を突き抜ける巨大な脚と下半分だけの巨大な絵画をセットする。理想的絵画を見る理想的観客は今や巨人としてそそり立ち、現代の観客にはもはや目視できないのだ。カバコフの作品はまさに観察者の観察、社会学者の（＊8）ニクラス・ルーマンふうに言えば「セカンドオーダーの観察」をやってみせた。（＊9）ボリス・グロイスが示唆するように、ここではかつての「観照」のプログラムがユートピア的に追憶されている。[7]

アリストテレス的な観照（theoria／contemplation）からベンヤミン的な気散じへ、すなわち美的なタブローに集中した知覚から穴だらけで粗い野蛮な知覚へ――、これは芸術の成立条件そのものに関わる重大な変化である。C観客の変容は、芸術の根幹をも揺るがすのだ。[8]

（注）＊1　タブロー……デッサンなどに対して完成された絵画作品を指す。
＊2　ベンヤミン……ヴァルター・ベンヤミン。ドイツの哲学者。
＊3　テオリア……見ること。観照。観想。
＊4　クリシュナムルティ……ジッドゥ・クリシュナムルティ。インドの哲学者。
＊5　ジャクソン・ポロック……二〇世紀前半のアメリカの画家。
＊6　バーネット・ニューマン……二〇世紀のアメリカの芸術家。
＊7　イリヤ＆エミリア・カバコフ……旧ソ連（現ウクライナ）出身の芸術家。夫妻で共同製作の作品を発表し、一九八〇年代以降注目を集める。
＊8　ニクラス・ルーマン……ドイツの社会学者。
＊9　ボリス・グロイス……旧東ドイツ出身の美術批評家、哲学者。

問一　傍線部Ａ「映画の野蛮な知覚体験」は、絵画にどのような影響をもたらしたのか。その説明として最も適当なものを、次の①～⑤のうちから一つ選べ。

① 集団的・身体的なショックと緊張をたえず作り出す映画の気散じ的な知覚体験は、アーティストの側に「見る」ことの意味を考えさせる機会になり、観者の視線や、観者と絵画との距離を主題にした新たな作品を誕生させた。

② 常に観者の思考を寸断してショックや緊張を生み出す映画の非人間的な知覚体験は、絵画を動画のモニターのように見る観者を生み出すと同時に、美的な「シーン」を描いた旧来の絵画に代わる装飾的な絵画を誕生させた。

③ 常に視線がさまよい続け、始まりと終わりが明確ではない映画の散漫な知覚体験は、絵画を「礼拝的」に眺める観者を生み出す一方で、アーティストに新たなテーマを与え、観者の視線そのものを題材とした絵画を誕生させた。

④ 時とともに変化する画面によって思考が寸断される映画の気散じ的な知覚体験は、絵画の観者の態度を変えるとともに、旧来の観者の視線自体を相対化する絵画や、新たな形で観者の情動に介入する絵画を誕生させた。

⑤ 観者の統覚を動揺させる非人間的で気散じ的な映画の知覚体験は、絵画の観者の視線そのものを変えるとともに、従来の権威的な絵画を否定して様々な観者の視線を許容するような、観念的な絵画を誕生させた。

□

問二　傍線部Bで言う、正しい観照とはどのような行為を指すか。本文中の言葉を用いて三十字以内で説明せよ。

問三　傍線部Cで言う、観客の変容がもたらした芸術の変化について、本文の趣旨に沿って百字以内で説明せよ。

問四　本文の構成についての説明として最も適当なものを、次の①～⑤のうちから一つ選べ。

①　1段落で文章全体の問題を提起し、2・3段落では映画の誕生がもたらした非人間的芸術の問題点を、4～7段落では崇高さを回復する新たな芸術の特徴を述べ、最終8段落で結論を提示している。

②　1段落で文章全体の概要を説明し、2・3段落で作品の見方の変容とその原因について述べたあと、4～7段落では芸術体験の変容が絵画に与えた影響を述べ、最終8段落で全体を統括している。

③　1段落で主題を提示してから2段落で伝統的な鑑賞モデルを説明し、3～6段落以降で新たな鑑賞モデルを提示して、7段落以降の最終的な結論につなげている。

④　本文は1段落が主題の提示、2～4段落がメディア環境の変化の説明、5・6段落がメディアの変化による芸術の変容、7・8段落が全体の結論という四つの部分からなり、全体が起承転結の形をなしている。

⑤　本文は映画の誕生による観客の変化を述べた1～3段落、二〇世紀以降の絵画について述べた4・5段落、ヨーロッパの芸術とアメリカの芸術の違いを述べた6段落がそれぞれ独立した内容になっており、7・8段落でそれらをまとめるという形になっている。

□

第４回

第２章 テーマ別攻略編

〔文化／宗教〕２

笠原芳光（かさはらよしみつ）「宗教的生の始まり」

宗教論
＊難易度＊
★★★
＊本体ページ＊
p112〜128

次の文章を読んで、後の問いに答えよ。

宗教的生とはなにか。それは自然的生とは異なる生である。異なるとはいっても、自然的生のそとにあるものではない。自然的生のなかにあって、しかもそれとは区別される、もうひとつの生である。

人間はだれでも自然的生を生きている。生まれたままを持続させ、成長し、発展し、やがて衰えて、あるいは突然に、死ぬまで生きるのが自然的生である。しかし宗教的生は自然的生に、あるいは疑問をもち、あるいはさからい、あるいはそれを肯定し、あるいは超えて生きる生きかたである。

自然的生が人間的なものであるのに対して、宗教的生はなんらかの意味で人間を超えた生きかたであり、あるいは人間を超えたものに媒介された生きかたである。しかし宗教的生は非人間的生ではない。ある意味ではあるべき人間の生きかたであり、またA<u>真に人間的な生きかた</u>であるということもできる。

自然的生が日常的なものであるのにくらべて、宗教的生は非日常的な要素をもっている。といってもすべてが非日常的な生であるのではない。それは非日常的なものに媒介された生きかたといってもよく、新しく受けとりなおされた日常的生といってもよいものである。

自然的生はかならずしも意識や自覚をもたなくても、それこそ自然に営まれていく。しかし宗教的生はなんからの意味で宗教的なものに関する意識や自覚なくしてはありえないだろう。宗教的生はそのような意識や自覚がなくなれば消滅してしまう生き方である。しかしいったん失われた宗教的生であっても、なにかの機会にふたたび回復されるということもある。またなくならないまでも、時に宗教的なものを疑ったり、忘れかけたりすることはあるだろう。そのような意味で宗教的生は連続的な生きかたではなく、非連続的な、［X］断続的な生きかたである。

宗教的生の特質となっているものはなにか。それはふつう信仰であるとされている。神や仏やなんらかの意味で人間を超えたものに対する信仰が宗教的生の内容であると考えられている。しかし信仰というほどの明確なものでなくても、人間を超えたものに対する、なんらかの関心があれば、それは宗教的生といってよいのではないか。

およそ信仰は量化されることのできない問題である。たとえば「(＊1)マタイ伝福音書」第十七章に「誠に汝らに告ぐ、もし芥種（からしだね）一粒ほどの信仰あらば、この山に〈此処（ここ）より彼処（かしこ）に移れ〉と言ふとも移らん」とあるように、信仰はその本質において量の多寡（たか）ということを問題にしないものである。

また信仰は、あるかないかという存在の問題であるよりも、信ずる対象との関係の問題である。いや、むしろそこでは神や仏は客観的な対象ではなく、関係の相手ということになる。したがって宗教的生とは人間を超えたものを信ずる生きかたというよりも、人間を超えたものに何らかの関係をもつ生きかたといったほうがよいだろう。

宗教的生は道徳的生とおなじではない。よく宗教は道徳と混同されたり、道徳の延長上に宗教があると考えられたり、また宗教的であることは、すなわち道徳的であることとみなされたりしている。しかし宗教的であることはかならずしも道徳的であることを要しない。それはある時には非道徳的であったり、反道徳的であったりさえする。その意味で道徳は安全な思想であるが、宗教は［Ｙ］危険な思想である。

（＊2）『歎異抄（たんにしょう）』第一条の「しかれば本願を信ぜんには、他の善も要にあらず、念仏にまさる善なきゆゑに。悪をもおそるべからず、弥陀（みだ）の本願をさまたぐるほどの悪なきゆゑに」や、第三条の「善人なほもて往生をとぐ、いはんや悪人をや。しかるを、世のひとつねにいはく、Ｂ悪人なほ往生す、いかにいはんや善人をや」は、悪人でも、あるいは悪人こそが救済されるという非道徳的な宗教の真理をあらわしている。宗教はかならずしも善にくみし、悪を退ける立場ではない。（＊3）ニーチェの言葉を借りていえばＣ「善悪の彼岸」なのである。

Ｄ宗教的生は逆説的な生である。一見、宗教的でないと思われるようなことが、その反対に深い意味において宗教的である場合がある。たとえばイエスの最期の場面にそれがあらわされている。「（＊4）マルコ伝福音書」第十五章によれば、イエスは十字架の上で「わが神、わが神、なんぞ我を見棄て給ひし」と叫んだという。

いままで神を信じてきたが、最後に神に捨てられたという無念の言葉である。そのあとイエスは大声をあげて息をひきとった。そしてそれを見ていた処刑執行者であるローマの（＊5）百卒長が「実（げ）にこの人は神の子なりき」と言ったというのである。従容（しょうよう）として死んだ人をみて神の子だというなら、それは正説である。だが神に捨てられたといって死んだ者を神の子と言ったのだから、これは逆説である。

亀井勝一郎は『思想の花びら』のなかに、こんな短文を記している。「死に直面して、びくともしない名僧の話だけでは困る。死に直面して、悲嘆し狼狽（ろうばい）する名僧もいなければ凡人は救われない。」死に直面してびくともしない名僧は立派すぎる。凡人は、ふだん名僧といわれる存在でありながら、死に際して悲しみ、うろたえるような人に、かえって共感し、救われるものを感じることがある。E救済とは救ってくれる相手に他者性とともに自己同一性をも見いだすということであろう。ここにも逆説がある。宗教的生とは死をおそれない生きかたではなく、死をおそれてもよいという生きかたではないだろうか。

人が宗教的生に入ることによって、いままでの人生が一変するとはかぎらない。といっても、なにも変わらないというわけではない。一見変わっていないようであって、どこかで変わっている、表層において変わらなくても深層においては変わっている、というのが宗教的生のあり方である。宗教を信ずるようになったからといって、突然、いっさいが変化したという、いわゆる入信談が、何となく嘘（うそ）くさいのは、このF「不変の変」という宗教性があらわれていないからである。

（注）＊1「マタイ伝福音書」……「マタイ福音書」。新約聖書に収められた四福音書の一。マタイの記したとされるイエスの言行録。

＊2『歎異抄』……浄土真宗の開祖親鸞（しんらん）の語録。弟子の唯円の編とされる。

＊3 ニーチェ……ドイツの哲学者。その著書に『善悪の彼岸』がある。
＊4 「マルコ伝福音書」……「マルコ福音書」。新約聖書に収められた四福音書の一。著者はマルコとされ、福音書の中では最も古いとされる。
＊5 百卒長……ローマの軍隊の将校。百人程度の部隊の長。

問一 傍線部Aについて。筆者は「自然的生」の特徴として「人間的」と「日常的」との二つをあげ、前者との関係においては、「宗教的生」をいったん「人間を超えた生きかた」であると定義づけながらも、最終的には「真に人間的な生きかた」であると結論づけている。それでは、後者との関係においては、「宗教的生」を最終的にどのように結論づけているか。その部分を本文中から抜き出して書け。

問二 空欄X・Yに入れるのに最も適当なものを、次の①〜⑤のうちから、それぞれ一つずつ選べ。

① いわゆる ② しかも ③ むしろ ④ あるいは ⑤ それゆえ

X [ ] Y [ ]

問三　傍線部Bについて。この部分の主旨として最も適当なものを、次の①～⑤のうちから一つ選べ。

① 悪人よりも善人を優先して救済すべきである。
② 悪人でも救済されるのだから、善人は当然救済される。
③ 善人よりも悪人を優先して救済すべきである。
④ 善人でも救済されるのだから、悪人は当然救済される。
⑤ 善人も悪人も平等に救済すべきである。

問四　傍線部Cについて。「善悪の彼岸」とはどういうことか。宗教と道徳との関係を中心として、二十字以上三十字以内で説明せよ（句読点も字数に含める）。

問五 傍線部Ｄについて。「宗教的生」が「逆説的な生」であるとはどういうことか。本文中にあげられた二つの例に触れながら、四十字以上六十字以内で説明せよ（句読点も字数に含める）。

問六 傍線部Ｅについて。次の各項のうち「他者性」がより強く感じられるものを1、「自己同一性」がより強く感じられるものを2として、それぞれ番号で答えよ。

a 死に直面してびくともしない僧
b 死に際してうろたえるような僧
c 絶叫して息をひきとったイエス
d 従容として死にゆく人
e 死を恐れてもよいという生きかたの人

a □
b □
c □
d □
e □

問七　傍線部Fについて。

イ　「不変の変」とは、ここではどのような意味か。それを述べた部分を含む一文を抜き出し、その初めの四字と終わりの四字とを記せ。ただし、句読点は含まない。

初め＝□□□□　終わり＝□□□□

ロ　『不変の変』という宗教性」とほぼ同一の内容が、第１～４段落までの本文で述べられている。その内容を五十字以上七十字以内で説明せよ（句読点も字数に含める）。

第5回

第2章　テーマ別攻略編

〔現代社会〕1

西部忠（にしべまこと）『貨幣という謎　金（きん）と日銀券とビットコイン』
小島寛之（こじまひろゆき）『暗号通貨の経済学　21世紀の貨幣論』

貨幣論
＊難易度＊
★★
＊本体ページ＊
p129〜142

青山さんと白鳥さんは「お金について」というテーマでレポートを書くことになり、その参考資料として青山さんは【文章Ⅰ】を、白鳥さんは【文章Ⅱ】を読んだ。それぞれの文章と、青山さんと白鳥さんの【会話】を読んで、後の問いに答えよ。

【文章Ⅰ】

（＊1）ヤップ島の石貨は「フェイ」と呼ばれ、大きな石でできた車輪のような形をしています。ヤップ島の住民は、四〇〇キロメートルも離れたパラオ島で石灰岩を切り出してフェイを作り、それをカヌーや筏（いかだ）にロープで縛り付けて海面下に吊り下げて、運んできたのです。その大きさは三〇センチほどの小型のものから、四メートルぐらいの超大型のものまでいろいろです。中央には、ちょうど五円玉のような穴があいていて、大きいものは丸太を通して何人かで担いで持ち運ばなければなりません。昔アニメで恐竜とともに登場する原始人たちがそうやって石貨を運んでいたのを覚えている人もいるでしょう。フェイは主として婚礼などの儀式における贈答、家屋の建築への謝礼、紛争解決などに用いられます。

大きなフェイは運搬することができないので、道ばたや庭で野晒（のざら）しになっています。狭い島の中ではすぐばれてしまいますから、盗んでいく者などいません。新しい持主は以前の所有者の敷地の上に置きっぱなしということもあるし、多くのフェイが広場に置かれている「石貨銀行」もあります。要は、それが自分のものであることを周りの人々に認めてもらえばいいのです。また、その価値は、大きさだけでなく、航海の伝説や来歴によっても異なります。

フェイのこのような不可思議な性格を表すエピソードがあります。

ヤップ島最大のフェイはある一家のものであり、そのことをヤップ島の住民の誰もが知っているのに、誰もそれを見た者はいません。まるで怪談のようですが、次のような伝説が昔から語り継がれています。

この一家の祖先が途方もない大きさのフェイを運ぶ途中、激しい嵐に巻き込まれ自らの生命を守るためにやむなく筏のロープを切ってしまいました。ヤップ島に戻ったその祖先は地団駄踏んで悔しがり、そのフェイがいかに大きく見事なものだったか、海中に沈めることがいかに避けがたいものであったかを人々に強烈に訴えました。その甲斐あってか、人々はこの証言を受け入れました。たとえ海中に沈んでいようとも、フェイとして加工されているというのであれば、所有者の家の敷地に転がしてあるのと同じではないかというのが、その理由です。海底に沈むこの巨大フェイは、数世代前から伝わるこうした伝承の中にしか存在しません。にもかかわらず、それは資産として認められ、その購買力は今日までずっと有効なのです。

ここから言えることは、なんでしょうか。まず、フェイは一般的交換手段というよりも、特定の目的のための経済的・社会的富の象徴であるということです。それは加工し、運ぼうとした者の名誉と威信の象徴でもあるのです。たとえ運搬や所有の対象として不便であり、［ア］な価値はまったくないものであっても、誰もが伝説とその価値を信じるかぎり、それは貨幣として通用するわけです。

この伝説からわかるのは、海中のフェイでいいのならば、本当はそれが何であるかは関係ない、フェイの素材が石である必要もないということです。海中に沈み、誰も見ることも触れることもできない「もの」でも、人々が信じれば貨幣になるという意味で、それはある種の「観念」であるとすら言えるでしょう。

お金は、ある時は（＊2）奢侈品（しゃしひん）であったり、主食や貴金属であったりします。何がお金になるかは、何がある社会で慣習や伝統に基づいた社会的価値物になるかによります。もっと簡単に言えば、Aある社会の人々が何をお金として信じているかによって決まってくるのです。ヤップ島の人々にとって海中のフェイはお金であるが、そんな伝説など嘘まやかしで信じられないという私たち現代人には、それはお金ではないのです。

しかし、お金の素材は何でもよいからといって、お金とは何かという問題が解決されるわけではありません。

そういえば、文明社会に暮らす私たちも、Bその素材が何の価値もない「もの」を日々お金として受け取っています。そう、「壱万円」と書かれたあの日本銀行券です。発行に必要な費用がわずか二〇円にも満たない紙切れが、一万円の価値がある「もの」として日々流通しています。

お金とは、［イ］な「もの」だけではなく、慣習や伝統、信念や観念に支えられた社会的な「こと」、しかも欠かせない「こと」なのです。ヤップ島のフェイのように、ある共同体の内部でだけ富や名誉の象徴として通用し、特定の財やサービスの取引に使われる貨幣もありました。これは貨幣のある一面を表しています。つまり貨幣は単なる「もの」ではなく「こと」として成立し、人と人との［ウ］な関係を表す情報であるということです。

（西部忠『貨幣という謎　金と日銀券とビットコイン』による）

（注）＊1　ヤップ島……ミクロネシア連邦の西太平洋カロリン諸島にある島。
＊2　奢侈……度を越えてぜいたくをすること。

【文章Ⅱ】

リアル・マネーでも、この「記憶」という性質が強く関与することが理論的に解明されました。それは、ナラヤナ・コチャラコタという経済学者が一九九八年に発表した論文「マネー・イズ・メモリー」（お金とは記憶である）です。

論文「マネー・イズ・メモリー」の主張の本質は、「お金を差し出された人がそれを受け取るのは、そのお金がこれまでも受け取られてきたということを信じることができるから」という点にあります。

お金を受け取るときに最も重要になることは、その「紙切れ」が本当にお金として使えるのか、という点です。言い換えると「その人がその紙切れと引き替えにあなたが欲しいものを渡してくれるかどうか」、ということです。

例えば、あなたが自分で仕立てた洋服を売ってお金（紙切れ）を受け取ったとしましょう。あなたは、洋服職人なので洋服はたくさん所有しているから、洋服以外のものが欲しい。それで、お金と交換したいわけです。別にそれは「肖像画を描いた紙切れ」自体が欲しいわけではありません。その紙切れは、鑑賞に堪えうるものでも、食べられるものでも、燃やして暖を取れるものでもありません。そんな何の実益性もない紙切れをあなたが大事な洋服と引き替えに受け取ろうとするのは、自分が欲しいもの、例えばお酒や家具などと交換したいからに他なりません。そのために大事なのは、その紙切れが「お金として認知されている」こと、つまり、「流通している」ことなのです。

コチャラコタは、それを「記憶」という形で示しました。

「取引相手がお金を持っている」、ということは、取りも直さず、「その人がお金を受け取った証拠」なわけです。ここで、その取引相手があなたとC同じ認識をする人だと仮定してみましょう。すると、その相手が紙切れを受け取った理由もあなたが受け取る理由と同じはずです。すなわち、その人が前所有者から紙切れを受け取ったのは、「前所有者が受け取ったから」が理由となるわけです。このように、「前所有者の信任」を楔（くさび）として、取引がチェーン状につながり、最初の取引からの「記憶」が保証されることになるのです。

抽象的でわかりにくいかもしれませんから、もう少し具体的に説明しましょう。

今、仮に、1枚の紙切れが、Aさん→Bさん→Cさん→Dさん、という順に渡っていったとしましょう。ここで、Dさんがこの紙切れを受け取れたのは、Cさんが紙切れを持っていたからです。そして、Cさんが紙切れを持っているのは、「Cさんが以前にBさんから紙切れを受け取った」という事実を示しています。それは、「Cさんは、紙切れを使えると信じていた」ということを裏付けます。Dさんは、Cさんが紙切れを所有していることから、「Cさんは、紙切れを使えると信じていた」ということを知ることができます。では、Cさんが「紙切れを使える」と信じたのはどうしてでしょうか。ここで、同じロジックの繰り返しが生じます。それは、「Bさんが紙切れを持っている」という事実からです。このことは、「Bさんが以前にAさんから紙切れを受け取った」という事実を示唆しており、それがCさんの信頼を呼び起こしているわけです。さらには、このことがDさん自身の信任をも誘導することになっているのです。

以上のように、紙切れが多くの人の手を経ていくとき、信頼の連鎖、認知の多層化が行われていきます。つまり、お金が流通していく、ということは、単に人から人へ無意味に紙切れが渡されるのではなく、信頼の連鎖や認知の多層化が背景にある。そういうことをコチャラコタは主張しているのです。

もし、今言ったようなことがお金の本質なのだとすれば、紙切れ自体がなくとも、連鎖の記憶というものを何らかの形で保証できれば、お金と同じ効果が生み出せるのではないか。それが論文「マネー・イズ・メモリー」の主張となります。この論文の本質は、「リアル・マネーは記憶を代替している。記憶が明確化できればお金はいらないはず」ということです。

（小島寛之『暗号通貨の経済学　21世紀の貨幣論』による）

【会話】

青山：私はフェイという特殊な石貨についての文章を読んだのだけれど、用途面において現代の日本で日常的にあらゆる取引に用いられているお金とは(a)少し違う性質を有している点と、とても大きな石でできたお金なのにそれを持ち歩かなくてもお金として機能するという点が印象的だったよ。

白鳥：それでどうやって取引を行うの？　持ち歩かなければ、相手にお金を渡すこともできないと思うんだけど……。

青山：そのフェイの所有権だけを移す、ということをするんだよ。あるフェイを前の所有者が今の所有者に渡したという事実があって、それを周りの人々が認めれば、フェイの持ち主が変わった、ということになるんだ。石自体が存在していなくても、フェイの所有が認められる場合すらあるそうだよ。

白鳥：へえ、面白いね。私が読んだ**【文章Ⅱ】**では、現代社会で一般的な交換手段として流通しているお金について、もの自体が存在しなくても、お金と同じ効果が生み出せる可能性について書いていたなあ。フェイの性質に近いところがあるのかもしれない。

青山：そういえば、現代社会で用いられているクレジットカードや電子マネーなども、お金そのものはものとして存在していないのに、取引を成立させることができているよね。

白鳥：あ、本当だ。それに、銀行振込なども、限りなくフェイのやり取りに近いといえそうだね。

青山：ある口座からある口座へとお金が振り込まれるといっても、ものが動くのではなく、預金通帳に記載されている数字が書き換えられるだけといえるものね。

白鳥：お金というと、どうしても紙幣や硬貨のようなものをイメージしてしまうけれど、大きな石でできたフェイも、紙切れでできた紙幣も、本質的な部分では(b)共通する性質があるのかもしれないね。

問一 空欄ア～ウにあてはまる言葉として最も適当なものを、次の①～⑤のうちから一つずつ選べ（同一解答の選択不可）。

① 具体的　② 物理的　③ 社会的　④ 実用的　⑤ 普遍的

ア［　］　イ［　］　ウ［　］

問二 傍線部Ａ「ある社会の人々が何をお金として信じているか」を次のように言い換える時、空欄に入る五文字程度の言葉を**【文章Ⅱ】**中から抜き出して書け。

ある社会でお金として［　　　　］かどうか

問三 傍線部Ｂ「その素材が何の価値もない」の意味として最も適当なものを、次の①～⑤のうちから一つ選べ。

① 一般的な交換手段でない

② 石である必要性がない
③ 人が価値を信じていない
④ 実益性が含まれていない
⑤ 記憶が保証されていない

問四 傍線部Ｃ「同じ認識」の説明として最も適当なものを、次の①～⑤のうちから一つ選べ。

① 相手がお金をもっているのは、お金自体は何の実益性もない紙切れだからだろうという認識。
② 相手がお金をもっているのは、お金の本質が記憶であると知っているからだろうという認識。
③ 相手がお金をもっているのは、以前に前所有者からお金として受け取ったからだろうという認識。
④ 相手がお金をもっているのは、実用的な他の物と交換したがっているからだろうという認識。
⑤ 相手がお金をもっているのは、最初の取引からの記憶を保証しているからだろうという認識。

問五　波線部ⓐとはどのような性質か。「〜という性質。」に続く内容で【文章Ⅰ】中から三十五字以上四十五字以内で抜き出し、最初と最後の五文字をそれぞれ書け。

最初＝□□□□□

最後＝□□□□□という性質。

問六　波線部ⓑとはどのような性質か。【文章Ⅰ】および【文章Ⅱ】中の言葉を用いて、六十字以内で説明せよ。

第6回

第2章 テーマ別攻略編

〈現代社会〉2

若林幹夫「メディアと市民的公共性」

メディア論
＊難易度＊
★★★
＊本体ページ＊
p143〜156

次の文章を読んで、後の問いに答えよ。

A池沢夏樹の「マシアス・ギリの失脚」とB小林信彦の「怪物がめざめる夜」——この二冊の小説は［ア］私たちの社会とメディア、とりわけマスメディアやマスコミュニケーションとの関係を考えるうえで役に立つ、C好一対の材料を提供してくれている。

「マシアス・ギリの失脚」は、「ナビダード共和国」という小国の大統領の失脚の物語である。この小説には、重要な道具立てとして、「首都バルタサールの共同組合のマーケット前に設けられた長さ二十メートルのベンチ」が登場する。市民たちにとって重要な情報交換と世論決定の場であるこの場所で、人々は買い物に来るついでにベンチに座り、噂話を聞き、自分が知っていることを伝え、勝手な意見を述べ、小さな話がどんどん大きくなるのを楽しむ。

他方、「怪物がめざめる夜」で私たちが出会うのは、メディア社会にひそむ「怪物」である。この小説では、雑誌・新聞・ラジオ・テレビというマスメディアで仕事をする四人の男女が、メディアの中だけに存在する架空の「スーパーマン」を作り出す。「ミスターJ」と名付けられたこの「スーパーマン」は、辛辣なコラムによってマスコミの寵児になってゆく。やがて四人の手を離れて自己主張を始め、深夜放送を通じて大衆を扇動し、四人に対する復讐(ふくしゅう)を開始する——というのが、この小説の筋立てで現代のメディア社会を主題にしている。

「メディア社会」と呼ばれる社会の中にあって、私たちはどういうわけか「情報」や「メディア」という言葉に弱い。歴史上かつてないほどのメディアに囲まれ、かつてあったどんな社会よりも［イ］な情報が行き交(か)うなかで、私たちは、情報やメディアというものを、そしてそのような情報やメディアと共にある社会というものを、D客観的にとらえる眼を失っているように見える。それらをよく見るためには、E一度そうした社会の外に立つことが必要なのだ。

人間の長い歴史のなかでは、バルタサールの広場のベンチのようなメディアの方が、新聞や雑誌のようなメディアよりも普通であっただろう。様々な時代の様々な社会で、市場や広場、そこに立つ樹木や噴水の周りで人々は様々な言葉を交わし、意見を述べ、時に、社会の意思を作り出してもきたのである。だが、より大きく、より複雑で、利害が交錯する社会においては、そのような機能は［ウ］公論のために制度化された専門機関にゆだねられないことには果たされない。かくして新聞やラジオ、テレビのようなマスメディアが、バルタサールの広場のベンチが果たしているような役割をより広範な社会の中で果たし、人々が公衆たりうることを保証してゆくのである。十八、十九世紀に成立した市民社会は、このように重要な部分をマスメディアの成立と発展に依存しており、この意味で一つのメディア社会であったのである。

だが、そのようにしてメディアとともに社会が広がってゆく時、人はそもそもF公衆であった自分たちが、いつの間にかそれとは異なるあり方をしていることに気づくことになる。「怪物」がめざめるのは、その時である。ニュース番組の形式を借りたラジオドラマ「宇宙戦争」が［　エ　］報道する火星人襲来の「ニュース」が、アメリカ中をパニックに陥(おとしい)れたという事例はその好例であろう。

　メディア社会としての現代とは、かつてであればバルタサールのマーケットの前のベンチのように席を隣合わせ、互いの顔を見ながらなされた情報や意見の交換、語り合いによる意思の形成などが、印刷物や放送のように、直接顔を合わせず、席を隣合わせることもない場所で行われ、不特定多数の人々――大衆をとらえてゆく社会である。マスメディアによるこのようなコミュニケーションは、市民的公共性が広範に普及し、人々を公衆化してゆくための前提条件ではあるが、同時にそのことによって人々を大衆へとネガティブに転態させてしまう構造をも孕(はら)んでいる。メディアの中の「怪物」の出現は、G私たちの社会のマスメディアがもつ構造的な属性に由来している。それは、私たちの社会のマスメディアが潜在的には常に「怪物」であるということだろう。

　私たちが自分たちの生きる社会や世界について知っていることの大半は、メディアを通じてもたらされた知識であり、したがって私たちにとっての社会環境の半ばは、そのようなメディアを通じて得た情報によって構成されている。私たちは、いつも「ミスターJ」のような「怪物」に扇動されたり、パニックに陥ったりしているわけではないが、私たちと社会とのこのような関係を自覚することができなくなり、情報をそのまま事実として受け入れてしまう時、私たちはすでに眠った「怪物」たちとともにいるのである。

　このような「怪物」を生み出さないためには、私たちがメディアを読む能力を身につけることによって、メディアに対する批判的なスタンスをいつでも取りうるようにしておくことが大切である。

近年、新聞や雑誌、テレビ番組などでしばしば見られるメディア報道に対する相互批判や自己検証は、その試みとして一定の評価をすることができる。が、気をつけるべきことは、そのようなメディアによる批判そのものが、時に大衆によって無根拠に事実として受けとられ、彼らの嗜好（しこう）のもとにスキャンダル化されることがあるということだ。このことは、結局のところメディアに対する批判的な機能をメディア自体の内部にもつことは重要ではあるが、そこにすべてを求めることには限界があり、時に危険ですらあるということを意味している。

そうであるならば、結局は私たちは私たち自身のなかに、バルタサールのマーケット前のベンチのような場所をもつしかないのではないか。マスメディアを捨てて広場に戻れ、などというのではない。私たちの社会はすでに広場だけによってはやってゆけない。にもかかわらず、メディアを監視する広場を、マスメディアという眠れる怪物に対する批判的公共性の場として持ちつづけることが、マスメディアを自らの存立の必要条件とする市民社会にとっては必要なのである。

問一 文中の空欄ア～エの箇所にあてはまる語句として最も適当なものを、次の①～④のうちから、それぞれ一つずつ選べ。

ア（① なんとなく ② ともすると ③ はからずも ④ まともに）
イ（① 不得要領 ② 荒唐無稽 ③ 多種多様 ④ 大同小異）
ウ（① もはや ② ちなみに ③ まして ④ よもや）

エ（①　ひとところ　②　時おり　③　日ごろ　④　刻一刻）

ア□　イ□　ウ□　エ□

問二　本文の最初の段落で、傍線部Ａ・Ｂの二つの小説について、「好一対の材料を提供してくれている（Ｃ）」と述べているが、どのようなところが「好一対」なのか。五十字以内で説明せよ（句読点も字数に含める）。

問三　傍線部Ｄでいう「客観的にとらえる眼」にあたる十字以内の語句を、文中から抜き出して書け。

問四 傍線部Ｅでいう「そうした社会の外に立つこと」とは、どのようなことか。最も適当なものを、次の①～⑤のうちから一つ選べ。

① マスメディアが、バルタサールの広場のベンチのような役割を果たしていること。
② メディアに対する批判的な機能を、制度化された専門機関にゆだねること。
③ メディアを監視する広場を、批判的公共性の場として持ちつづけること。
④ マスメディアを通じてもたらされた知識に応じたスタンスをとること。
⑤ 人々が、情報交換や意思形成を顔を合わさずに行うこと。

□

問五 傍線部Ｆでいう「異なるあり方」とは、どのようなことか。二十五字以内で簡潔に説明せよ（句読点も字数に含める）。

□□□□□□□□□□□□□□□□□□□□□□□□□

問六　傍線部Gでいう「構造的な属性」とはなにか。適当なものを、次の①～⑥のうちから二つ選べ。

① 人々をパニックに陥れるドラマやニュースが、マスメディアに求められていること。
② マスメディアによって与えられた情報が、あたかも事実として受けとられること。
③ マスメディアの側の相互批判によって、事実のスキャンダル化が防がれていること。
④ マスメディアが、情報を客観的に分析する能力を養うこと。
⑤ マスメディアの発展によって、市民的公共性が広範に普及していくこと。
⑥ 人々の語り合いによる情報交換や意思形成が、マスメディアによって促進されること。

第7回

第2章 テーマ別攻略編

〔文明／科学〕 1

矢田部英正（やたべひでまさ）『坐の文明論』

文明論
＊難易度＊
★★★
＊本体ページ＊
p157〜169

次の文章を読んで、後の問いに答えよ。

文明史家のノルベルト・エリアスは、ヨーロッパ社会における礼儀作法の起源が中世から発生していることを跡付けているのだが、エリアスによれば、ヨーロッパに中世国家が定まる頃、騎士的な性格をもつ貴族の宮廷において定められた作法形式は「クルトワズィ（courtoisie）」と呼ばれた。これは文字通り「宮廷（cour）」的な振る舞いを意味する言葉である。それが一七世紀頃になると、国の安定とともに武人貴族が消滅し、宮廷が絶対主義的な性格を強めるようになる。この頃にはテーブルマナーをはじめとする作法形式が、教会を通じて庶民一般へと広まるようになり、するとcourtoisieという言葉はもはや使われなくなり、市民（civil）を意味するcivilitéという言葉が普及するようになる。

そもそもcivilitéとは、都市で生活する市民（civil）の振る舞いに由来する言葉であり、その類語であるpolite（丁寧であること）も、古代ギリシアの都市国家（police）で生活する市民の態度に由来する。農村部を離れ、都市（police）で集団生活をおこなう市民（civil）は、丁寧（polite）で、礼儀正しい（civilité）振る舞いを身につけなければならないという考え方を、言葉の成り立ちからも知ることができるわけだが、そして安定的な市民生活を実現するためには、都市の周囲を城壁で囲み、異民族からの侵入を防ぐための軍事力を、常に強化しておくことが必要であったことも同時に見えてくる。

たとえばヨーロッパ人の仰ぎ見てきた人間像には古代ギリシアの彫刻群がある。四肢の筋肉が発達した若者の立像は、オリンピアで活躍した戦士の肉体をかたどったものであり、有事においては身を賭して市民を守る彼らの像が、神殿に祀（まつ）られて崇拝の対象になっていたことは、つまり戦闘に勝利することが、文明化した市民生活を成立させるための前提となっていたからでもある。ヨーロッパ民族にとっての「文明」の語源をたどっていくと、そこには、「闘争に打ち勝った者だけが享受することのできる自由」という意味合いが含まれていることに気づかされる。

こうした考え方は、中世のヨーロッパにおいても同様で、エリアスによれば、彼らの民族としての自意識は、ローマを中心としたラテン的なキリスト教と、東方教会を含む異端との対立によって成り立っていた。彼らが勝ち取った自国の安定は、十字軍遠征による度重なる植民と拡張戦争によって強化されていったわけだが、そうした史実が、A言葉のニュアンスにおいても「文明（civilization）」という響きのなかに、闘争のイメージを宿すようになった。

それは現代においても、戦勝国と敗戦国との間で「文明（civilization）」という言葉の意味合いに、大きな隔たりを生み出してもいる。たとえば、英語の civilization やフランス語の civilisation は、人類の進歩と自国民の誇りを物心の両面にわたって総括的にあらわす意味に使われている。ところが、ドイツ語の Zivilisation（文明）は、主に物質的な発展に対してもちいられていて、芸術的な創造をはじめ、精神面での発展はKultur（文化）とあらわし、両者は明確に区別されて、Zivilisationよりも Kulturの方により重要な価値が置かれている。同じヨーロッパの国々で、言葉のニュアンスにこのようなちがいがあらわれる背景についてエリアスは次のように説明している。

ドイツ語の「文化（Kultur）」という概念の機能は「文明化（Zivilisation）」の対立物を意味することであるが、この機能は明らかに一九一九年に、またすでにそれ以前に、再び勢いを取り戻した。それは、「文明化（Zivilisation）」の名においてドイツに対して戦争が行われたためであり、ドイツ人の自意識が、講和条約締結によってつくられた新しい状況に新たに通じなければならなかったからである。

周知の通り一九一九年とは、第一次世界大戦が終結した翌年で、ベルサイユ宮殿で締結された講和条約によって、ドイツは海外植民地のすべてを失い、領土の一三パーセントが割譲されたほか、当時の国民総生産額の二〇倍にも及ぶ賠償金を負うことになった。かの大戦は、植民地をめぐる世界の覇権争いを動機としていたわけだが、戦場では毒ガスや航空機、戦車、潜水艦など、近代兵器が投入されることで悲惨を極めた。これら殺戮（さつりく）を目的とした「文明（Zivilisation）」の利器は、多大な犠牲を踏み台にして戦勝国には富をもたらすが、敗戦国に対しては、戦費による財政破綻と、不平等条約による多額な賠償金が課せられ、物質的にも精神的にも永きにわたって苦渋を強いることとなる。ドイツ人がZivilisation（文明）という言葉に二次的な価値しか与えないのは、文明のもたらした戦争への苦い記憶が、言葉のなかにも深く染みついているからなのである。

civilizationという欧州語の起源を遡るならば「［ア］」といってまちがいではない。しかし、明治になってつくられた「文明」という言葉のなかに、「礼儀」や「丁寧なふるまい」を意味するcivilitéのニュアンスを想像することは難しい。それは「文明」という言葉が「開化」と抱き合わせになって、産業技術に裏付けられた進歩的な生活を照らす意味ばかりが強調されて普及したからでもあるだろう。civilitéの原義には思いが及ばず、主に物質的・技術的な発展を代表する言葉として、「文明」という言葉が使用されてきた感は否めない。

「文明」の利器類についても、もとを辿れば身体の延長物として生み出された道具の機能を発展させたものにほかならない。人間の能力を外に向かって拡大させていくことを目指してきた利器類は、どこまでもその機能を進化させることのできる可能性を秘めていて、そこには進歩的な未来への希望が安易に描かれる。しかし、それが他者の犠牲を踏み台にして、はじめて成り立つ利己的な進歩思想であることを黙殺してしまう不用意さが、「文明」という日本語の盲点になっているようだ。

日本に「文明」が開化した時代の背後には、西洋化を国是とした帝国を再建するために、植民地の獲得を目的とした覇権争いに乗り出していくことが同時に含まれていた。

この時期に創作された「文明」という言葉の意味について、福沢諭吉は次のように説明する。

「文明とは人の身の安楽にして心を高尚にするを云ふなり。衣食を饒かにして人品を貴くするを云ふなり」

「又この人の安楽と品位とをえせしめるのは人の智徳なるが故に、文明とは結局、人の智徳の進歩と云て可なり」（『文明論之概略』）

しかし、実際には「文明」という言葉の内実というのは、「人の身を安楽」にする技術を同時に、兵器へと転換することのできる二面性をもっていて、進歩的な蒸気機関や発電装置、通信機器等の便益に、大幅に依存した社会をつくり上げることが、「文明開化」の実態であったことを、近代史は明らかにしてきたわけである。

福沢のいう「人の身を安楽に」する「文明」とは、ともすると人の身を怠惰にもすれば、危機に陥れもするから、物事の「道理」を「具える」ための（＊1）「道具」に秘められた身体性からは、大きく乖離する形で西洋文明は導入され、現代の日本社会を覆い尽くすに至ったのだと言わなければならない。

つまり文明の利器類を発展させてきた技術思想と、日本語の「道具」があらわす技術思想とは、真逆の身体観の上に成り立っていることが示されるだろう。先史学者のルロワ＝グーランにしたがえば、「技術とは、人間の自然に対するはたらきかけ」。つまり、人間と自然の関係そのものをあらわす客観的な資料なのである。それは自然の素材を加工して物をつくる製作技法についても、その技術を利用して世界を変えていこうとする生き方についても、おしなべて人間の自然に対する思想と振る舞いを暗黙のうちに開示するのである。つまり暴君のように自然を支配しようとするのか、あるいは女性や小児と接するように優しく親和的に扱うのか、あるいは神を崇(あが)めるように恭しく自然を頂くのか、Bこうした自然に対する人間の態度は、つくられた物のデザインや制作過程を吟味すると、書物に記された言葉よりも遥かに正確に、つくり手の意図と生き方を雄弁に語るのである。

（注）＊１「道具」に秘められた身体性……筆者はこの文章の前の部分で、〈日本において作法とは自然の理法を体得することである、道具はそのための手段としての役割をもつ〉という趣旨のことを述べている。

問一　傍線部Ａ「言葉のニュアンスにおいても『文明（civilization）』という響きのなかに、闘争のイメージを宿すようになった」とあるが、なぜヨーロッパでは文明と闘争のイメージが結びつくのか、その理由にあたる部分を本文中から四十字以内で探し、最初と最後の五文字をそれぞれ書け。

最初＝□□□□□

最後＝□□□□□

問二　空欄アに入れる言葉として最も適当なものを、次の①～⑤のうちから一つ選べ。

① 文明は民衆統治の手段である
② 文明は戦闘の勝利の前提である
③ 文明は生活の進歩を生む
④ 文明は身体のなかにある
⑤ 文明は明確な意味をもたない

□

問三　傍線部Ｂ「こうした自然に対する人間の態度は、つくられた物のデザインや制作過程を吟味すると、書物に記された言葉よりも遥かに正確に、つくり手の意図と生き方を雄弁に語るのである」とあるが、そう言えるのはなぜか。最も適当なものを、次の①～⑤のうちから一つ選べ。

① 物のデザインや制作過程において、背景にどのような身体観にもとづく技術思想があるのか明らかになるので、書物において言語化された自然観より古い、太古の自然観が表れているから。

② 言葉で書かれた書物より、人の身を安楽にする利器という技術なのか、人としての品位を実現する技術なのか、という思想の違いが物のデザインや制作過程に表れているから。

③ 一般に、物のデザインや制作過程の背景にある技術思想は、言葉で書かれた書物よりも、つくり手である人間の自然に対する態度を誤解の余地のないほどに明らかにするから。

④　言葉は他の人間に働きかけるものだが、人間ではなく自然そのものに働きかける技術は、物のデザインや制作過程のなかでつくり手の意図や生き方として言語化されるから。

⑤　自然と人間の関係は、暴君が民衆を支配する態度や女性や小児と接する態度、といったように通常は言葉ではなく、人間関係の比喩として物のデザインや制作過程に表現されることになるから。

問四　ドイツと日本の「文明」観について、共通点と相違点を筆者はそれぞれどのように考えているか。百字以内で説明せよ（句読点も字数に含める）。

問五　次の①〜⑤のうち、本文の趣旨と合致しているものにはA、合致していないものにはBを書け。

①　ヨーロッパにおける礼儀作法は中世国家が安定した頃、騎士的な性格をもつ宮廷から生じたが、一七世紀頃になると作法は教会を通じて庶民一般へと広まっていったため、宮廷的な意味ではなく市民的な意味をもつ言葉が礼儀作法を表すものとして普及するようになった。

②　古代ギリシアの戦士である若者のたくましい彫刻は、戦争で命をかけて市民を守る若者の理想像を示していて、闘争的な文明観の象徴であるが、他方で安定した市民生活の前提となる平和を求めるキリスト教の精神的な文明観があり、両者はヨーロッパで長らく争ってきた。

③　ドイツにおいては、第一次世界大戦でイギリスやフランスなど文化的に進んだ連合国に敗北することになったため、戦場に投入された毒ガス、航空機、戦車、潜水艦などで連合国にドイツが劣っていたことも、文化的な遅れのためと考えられ、文化が強調されるようになった。

④　人間の使う道具とは人間の身体の延長物として生み出され、人間の能力を外に向かって拡大させることを目指すものであるが、日本に導入された西洋文明における道具は、物事の「道理」を「具える」ための道具という身体性が強調されていたという点で、日本語の「道具」とは対照的であった。

⑤　「文明開化」という文明と開化をつなげる明治時代の風潮を背景にして、「文明」は利器類など「人の身を安楽」にするものであると考えられたが、そのように一面的な「文明」観から進

歩的な機械類の便利さに大きく依存する日本社会がつくられるようになった。

①

□

②

□

③

□

④

□

⑤

□

第８回

第２章　テーマ別攻略編

〔文明／科学〕２

村上陽一郎(むらかみよういちろう)『近代科学を超えて』

自然論
＊難易度＊
★★★
＊本体ページ＊
p170～182

次の文章を読んで、後の問いに答えよ。

われわれが自然保護だとか、環境保存だとか言う場合、保護され保存される自然や環境を一体どのように規定すればよいのだろうか。今日の議論では、しばしば、それが、トンボやカブトムシがふんだんに群生し、川には魚が溢(あふ)れ、空が青く、緑濃き山に恵まれた絵はがきのごとき姿として描かれる。私自身個人的に言えば、そうした「自然」に郷愁を感じる人間の一人である。しかし、そのような「自然」の姿は、歴史的に見ても、実はいつも実現されていたわけではなく、地球上どこを探しても、むしろ見つけることのできない観念のなかで［ア］された「自然」に過ぎない。

こうした観念化された「自然」からは、洪水やかんばつや害虫やしもやけや肺炎は当然のように抜け落ちている。終戦直後、国敗れて山河はあり、そのときの空はたしかに今より碧(あお)く川は澄んでいた。しかし同時に冬は暖房もなく肺炎にかかればそのまま死を意味したし、しらみをはじめとする害虫類が伝染病を媒介し、雨は洪水を、かんばつは飢饉(ききん)を意味し、子供達は毎冬しもやけとあかぎれに泣いた。

そうした状況から脱することに伴って払わなければならなかった代価の一つが、水俣病であり、四日市ゼンソクであった、ということは痛ましい事実である。そしてその事実は、当該企業のみならず、われわれの一人一人が自分の痛みとして噛（か）みしめておかねばならない。だが、自然全般について言うなら、観念化された絵はがきの自然像には、自然のなかで生きている人間存在が欠落していることはたしかだ。

そしてこのことはただちに次の点を探り当てる。それは、自然は、元来人間をもそのなかに含んだ概念だ、ということを、ともすればわれわれは忘れがちになる、という点である。日本では、老荘の「無為自然」を引くまでもなく、自然を「自然に放置された」「人為を加えない」ものと解釈する傾向がある。それゆえ、人間が自然に加えるいかなる改変も、それ自体本来悪となる、という形で、「自然」が絶対価値と見なされることにもなりかねない。だが、西欧的発想に立てば、人間も自然の一部（被造物）である以上、人間の営みだけを人為として自然から切り離すことを不自然と受け取る――。自然と人間の存在的本質をきびしく区別したヨーロッパが、その場面では両者を融合的に取り扱う日本や東洋に対して、機能としてのA両者の本質を、B後者よりも融合的に見なす、というのは（＊1）パラドキシカルかもしれないが、C絶対的創造神の媒介を考えあわせれば、外見ほどこの事態はパラドキシカルではない。

よく言われるように、「文化」の西欧的起源は「耕す」ことである。人間を含まない「自然」は「耕す」ことはない。とすれば、「文化」は「自然」と対立させられることが多いが、実は、D「文化」とは、人間を含む「自然」が果たした自然な変容ではあっても、「自然」の外にあるものではない。とすれば、人間存在自体が必然的に「自然」を自然に変容させるのであって、言葉本来の意味での「(＊2)バーバリズム」は、人間存在とともに、絶対不可能な虚辞となったのである。

（注）＊1 パラドキシカル……逆説的。
＊2 バーバリズム……野蛮（行為）。

問一 空欄アに入ることばとして最も適当なものを、次の①〜④のうちから一つ選べ。

① 理想化され固定化　② 抽象化され固定化
③ 理想化され個別化　④ 抽象化され個別化

□

問二 傍線部Ａ「両者」・傍線部Ｂ「後者」が示している内容として最も適当なものを、次の①〜④のうちから一つ選べ。

① 「両者」が「人間と自然」を、「後者」が「自然」を示す。
② 「両者」が「人間と自然」を、「後者」が「日本や東洋」を示す。
③ 「両者」が「ヨーロッパと東洋」を、「後者」が「自然」を示す。
④ 「両者」が「ヨーロッパと東洋」を、「後者」が「日本や東洋」を示す。

□

問三　傍線部Cはどのようなことを言っているのか。本文中の語句を用いて、次の空欄に埋める形で答えよ。

（　イ　）においては、人間と自然を（　ウ　）と考えるから、この事態を逆説的であると言うことはできない。

イ＝

ウ＝

問四　傍線部D「『文化』とは、人間を含む『自然』が果たした自然な変容」であるとする筆者の考え方について、一　そのとおりだと思う、二　そうは思わない、のどちらかを選択して、その理由を百二十字以内で説明せよ。

選択した番号＝

第9回

第２章 テーマ別攻略編

〔哲学／思想〕１

山崎正和（やまざきまさかず）『無常と行動』

時間論
＊難易度＊
★★
＊本体ページ＊
p 183～196

次の文章を読んで、後の問いに答えよ。なお、〔Ⅰ〕～〔Ⅴ〕の符号は段落番号を示す。

〔Ⅰ〕――A私たちはかくかくしかじかの時代のなかにうまれあわせた。さてそこで、あたえられた時代を場所として、私たちはみずからの未来を自由に選びとろう――（＊1）実存主義者たちのこうした楽天主義は、選択の場所と選択の自由意志とが、くっきりと一線をひいて区別され得るという前提のうえに立っている。人間にとって自由にならない過去の時間と、自由に選びとれる未来の時間とが、ある一瞬によってすっぱりと切れているという前提のうえに立っている。そうしてもしこれが真実だとすれば、人間は根本的に自由だという証明は、それこそ決定的な保証をあたえられることになるだろう。なぜなら、B私たちは未来を自由に選びとることによって、あたえられた過去にも逆に新しい意味をなげかえすことができるのだし、そうすることによって、あるていど、過去そのものをさえ自由に選んだことになるのであるから。

〔Ⅱ〕人間は、《投げだされて、しかも企てるもの》であるという、有名な実存哲学の公式は、この哲学が過去と未来の明晰（めいせき）な峻別（しゅんべつ）のうえにたって、《現在》というあいまいな時間を認めないという事実をしめしている。ある時代のなかに投げだされて、しかも次の時代を企てる実存的な人間は、いったいその瞬間、どういう時間のなかに生きているのであろうか。かれが立っている場所はもちろん《現在》と呼ぶほかはないのであろうけれども、その現在はもはやいかなるポジティブな時間でもなくて、過去はすでに存在せず、未来はいまだ存在していないという意味で、いわば二重の空白としかいいようのない時間なのである。むしろこの純粋な空白こそが、人間の選択を純粋なものにし、人間の自由を保証するだいいちの条件だといえるだろうか。もしも過去がつねに未来のなかにめりこんできて、過去とも未来ともつかぬ時間のかたまりが、私たちをたえず背後からおし出してゆくのだとするならば、人間の自由はきわめて限られたものとなってしまうであろう。たしかに、なにかを選びとる自由意志のなかへ、選択の外的な条件がめりこんできたのでは、選ぶということの根本的な意味が失われてしまうのである。

〔Ⅲ〕けれども、人間の肉体と精神とがすっぱりとは区別できないように、私たちは頭のなかではいざしらず、自分の過去と未来とをそんなにあざやかにきりわけることができるのだろうか。実際には私たちは、あの《現在》というとらまえどころのない、あいまいだがそれだけにいきいきとした時間のなかで生きているのではないだろうか。——たえまなく、小止みなく経過しながら、しかもつねに現在であるような、切れめのない時間の流れ——そのなかでは、たえず過去が未来のなかへめりこみながら、ちょうど尻尾をのみこむ蛇のように、現在にむかって収斂してゆく動的な時間——激しく生きようとすればするほど、私たちはこうした充実した現在のなかに生きているのである。それはひと息の、大きな跳躍にたとえられる時間である。任意にきりわけることを許さない、ひとつながりの濃密な現在が経過する。文字通りそれは、小川をとびこえる短い時間であるかもしれないし、青春と呼ばれるような長い時間であるかもしれないが、とにかく人生はそうしたひと息の跳躍の、いくつかの組合せによってなりたっているという事実を否定できない。

〔Ⅳ〕そして、こうした充実した現在のなかに生きているかぎり、私たちは自分がなにかを選びとっているのか、運命によってなにかへ運ばれているのか、おそらく絶対に見わけることができないのである。疾走している人間のひと足ひと足は、かれが選んで踏みだしているのか、なにかに誘いだされてのびてゆくのか、走っている本人にもけっして区別できるものではないであろう。もちろんかたちのうえでは、かれはその行動の全体——疾走するというひと息の行動そのものをまえもって選んだといえるかもしれない。だがもしそうだとしたら、**C**かれは論理的には選びきれないものを、ただ選んだと思いこんでいるにすぎないのである。なぜならそのひとつながりの行動は、かれがその企てに《成功》したときに完結するのであるが、人間はけっして《成功》などというものを、まえもって選んだり決意したりすることはできないからである。考えてみれば、人間の選択というといとなみは、ふしぎな逆説をはらんでなりたっている。私たちはもっとも主体的であろうとする瞬間に、かえって徹底的な自己抛棄（ほうき）に身をまかせなければならないのである。

〔Ⅴ〕ひとつの時代に忠実に参与するということも、もちろんそうした激しい生きかたのひとつであろう。だとすれば人間は時代に参与しようとすればするほど、ますます時代を選びとることがむずかしくなるのである。私はかつて、戦時中の（＊2）特攻隊生き残りというひとに、生死の覚悟というものがどうしてできるかを聞いてみた。大学生から（＊3）幹部候補生へ、さらにそこから（＊4）特殊潜航艇へと小刻みに進んでいったそのひとによれば、新しい覚悟はいつも一段階まえの決意のうちにすでに含まれていたような気がして、そのひとにはついに一度も、ほんとうに死を選びとったという自覚の瞬間があったとは思われないというのであった。そのひとのいう一段階まえの決意をさらにさかのぼってゆくならば、私たちはやがて、そのひとの主体的な決心と、あたえられた状況とがどうにも見わけようのない一点にまでいたるのであって、けっきょくは、そのひとがある時代にうまれあわせたという、動かしようのない運命につきあたるのである。もちろん私は、人間が環境の動物であるとか、外側の条件から一方的に決定されるものであるなどといおうとしているのではない。人間は自由な意志として環境に対峙するのであるが、ただ、その自由意志と環境がむかいあう場所そのもの――人間を特定の環境にめぐりあわせる機会そのものを、ひとは選びとることができないということに注目をうながしたいのである。

（注）＊1　実存主義者……人間を理性や科学でとらえきれない独自な存在とし、そうした人間の現実に存在するあり方を明らかにしようとする立場にある哲学者。

＊2　特攻隊……太平洋戦争中、敵国の艦船などに対して、体当たり攻撃を行うことを目的として編成された旧日本陸海軍の部隊。

＊3　幹部候補生……旧日本陸軍で、一定の学歴をもつ現役兵から選考され、将校などに任命される資格をもった者。本文では、旧海軍での有資格者についてこの語が用いられている。

＊4　特殊潜航艇……旧日本海軍で、敵国の艦船への魚雷攻撃や体当たり攻撃のためにつくられた小型潜水艇。

問一 傍線部**A**のなかの、「かくかくしかじかの時代のなかにうまれあわせた」ことと「みずからの未来を自由に選びとろう」とすることの対応関係と同様の関係にあるものはどれか。適当なものを、次の①～⑥のうちから二つ選べ。ただし、解答の順序は問わない。

① 「投げだされ」ることと「企てる」こと（10行）
② 「人間の選択」と「人間の自由」（16～17行）
③ 「選択の外的な条件」（20行）と「選びとる自由意志」（19～20行）
④ 「運命によってなにかへ運ばれている」こと（34行）と「自分がなにかを選びとっている」こと（33～34行）
⑤ 「なにかに誘いだされてのびてゆく」こと（35～36行）と「かれが選んで踏みだしている」こと（35行）
⑥ 「徹底的な自己拋棄に身をまかせ」ること（42～43行）と「もっとも主体的であろうとする」こと（42行）

問二　傍線部B「私たちは未来を自由に選びとることによって、……自由に選んだことになるのであるから」とあるが、「あたえられた過去にも逆に新しい意味をなげかえすことができる」とはどのようなことをいっているのか。その説明として最も適当なものを、次の①～⑤のうちから一つ選べ。

①　未来を選びとることで、未来とそこに至る過去とのつながりを、明確なものとしてとらえることができるということ。
②　未来を選びとることで、そのような未来を導いたものとして、過去の意味をさかのぼって改変することができるということ。
③　未来を選びとることで、そのような未来を選びとることのできる場として、過去の意味を定着させることができるということ。
④　未来を選びとることで、そのような未来を選びとることのできる場を、何者かによって与えられていたと思うことができるということ。
⑤　未来を選びとることで、過去も与えられたものではなく、前もってすべてを自らが自由に選んだのだとみなすことができるということ。

問三 本文〔Ⅱ〕・〔Ⅲ〕の段落において、実存哲学の公式による時間のあり方（甲）と、筆者みずからの考える時間のあり方（乙）とで、どのような違いがあるか。その違いの説明として最も適当なものを、次の①～⑤のうちから一つ選べ。

① 甲では、過去と未来の間の現在というあいまいな時間が認められないのに対し、乙では、現在が過去と未来のあざやかなきりわけのできないところに存在し、そこで人間のいきいきとした生が営まれる、という違いがある。

② 甲では、過去と未来の間の空白な現在が人間を背後から押し出し、自由な選択の意味を失わせるのに対し、乙では、実在する現在を足場に未来を選択することで、過去さえも自由に選ぶことを可能にする、という違いがある。

③ 甲では、過去と未来の二重の空白が人間の選択を純粋なものにするのに対し、乙では、そうした純粋な選択は、実在するポジティブな現在によって保証される、という違いがある。

④ 甲では、過去と未来の間の現在というあいまいな時間が認められないのに対し、乙では、過去と未来をきりわける充実した現在を認めることで、人間の跳躍が保証される、という違いがある。

⑤ 甲では、過去から未来への時間の流れが人間の自由を保証する条件をもたないのに対し、乙では、その流れが激しく生きようとする人間の充実した現在を内包している、という違いがある。

□

問四　傍線部Ｃ「かれは論理的には選びきれないものを、……まえもって選んだり決意したりすることはできないからである」で、筆者が言おうとしていることは、どのようなことか。最も適当なものを、次の①〜⑤のうちから一つ選べ。

①　ひとつながりの行動は、人がそれを論理的に選んだと思いこむことによって、成功という完結がもたらされるのである。

②　ひとつながりの行動は、人が前もって論理的に成功を選ぶことができないから、成功すると思いこむことが必要とされるのである。

③　ひとつながりの行動は、人がその企てに成功するか否かを前もって選ぶことができないから、その行動はいつまでも完結した意味をもつことはない。

④　ひとつながりの行動は、人がその企てに成功したとき、はじめて完結するのであるから、前もって成功を選ぶことは論理的に不可能である。

⑤　ひとつながりの行動は、人がその企てに成功し完結したとき、はじめて自主的にその行動を選んだことが論理的に証明されるのである。

□

問五 本文で述べられている筆者の見解に最も合致するものを、次の①～⑤のうちから一つ選べ。

① 人間は、過去と未来との明らかな区別を前提として未来を自由に選びとり、同時に過去に新しい意味をなげかえすことのできる根本的に自由な存在なのである。

② 人間は、現在のなかに生きているかぎり、選択するということの根本的な意味を問うことは不可能であり、自己抛棄に身をまかせることで主体性を喪失した生を営むのである。

③ 人間は、自由に分断することのできないひとつにつながった現在という時間のなかで、自らの自由意志によって運命を選びとって生きて行くのである。

④ 人間は、その選択の営みに困難がつきまとうゆえに、ひとつの時代に忠実になろうとすれば、常に自己を抛棄することによって環境に対峙するほかはないのである。

⑤ 人間は、未来に向けて行動を選ぶことはできても、その選択の足場としての時代などを選ぶことはできず、すでに特定の選択の場所に送りこまれているのである。

□

第10回

第2章　テーマ別攻略編

〔哲学／思想〕2

竹田青嗣（たけだせいじ）『自分を知るための哲学入門』

人生論
＊難易度＊
★★★
＊本体ページ＊
p.197〜211

次の文章を読んで、後の問いに答えよ。

人間は誰（だれ）でも自分自身に対してロマンを持っている。現実とはつねに自分が何であるかについて冷厳な事実をつきつけてくるものなので、わたしたちはいわばそれに抗（あらが）うように、自分自身に対して自分が何であるかについての憧（あこが）れを伴った像を抱かずにはいられないからだ。

たとえば歌を唄（うた）ってみる。自分自身が聴く自分の歌は、他人が客観的に聴いているその歌よりいつもうまく聴こえているものだ。これが人間のロマン的幻想のありようである。逆に言えば、A各自のロマン的幻想は、必ず他者の目（現実そのもの）によって相対化され、無化される。この事実はいつもわたしたちに〈自我〉の不安をもたらす。

青年期的〝独我論〟は、青年の自我が、自分のロマンを現実に抗って固守しようとして生じる観念のロマンティシズムである。ここで理想と現実という対立が生じる。卑俗なものとしての現実と本来的なものとしてのロマン、この明確な対立の像の中に〝独我論〟が棲（す）みつく土壌がある。

青年期の自我は、しばしばB〝本来の自分〟であることを求めてロマン的独我論の世界を固守しようとする。しかし、そこに長く棲み続けようとすることは、ちょうど神経症のように苦しいのである。独我論も神経症も、他人を拒否し、〈自我〉の殻を作って他人や現実から自己を防衛することだからだ。ここでひとは自分のうちの〝絶対的なもの〟を凝視し、そのことで現実との通路を失うからである。

ところでしかし、ひとはすべてこの〝独我論〟をうまく抜け出るような道を持つわけではない。このロマン的独我論は、たとえば、文芸や思想を仕事として生きられるような条件の中では、そのまま生きつづけることがある。そこではロマン的世界は現実の原理から脅かされずにいられる可能性があるからだ。

またもう一方では（これが多くの場合だが）、ひとは自分のロマンが現実生活の中では背理的なものだという理由で、ロマンの方を徹底して噛み殺す。ここではロマン的なものはおよそ非現実的なものと同一視され、単なる夢想にすぎないものと考えられる。こうしてロマンの断念や挫折ということが生じる。

だが、そもそもロマンとは何だろうか。わたしの考えでは、C<u>ロマンとは単なる夢想なのではない</u>。それは本来、人間が自己自身や世界を、つまり生を、意欲しつつ憧れるという心性である。ロマンを失えば人間は、単に事実としての人間、生きるために生きる人間に落ち込むほかない。じつは、ロマンは幻想を本質とする人間にとって不可欠のものだが、それがゆえに、このロマンを各自が自分の中でどのように処理するかという点については、誰にとっても面倒な難問が生じるのである。

ロマンを他者や現実と対立させ、自分だけの信念として抱え込めば、ひとはロマン的〝独我論〟に陥り、逆に現実の論理の前でそれを噛み殺せば、事実としての人間に落ち込むほかない。これはちょうど主観―客観（認識―現実）の難問のように、容易に解き難い矛盾としてわたしたちにやってくる。自分の認識を絶対化すれば独我論は避けられないし、客観的現実だけを信じれば、わたしたちは単なる〝事実〟の中で自分自身を失ってしまう。

わたしたちが自分のロマンや理想を生き延びさせる道すじは、じつはひとつしかない。他人との間で、その「妥当」の可能性を探ること、自分のロマンや信念を他人の中で試し、そのことで〈自我〉のありようを絶えず刷新するような仕方だけなのである。

この「妥当」は、単に事実の認定にかかわるのではない。それは必ずものごとの「ほんとううそ」や「よし悪し」や「美醜」ということがらにかかわっている。

じつは、ものごとを知ること、思想することとは、つねにこの問題と関係している。自分のうちに生じたロマンをどう〝処理〟するか。これは人間が生きる上で必ずぶつかるような課題なのである。この課題は、人間が他人とどのように了解を通じ、そのことを通してまた、自分をどのように了解しなおしてゆくかという課題と深く結び合っているのである。

問一 傍線部A「各自のロマン的幻想は、必ず他者の目（現実そのもの）によって相対化され、無化される」とはどういうことか、自分自身の経験に即して八十字以上百字以内で具体的に説明せよ。

問二 傍線部B「〝本来の自分〟であることを求めて」とあるが、ここで言う「〝本来の自分〟」を詳しく説明しているところを、傍線部Bより前の本文中から二十字以内で抜き出して書け。

問三　傍線部C「ロマンとは単なる夢想なのではない」とあるが、「ロマン」と「単なる夢想」とはどのように違うと筆者は考えているのか、当てはまるものを、次の①～⑤のうちからすべて選べ。

① 単なる夢想は非現実的なものだが、ロマンは現実に立脚したものである。
② 単なる夢想はロマン的独我論の中にあるものだが、ロマンはそれを打ち破ったものである。
③ 単なる夢想は主観的幻想であるが、ロマンは認識的幻想である。
④ 単なる夢想は自分の認識を絶対化したものだが、ロマンは自分の信念を絶対化したものである。
⑤ 単なる夢想は人間にとって不可欠なものとは言えないが、ロマンは不可欠なものである。

問四　筆者は、ロマンと現実の間をどのように生きるべきだと考えているのか、本文の内容に即して五十字以上七十字以内で説明せよ（句読点も字数に含める）。

第11回

第2章 テーマ別攻略編

〔小説〕1

北杜夫『幽霊』

小説
＊難易度 ★★★
＊本体ページ＊ p212～222

次の文章を読んで、後の問いに答えよ。

たとえば、ひとつの印象にしても、度重なるにつれ、次第に色褪せてゆくものと、その逆のものとがあるだろう。はかないもの、移ろってゆくもの、限りなく深いもの、確実に把えることができぬもののみが、その都度あたらしい面を人に示してくれるのだ。それとも、決してまじわることのない異質の世界が、そのような憧れの源なのであろうか。

あの音楽のさなかから立ちあらわれた少女――一瞬にぼくの心に刻みつけられてしまった少女が、ぼくと異なった物質からできていることには疑いがなかった。その髪も、その項も、その身体も、――そしてぼくは、以前惹きつけられたひとびとの姿を彼女のなかに見いだすとともに、まざまざとX1〈自然〉自体をそこに見た。この眩惑は、彼女を見ることが度重なるにつれ強まったし、ぼく自身(ア)いぶかしく思うことに、すべての眩暈からほどとおくなったと信じられる現在まで変ることなくつづいているのだ。たしかにA憧憬というものは無知の所産だが、どれほど認識をつみかさね、陶酔の領域がせばまったとしても、なお最後にのこる眩暈というものもあるのではなかろうか。

はじめての出会いから三月ほど経って、ぼくはある地方画家の個展で、友人らしい少女と連れだった彼女を見た。

　その画家はアルプスの麓に住み、山の絵ばかりを描いているとのことだったが、要するにかなり手際よく、かなり綺麗（きれい）に、かなり平凡なものにすぎなかった。それでもときどき、見覚えある風景の前に立つと、ぼくはその絵から自分の目でとらえたX２〈自然〉をひきだすことができた。なかでも、春浅い谿間（たに）の景色――崖のかげにはまだべっとりと残雪がのこっていて、岩と枯枝と濁った水のうえにやわらかな光がさしている油絵の前に立ったとき、おき忘れた貴重なものを見いだしたときのように、ふしぎな感情がぼくをとらえた。そこは山にいりはじめた頃、しばしば休憩をとったことのある懐しい場所にちがいなかった。あの辺りの枝を折って杖（つえ）をつくったものだし、あの崖下に大きなクシケアリの巣があったし、こちらの岸辺で痛んだ足を冷やしたものだった。

　しかしそのうちに、自分の心象と絵との喰（く）いちがいが、段々と不満をつのらせ、次の絵にうつろうとしたとき、ぼくは自分のすぐ横に、ほっそりとした少女が、忘れもしないいつぞやの少女が佇（たたず）んでいるのに気がついた。

　彼女はそれほど美しくは見えなかった。連れらしい少女に、なにか絵とは関係のないことを話していた。

　Bおどろきはあまりなかった。それどころか、彼女がそこにいることが、定められた極く当然の事柄のように思われた。ちょうどその絵のなかに、あるべき樹木がありのままに描かれてあるのと変りがないように思われたのだ。彼女は実際うつくしく感じられなかったので、ぼくは大胆にじっとその横顔をながめやった。すると、なにげないX３〈自然〉が注意ぶかい観察者にだけそのふところを示してくれるのと同じように、その小ぢんまりした顔立ちが次第に輝きをましてくるのを、ぼくはおびえたように波うつ鼓動とともに意識した。すでに、彼女は言おうようなく美しかった！　どの部分すら、ぼくにとってこれ以上よくできている造形物はなかった。

　へんにぎこちなく彼女は首をまわして、連れの少女にまたなにか言った。すこしばかり鼻にかかる、語尾がぼけるような声が耳をくすぐった。彼女はぼんやりと足をはこび、左手をまげてちょっと頰のあたりに手をやった。そうしないと、なにかが壊れてしまうような、なされねばならぬ必然の動作のようだった。そのほそい、いくらか節(ふし)くれてさえ見える指が、ぼくのすぐ前にうごいていた。爪先は汚れて、どうやら爪を嚙(か)む悪癖があるように思われたが、その丸い、形のわるい、幾分ぎざぎざになった爪まで、またどんなにか可憐(かれん)げに目に映ったことだろう。

　せまい場内を一巡すると、少女たちは窓下のベンチにならんで腰をおろした。

　そこから少しはなれた部屋の中央に、高山植物の（＊1）腊葉(さくよう)が並べてある机があり、七、八名の人が重なりあって集まっていた。そこは薄暗かったし、恰好(かっこう)の隠れ場所であった。ぼくはそのなかにまぎれ、他人の肩ごしに、正面に坐(すわ)っている少女を、怕(こわ)いような嬉(うれ)しいような気分でそっと注視した。連れと話しながら、ときどき彼女は焦点の定まらぬ視線を上方に放ったが、そのときあらわれる漆黒の瞳孔ほど、なんの奇もないその姿を周囲から判然と区別しているものはなかった。それは人々の背後にあるぼくの視線を制御し、思わず目を伏せさせるほどの力をもっていた。そのような臆病さで、気まぐれな冬の日が、うすくためらうように窓下のベンチにさし、華奢(きゃしゃ)な顔だちをうきださすのをぼくは眺めていた。

だがそうして、影のなかに退いて、光のなかのえりぬかれた像、もっとも個性的な類型の美をみつめていること、けっして見られることなく対象のみを見つめていること、――このことほどC〈精神〉と〈生命〉との嘲弄的な関係をあらわしていることはないように思われた。なんの関わりもなく、識ることのみあって知られることはなく、ただ隠れて心ふるえながら観なければならぬという惑わされた宿命感が、ぼくの顔をこわばらせた。

なんとかして近づく方法はないものだろうか。あたりまえに気持よく、ちょっとした言葉でも交せないものだろうか。いいや、それは不可能だ。なぜなら彼女らの言葉はぼくらの言葉とはちがうし、彼女らは凡庸にかがやかしく生きているのだから……。Dこの嗤うべき迷妄を、しかし今となってもぼくはやさしく貴重にあつかっている。ぼくにとってそれ以上失われた青春（若しそんなものがあったとしたなら）を意味するものはないのだから。

それからもふしぎな偶然により、ぼくは幾度となくその少女に出会った。広くもない同じ街に住んでいるのだから当然のこととも言えようが、それにしてもE一切が不確かであり漠然としすぎていた。しかしそのような霧の帳が、時とともにぼくの憧憬をつのらせ、その姿をさらに神秘化させていったことは争えない。

その予期できぬ邂逅は、少年の日の、まだ名も知らなかった美しい蝶たちとの関係にも似ていた。魔法の燐光を明滅させるルリタテハや、妖精みたいに優雅に思えたアサギマダラなどは、どこかに居ることはわかっていても、捕虫網を手に捜し求めるときはなかなか出会うことができず、ほんの何かの拍子に目の前に現われたりしたものだ。とても手のとどかぬ崖のうえとか、あるいは網をもたぬ散策の折とかに。

ちょうどそんな具合にぼくは何回かその少女を見た。彼女は会うたびに変化した。天候が、衣服が、おそらくその日の気分が、このうすい(イ)匂やかな皮膚につつまれた生物を微妙に変貌させた。そしてぼくは、同じ山々の季節による変化、同じ種属の昆虫の多彩なヴァリエーションを、そこに見るような気がした。

ぼくは雪のふる日に、おおきすぎるガーゼのマスクのため、ひときわ(ウ)いたいけに感じられる彼女を見た。吐く息がこまかい水滴となり、ながい睫毛（まつげ）の先にひかっていて、あの懶（ものう）げな髪のうえにもうすい雪片がまつわり、ほつれ毛とともに揺れていた。また早春の日ざしの下に、嬉々（きき）として友人とふざけあっている悪戯（いたずら）っぽい小動物のような彼女を見た。また生暖かい南風にふかれて、そのゆたかな髪が吹きみだされ、額のうえにちりかかるさまを見た。前かがみになって歩いてきた彼女は、すれちがうときに一瞬こちらを見あげたが、上目使いに瞠（みひら）かれた瞳のきらめきが、Fこのときほど〈精神〉と縁どおく思われたことはなかった。それから季節が次第に彼女の部分々々を露（あら）わにするにつれ、そのしなやかな項を、ほっそりとした腕を、若さそのもののような肢（あし）をぼくは見た。ちょうど少年の日にバスに乗る少女の首すじに惹かれたと同様、さまざまの過去の触知をもって見たのである。

にもかかわらず、ぼくはそれ以上彼女に近づこうとはしなかった。まして言葉をかけるなど思いもよらぬことであった。かたくなにはびこった例のアンチテーゼがそうさせたとも言えるし、さらにもっと内奥の何者かもそれを妨げたのであろう。たとえば、かつてぼくを恍惚（こうこつ）とならせたいくつかの美は、ぼくがそれに接近し認識するとともに、ぼくの目から消え去ったのではなかったか。

（注）＊1　腊葉……押し葉の標本。

問一　傍線部(ア)～(ウ)の本文中の意味として最も適当なものを、次の各群の①～④のうちから、それぞれ一つずつ選べ。

(ア)　いぶかしく　①　はずかしく　②　なつかしく　③　不思議に　④　意外に

(イ)　匂やかな　①　美しい　②　はりのある　③　心惹かれる　④　健康的な

(ウ)　いたいけに　①　清楚であいらしく　②　あわれで見苦しく　③　ひ弱で痛々しく　④　あわれでみすぼらしく

(ア)□　(イ)□　(ウ)□

問二　傍線部Ｘ１、Ｘ２、Ｘ３「〈自然〉」という語に共通する意味として最も適当なものを、次の①～④のうちから一つ選べ。

①　どことなく心惹かれる、気高い姿でたしかにそこに存在しているいとおしいもの。

②　人間の手の加わっていない、そのもの本来の状態で存在している未知の荒々しいもの。

③　人間的な要素を含まない、一般社会から隔絶された無機質な美しさを備えたもの。

④　注意深い観察者だけが知覚できる、誰の手にも触れられていない美を含んだもの。

□

問三 傍線部A「憧憬というものは無知の所産だ」とはどういうことか。三十字以内で説明せよ（句読点も字数に含める）。

問四 傍線部B「おどろきはあまりなかった」で始まる段落における「ぼく」の気持ちの変化を説明したものとして最も適当なものを、次の①～④のうちから一つ選べ。

① 以前出会ったときとは異なり、どこにでもいる普通の少女のようにじっくり観察することで、突然別人のように感じてしまう自分の心の変化にうろたえてしまった。

② 以前出会ったときも心惹かれる存在ではあったが、間近で少女を観察するとこれまでよりもさらに美しく成長しており、急に気持ちが高揚してしまった。

③ 以前出会ったときも心惹かれる存在ではあったが、間近で観察すると少女の姿が絵画に出てくるような素晴らしい造形物のように感じ、自分でもとまどってしまった。

④　以前出会ったときも印象的な少女ではあったが、じっくり観察するにつれ増していく彼女の美しさに圧倒され、自分でも驚くような心の高ぶりを感じてしまった。　□

問五　傍線部Ｃ「〈精神〉と〈生命〉との嘲弄的な関係」を説明したものとして最も適当なものを、次の①～④のうちから一つ選べ。

①　彼女に恋い焦がれているのに、自分の気持ちがうまく伝わらず苦しく切ない想いでいること。

②　彼女に振り向いてほしいという想いがある一方で、交際を断られるのではないかと不安に感じる自分がいること。

③　彼女に近づきたいという想いがあるのに、それを抑制してしまう気持ちも同居していて困惑していること。

④　彼女への想いは募る一方なのに、見ているだけでもう一歩が踏み出せない自分にいらだっていること。　□

問六 傍線部D「この嗤うべき迷妄」を説明したものとして最も適当なものを、次の①～④のうちから一つ選べ。

① 自意識過剰であるせいで、何度も訪れた男女交際の機会をみすみす逃してしまうという青春期に特有の思い込み。

② あこがれの少女に近づくことができないのは、自分が彼女たちとは住む世界が違うからだとする思い込み。

③ 普通の少女にも近づけないほど異性に対して臆病なのに、それを認めることのできない青春期に特有の思い込み。

④ 男女交際もできないことを卑屈に思うことなく、それが当たり前であると自己を正当化しようとする愚かな思い込み。

問七　傍線部Ｅ「一切が不確かであり漠然としすぎていた」と感じたのはなぜか。五十字以内で説明せよ（句読点も字数に含める）。

問八　傍線部Ｆ「このときほど〈精神〉と縁どおく思われたことはなかった」を説明したものとして最も適当なものを、次の①～④のうちから一つ選べ。

①　少女があまりにも美しすぎて、さえない自分にはとうてい手の届かない存在であると感じられたこと。

②　すれ違った際にそれまでの彼女に対する想いが一気に膨らんでしまい、気持ちの整理ができないと思ったこと。

③　少女を詳細に観察すればするほど、彼女を肉体を持つ女性として強く認識するようになってしまったこと。

④　彼女を性の対象として見てしまったことに罪悪感を抱き、これ以上近づくのはやめようと思ったこと。

□

問九　この文章を評したものとして最も適当なものを、次の①～④のうちから一つ選べ。

①　少女との偶然の出会いで一瞬にして恋に落ちた純真な少年の姿を、二人の境遇の違いに苦しみながら、その困難を乗り越えようとする少年の心の動きに寄りそって描いている。
②　少女へのあこがれの気持ちが大きくなっていけばいくほど彼女を拒んでしまう複雑な少年の心境を、青年になった主人公の視点から青春の貴重な思い出として内省的に描いている。
③　平凡な少女へのあこがれが会うたびに募っていく少年の恋心を叙情的な筆致で描き出すとともに、青春時代に特有の心の変化を主人公と等身大の言葉でいきいきと描いている。
④　少女との出会いを経て、徐々に深まる彼女への想いをうまく口にできないもどかしさに困惑しながら、彼女を拒絶する根本の原因を探し求めて苦闘する主人公の姿を描いている。

□

〔小説〕2

山川方夫（やまかわまさお）『ゲバチの花』

小説
＊難易度★★★
＊本体ページ p223～234＊

次の文章を読んで、後の問いに答えよ。

〔三年ぶりの帰省から勤務先の土地へ戻る途中、「彼」は一日の空き時間を持て余し、とある港町の駅に降り立った。そこで「彼」は見知らぬ老夫婦から「ススム」と呼びかけられ、強引に自宅へ連れて行かれて、夫婦の息子である「ススム」として一泊することになった。〕

——夜半だった。ふと目ざめて、しばらくは彼は自分がいまどこにいるのかが思い出せなかった。両隣で、鼾（いびき）が聞こえている。その片方が、ひどく大きい。奇妙に酸いような、古びた家の匂いがする。……しだいに、彼は思い出した。高いほうの鼾は老婆だった。彼は「ススム」として、粗末なその老夫婦の家で、［ア］の字になって寝ているのだ。

なにか、両側に起伏する二人の規則的な鼾が、彼を、ひどくやすらかな、のびのびとした、A<u>ある安定した感覚</u>に誘っていた。狂った老夫婦とはいえ、彼への心づかいや愛情は、すべて心からの、せいいっぱいのものに違いなかった。彼は、自分が和やかにそれに包まれているのを感じていた。両側の、さも気楽そうな鼾が、さらにその感覚を深めている。……

そして彼は、奇妙に冴(さ)えた意識で、昨日までの休暇をすごした東京の生家をおもった。——大学を出て、彼が東北の一都市に就職をしてから、兄夫婦がその家に入っていた。久しぶりに、家族の一員として迎えられるのを予期して帰京した彼は、自分が、すでにその生家での成員の一人ではないのを、いやでも知らねばならなかった。家族たちの冗談や流行語も、彼だけには通じず、一人ののけものでしかないのだった。彼なしでの何年間かが、すでにそこではひとつの歴史となり、彼にはわからない習慣をつくっている。かつて、家の主は父だったが、その父が定年退職をしたいまでは、主は兄であり、さらにその兄を通し、一家を支配しているのは嫂(あによめ)でしかないのだ。……彼にあたえられていた四畳半は取りこわされ、庭は一面に芝生となり、白いペンキの塗られた子供用のブランコが置かれていた。彼がよくその木影(こかげ)で本を読んだ楠(くすのき)も、日当りを悪くするという理由から伐(き)り倒され、そこには安っぽい（*1）パーゴラが、枯れた蔓薔薇(つるばら)をからませているのだった。

家父長の地位を降りた父、そして母は、嫂の機嫌に［イ］して暮していて、うかつに孫を可愛がることもできず、二人とも急に老けこんだのが目に見えてわかった。そして彼は、その新しい家族構成のなかでは、完全によそものであり、せいぜい一人の「客」として寝泊りを許されているのにすぎなかった。

彼が甘かったのかもしれない。しかし、そこで自分が育ち、巣だと思いこんでいた同じ家が、ただの他人の家でしかない感覚は、やはり耐えられなかった。自分から休暇がまだ一日あまっているのに、B東京の家を発(た)たざるを得ない気持ちに追いこまれた。……

どこからか、一筋の朝の光が流れている。そこに舞う昨日まで未知だった家の埃(ほこり)をみつめながら、結局、おれの欲しかったのは、この感覚、家族の一員として迎えられ、欠けていた穴をふたたび埋めるように、自分がその成員の一人である「家族」というもののなかに戻ることとの安定だった、と彼は思った。……なつかしいそこでのひとかたまりの連帯のなかに帰る意識。自分専用の場所に、こうして背中をつけて睡るこの感覚こそ、彼は、三年ぶりで休暇に生家へ帰ることの意味だったし、目的だったのだと思った。が、皮肉なことに、それは東京のあの生家にはなく、おれにはこの未知の土地の、子供を失くした狂った老夫婦の、ぶわぶわに膨れた畳の上にしかなかったのだ。……

「……ススム。……ススム。……起きているのかい?」と、老婆の低い声が聞こえた。彼は、わざと返事をせず、目をつぶった。

「ダメだよ、酔っぱらって暑いからって、蒲団を蹴とばしちゃ……、寝冷えするよ」

闇のなかに老婆の荒れた手がのびる気配がして、黴くさい彼の掛蒲団を直すと、二、三度、かるくその裾をたたいた。無言で、彼はさらにかたく目をつぶった。

冬の空が、一面にみずみずしく光っていた。彼が、その老夫婦の家を出たのは午後になってからだったが、青空はまだ眩しかった。

老夫婦は、「ススム」の遠洋漁業への出発になれていたのか、意外なほどあっさりとした態度で、引き留めなかった。

「こんどこそ、たくさん金を儲けて帰ってくるだぞ」

と、不思議なほど明るく老爺はいった。

「……ああ、お小遣いだ」と、思いついたように彼はいって、用意した紙幣の紙包みを出した。「ほんの、少しなんだけどね」

「ばか。所帯をもったときの用意だ。貯(た)めとけ」

「でも……」

「いいんだってば」と、老婆も目を赤く腫らした顔でいった。「それより、こんどこそ忘れるんでねえぞ。ここに、父ちゃんと母ちゃんとが、いつでもお前を待ってるってこと」

「船が着いても、港の娘のところなんかに入りびたっているんでねえぞ。いつかみたいになあ」と、老爺はいい、陽気な笑い声をあげた。

彼は、なにもいう言葉がなかった。それをかくすように、門口の夾竹桃(きょうちくとう)に似た木を見上げた。意味もなく、彼はいった。

「これ、夾竹桃かな。古い木だね」

「なにをいうだ、こりゃゲバチだ」と、すると老爺が口をとがらせて答えた。「ほら、夏にはお前、紫の大きな花をつけてよ。……お前、この花は大好きだ、っていつもいっていたでねえか。忘れ屋だな、ほんとに」

——突然、彼はふいにその木が緑の葉を生い茂らせ、その濃い緑の重なりのなかに点々と紫色の花をつけた、このゲバチの木の夏が目に見えるような気がした。……東京の家の楠は、蔓薔薇のパーゴラにさえぎられて、どうしても昔のその木を目に浮かべることができなかったが、C何故かこのゲバチの木は、一瞬のうちにまだ見たこともない葉を群がらせ、大きな紫の美しい花をつけて、彼の目に浮かんできたのだった。

「そうだ、今度は、このゲバチの花の咲くころに帰ってくるだぞ」

と、老婆が声をふるわせながらいった。

二人に見送られて、彼はスーツ・ケースを片手に、駅のほうに歩きだした。

昨日、はじめて来たその町の、海岸に沿ってまばらに家がつづく道を歩きながら、彼は、おそらく自分が二度とこの町を、狂ったこの老夫婦を、訪れることがないのがわかっていた。――また、この老夫婦が、ただその男が未知の若い男だという理由だけで、新しくあの町を訪れた男に、「ススム」を見、たぶん、あらゆる努力をかたむけて泊めようとするだろうこともわかっていた。

……片側だけに線路の走っているホームに立ち、なかなかやってこない単線の列車を待つ間に、彼は、ふいに自分のなかで、なにかが完全に終っているのに気づいた。終ったのは、ひとつの夜、ひとつの旅だったかもしれない、いや、終ったと感じたのは、突飛な夢のような、昨日からの不思議な時間の連続だけではなく、こんどの休暇そのものかもしれない、と彼は思った。

列車に乗ると、ふいに海からの波音が跡絶えた。窓からの昨日と同じように白く輝く冬の海を眺めながら、彼はその間の経験は、ひとつの奉仕でも、また、いわゆる愛のドラマとかいうものでもないのだ、という気がした。おそらく、自分を過ぎて行ったものは、ある一日、といったようなもので、それ以上でも、以下のものでもないのだ。

――列車は、汽笛の音をひきずってトンネルの轟音と闇のなかに入った。その闇の向うに、彼を待つ放送局での日常がはじまるのを感じながら、せめてこのトンネルの間だけでもと思い、彼は黒い窓をみつめて、あのゲバチの木の緑と、その葉の群のなかに点々と散った美しい紫の花を、もう一度、必死に、あざやかに目にうかべた。

（注）＊1 パーゴラ……軒先や庭に作られる日陰棚で、木材などに蔓性の植物を絡ませたもの。

問一 空欄アを補うのに適当な漢字一字を、空欄イを補うのに適当な擬態語を答えよ。

ア □　イ □

問二 傍線部A「ある安定した感覚」とは何か、わかりやすく説明せよ。

問三　傍線部Ｂ「東京の家を発たざるを得ない気持ち」になったのはなぜか、彼の帰省体験を踏まえて、理由を説明せよ。

問四　波線部（二箇所）の老婆の言葉は彼にどのような思いを伝えているか、作品世界における役割にふれつつ、わかりやすく説明せよ。

問五 傍線部Cについて、まだ見たこともないゲバチの葉と花が彼の目に浮かんできたことは何を意味しているか、わかりやすく説明せよ。

Z-KAI